贸易的真相

李俊慧 著

哈尔滨出版社
HARBIN PUBLISHING HOUSE

图书在版编目（CIP）数据

贸易的真相 / 李俊慧著. —— 哈尔滨：哈尔滨出版社，2021.7
　ISBN 978-7-5484-5969-9

Ⅰ.①贸… Ⅱ.①李… Ⅲ.①国际贸易 – 研究 Ⅳ.①F74

中国版本图书馆 CIP 数据核字 (2021) 第 057569 号

书　　名：	贸易的真相
	MAOYI DE ZHENXIANG
作　　者：	李俊慧　著
责任编辑：	赵宏佳　王　健
责任审校：	李　战
协作机构：	考拉看看
排版设计：	云何视觉

出版发行：哈尔滨出版社（Harbin Publishing House）
社　　址：哈尔滨市香坊区泰山路 82-9 号　　邮编：150090
经　　销：全国新华书店
印　　刷：天津行知印刷有限公司
网　　址：www.hrbcbs.com　　www.mifengniao.com
E-mail：hrbcbs@yeah.net
编辑版权热线：（0451）87900271　87900272
销售热线：（0451）87900202　87900203

开　　本：710mm×1000mm　1/16　印张：15　字数：204 千字
版　　次：2021 年 7 月第 1 版
印　　次：2021 年 7 月第 1 次印刷
书　　号：ISBN 978-7-5484-5969-9
定　　价：65.00 元

凡购本社图书发现印装错误，请与本社印制部联系调换。
服务热线：（0451）87900278

自　序

之前我根据自己讲授"经济学"一课的内容撰写了《经济学讲义》，在网上连载，并最终得以出版成书，最直接的动机其实是遍寻不获合适的经济学教材，于是不得不自己写一本。

而除了"经济学"，我在学校里负责主讲的另一门课程是"国际贸易"。实际上，我讲授这门课程的时间，比讲授"经济学"的时间更长，在进入大学任教的第二个学期就已经开始了。

虽然本科时我的专业是"国际金融"，但其实跟另一个"国际贸易"班的学生上的几乎是完全一样的课程——经济类的基础课程都是合班上的就不用说了，即使是所谓的专业课，也是一起上的。例如，"国际贸易"这门课，对"国贸班"的学生来说是专业必修课，对我们"国金班"的学生来说就是指定选修课——既然是指定，其实就是必修。反过来，如果是"国际金融"这门课，对我们"国金班"的学生来说是专业必修课，对"国贸班"的学生来说就是指定选修课。所以，我在本科时上过的课跟"国贸班"学生所上过的课是毫无区别的。因此，货比货之下我很讨厌"国际金融"，却热爱"国际贸易"。

为什么会这样？我在后面介绍"国际贸易"在整个经济学体系中的位置时会约略谈及，而在这门课程的学习过程中大家也会体会到，"国际贸易"是最接近所谓的微观经济学，尤其是古典时期的经济学的。

当然，我读本科时还没有认识张五常教授，对经济学也毫无兴趣（直到大三后期才开始有了一点点兴趣），所以我当时对"国际贸易"热爱而对"国际金融"讨厌，是凭着直觉而产生的本能反应。这种直觉本能是怎么起作用的呢？我在上国际贸易课时觉得都能听明白，而上国际金融课时却绞尽脑汁都搞不懂里面的大部分分析。理解不了，自然就喜欢不起来。

  之后，我当老师了。当院长问我想教什么课时，我毫不犹豫地回答：国际贸易！因为即使是在我任教的最初几年里，当我的教学水平还很一般的时候，每次讲授国际贸易理论时，我都能体会到一种"科学的美"，一边讲，一边忍不住赞叹不已。学生受我的感染，也跟着双眼亮晶晶，沉醉其中。

  "国际贸易"这个科目的错误不多，外国人编写的教材都不会太"坑爹"。但即使是所谓的高级教材，也只是增加数学技巧的难度，内容还是比较缺乏经济含义。所以，我决定自己写一本《贸易的真相》，比起通常的国际贸易教材会更注重经济含义方面的内容。

  另外，给读者们一点建议：看本书之前最好先看我写的《经济学讲义》。因为本书涉及的一些经济学方面的基础知识与理论是需要看过《经济学讲义》才能明白的。

目 录

第一讲　国际贸易的体系　01

第一节　国际贸易在经济学体系中的位置　002
第二节　国际贸易的体系　003

第二讲　重商主义　09

第一节　为什么"重商主义"如此重要　010
第二节　国际贸易的爆炸性增长　011
第三节　一个破解"中国历史之谜"的全套解释　015
第四节　西欧的民族国家的崛起　047
第五节　重商主义的主要观点与政策主张　051
第六节　重商主义的错误　055

第三讲　绝对优势理论　59

第一节　局部均衡分析　060
第二节　绝对优势理论　065
第三节　分工的意义　072
第四节　几何分析　077

第四讲　比较优势理论及其扩展　83

第一节　比较优势理论　084
第二节　比较优势理论的扩展——从边际成本不变到边际成本递增　091
第三节　比较优势理论的扩展——从物物交易到引入货币　097

第五讲　提供曲线　103

第六讲　H-O 模型　107

第一节　要素丰裕度与要素密集度　108
第二节　H-O 模型的重大意义　112
第三节　自由贸易可令所有人受益　117
第四节　民主制度阻挠自由贸易　122
第五节　不同要素的流动性　128
第六节　H-O 模型的几何分析与验证　137

第七讲　关税壁垒　145

第一节　关税的基本概念　146
第二节　关税的福利分析——小国情形　147
第三节　关税的福利分析——大国情形　153

第八讲　非关税壁垒　157

第一节　为什么会出现非关税壁垒　158
第二节　进口配额　163
第三节　自愿出口限制　174
第四节　倾销与反倾销　186
第五节　反补贴　196
第六节　其他非关税壁垒　200

第九讲　贸易保护主义的理由　209

第一节　保护幼稚产业　210
第二节　其他贸易保护主义的理由　214

第十讲　区域经济一体化　217

第一节　区域经济一体化的五个阶段　218
第二节　关税同盟的福利分析　221
第三节　主要的贸易集团　222

代后记：想起我的国际贸易老师　225

第一讲

国际贸易的体系

第一节　国际贸易在经济学体系中的位置

在讲解国际贸易本身的体系之前，有必要先了解一下"国际贸易"在整个经济学体系中的位置。

学过经济学的人都应该知道，现代经济学分为"微观经济学"与"宏观经济学"——而我在《经济学讲义》中就已经指出，这种划分毫无意义，倒不如划分为"价格理论"与"货币理论"。在这所谓的"微观"与"宏观"之中，隐含着一个假设，那就是它们所研究的经济体是处于封闭状态的，即"closed economy"。也就是说，这个经济体是闭关锁国的，对外没有交往。现实中各国或多或少都有些交往，属于"open economy"（开放经济）。如果国与国之间的交往对所研究的现象是重要的局限条件，就不能假设为封闭经济，而是要把前提放宽为开放经济。所谓的"微观"与"宏观"理论的结论推广到开放经济条件之下难免要做一些调整，这就构成了"国际经济学"（International Economics）。

也就是说，国际经济学并不是新的理论，使用的仍是经济学课程里的基础理论，只是将之推广到开放经济环境（局限条件）下加以应用而已。

而国际经济学本身，又可根据研究对象是物的流动还是钱的流动，划分为"国际贸易"（International Trade）与"国际金融"（International Finance）。"国际贸易"当然是研究物在国与国之间的流动，而"国际金融"则是研究钱的流动——钱的流动最初是伴随着物的流动而产生的，但现在已有相当一部分是独立于物的流动的。事实上，国外教材只有"国际经济学"，而没有独立的"国际贸易"，只是我国在引入国外教材时将之切成两本，独立成书而已。

第二节　国际贸易的体系

接下来看"国际贸易"的体系是如何构成的。

准确来说,这门课的名字应该叫"国际贸易理论与政策"。顾名思义,"国际贸易"本身由两大部分构成:国际贸易理论与国际贸易政策。前一部分是学习国际贸易方面的理论,后一部分则是对各国政府采用的国际贸易政策进行所谓的福利分析(这一部分对应于"微观"中的"福利经济学",实际上是将"福利经济学"应用于分析国际贸易政策的效果)。

根据有关理论,"国际贸易理论"部分在历史上的发展阶段可细分为三部分:古典经济学时期的国际贸易理论、新古典经济学时期的国际贸易理论、现代国际贸易理论。古典经济学时期的国际贸易理论包括亚当·斯密(Adam Smith,1723—1790)的绝对优势理论、大卫·李嘉图(David Ricardo,1772—1823)的比较优势理论、约翰·穆勒(John Stuart Mill,1806—1873)的相互需求理论,其中比较优势理论是处于正统地位的核心理论,绝对优势理论是它的前身,相互需求理论是对它的补充。而新古典经济学时期的国际贸易理论包括H-O模型以及由此衍生出来的理论,处于正统地位的核心理论当然是H-O模型,其他衍生出来的理论是对它的补充与发展。

现代国际贸易理论泛指在"二战"之后出现的一些新的国际贸易理论。然而这些理论都未取得众所公认的正统地位,因此不同教科书可能会讲授不同的理论。这些现代国际贸易理论中,名气较大的有规模经济及不完全竞争条件下的国际贸易理论、产业内贸易理论、战略贸易理论等。

然而,在我看来,现代国际贸易理论全都有着不对之处。如规模经济及不完全竞争条件下的国际贸易理论,是基于"微观"中的规模经济、垄断经济进行分析的;产业内贸易理论中最关键的定义"产业内"本身就含糊不清——把产品定义得很宽(如凡是有四个轮子的东西都叫汽车),产业内贸易的数量就会大增；把产品定义得很窄（如通过不同的定义将轿车与卡车界定为不同产业），产业内贸易的数量就会大跌。改一下概念就能使得现象大变，试图解释可以如此随心所欲使之变幻莫测的现象的理论，谈何科学验证？而战略贸易理论是用博弈论来制定贸易政策的——对，不是解释现象，而是指导政府制定政策——更是异想天开地甘被政府，甚至只是被一小撮利益团体利用。《经济学讲义》中早就对博弈论的问题剖析得很清楚，而战略贸易理论更大的问题是它不以解释现象为本，而以做政策建议为目的。政治场上是"一朝天子一朝臣"，政府一换届，上届政府信奉的理论很可能就会随之被扫地出门，作为一门科学的尊严从何而来？总之，我认为那些所谓的现代国际贸易理论，还没有一个能成为"国际贸易"中的经典理论，因此本书是不会讲授这些理论的。

而"国际贸易政策"部分，则可根据它所分析的对象再细分为两部分：第一部分是分析一国政府的贸易政策（其实就是贸易保护主义政策，如果是自由贸易，根本不需要政府搞任何政策）的福利影响，包括对关税壁垒与非关税壁垒的福利分析。第二部分是分析国与国之间的贸易自由化或经济一体化的福利影响，包括对区域性的一体化（如欧盟、北美自由贸易区等）和全球性的一体化（如WTO）的分析。传统教科书对这一部分内容的分析虽然谈不上大错，但肤浅得很。因为它的理论根基是"微观"中关于政府对价格的干预的分析。我在《经济学讲义》中指出过，"微观"这一部分内容是用"短缺""过剩"这些并非事实的概念来分析的，应用到国际贸易政策上时，再加进"福利经济学"中的"无效率"概念，做的是规范经济学的价值判断，虽然是有实证基础的价值判断，但这种分析忽略了局限条件而简单地用"无效率"来判断，对于解释现象是无能为力的。有意义的分析，是引入张五常教授的"租值消散"与"租值蚕食"概念，这不但可以解释在国际贸易中出现的大量富有黑色幽默感的"奇葩"现象，而且在此基础上推导出的政策建议，才是靠谱的。

另外，有些国际贸易方面的教科书还会处理"经济增长和国际贸易""国际要素流动""国际贸易与发展中国家"等这些题材。其中研究国际贸易对经济增长的作用,常用一大堆几何图形来分析,却与现实毫无关系,纯粹是智力游戏而已。当然,国际贸易对经济增长是有意义的,本书会将之归进国际贸易理论中进行有意义的分析。而国际要素流动的题材,包括直接投资(资本要素的流动)与移民(劳动力要素的流动),有些教材甚至把跨国公司的研究也扯进来。我个人认为,跨国公司的研究最好还是归并到管理学中去,确实属于经济学范围的国际要素流动的分析则可以归进 H-O 模型中。至于把发展中国家单列出来研究是搞特殊理论,大可以把这一题材归入国际贸易政策的分析中。

附录:国际金融的问题

本书是"国际贸易讲义",原则上不会涉及"国际金融"的内容,但有时难以避免。如后面要指出"重商主义"的谬误时,必须介绍大卫·休谟提出的"价格-铸币流动机制",而这本质上属于国际金融的范畴;又如后面扩展李嘉图的比较优势理论而引入不同国家有不同货币的条件时,无可避免地要牵涉货币汇率问题。

"国际金融"的教材内容大致是由以下几部分组成的:国际收支、汇率、国际金融市场与工具、开放经济下的宏观经济学、国际货币体系。

国际金融市场与工具的部分应该并入"投资学"里去,但如果我们把《经济学讲义》中的"利息理论"与"信息费用"部分学好了就不需要再另外学投资学了。国际收支的一部分是介绍国际收支账户构成的,属于介绍事实的常识性内容,与理论无关;另一部分是汇率与国际收支平衡的关系,实际上属于汇率的部分。汇率与国际货币体系其实是一回事,只不过前者是从一个国家的角度看,后者是从全球的角度看。

让我挑出那个貌似很有道理的"利率平价说"来做个示范性的批判吧！先说一件真事。2008年之前，也就是美国发生次贷危机引发金融海啸之前，我父亲有一天打电话给我，说他去银行办事时被银行职员强烈推荐做美元存款，他看到美元的利率比人民币高不少，很是动心，便打电话问我应不应该做。我当头一句就是"别做这种傻事！"当时人民币持续单边升值，美元的存款利率虽然比人民币的存款利率高不少，但怎么都比不上人民币的升值幅度，如果不是真的需要使用美元，而是纯粹为了投资而做美元存款自然是"傻事"一桩。

从这件真实的小事引申出去，人们真的会因为某国货币的利率高就转去持有该国货币，从而导致该国货币汇率上升吗？发展中国家政局动荡，通胀严重，如果没有利率管制，名义利率必然远远高于发达国家，但真的会有投资者那么蠢，按着"利率平价说"的指导去卖出美元，转而持有这些国家的货币吗？1997年东南亚金融危机时，由于港元受到国际炒家狙击而导致银行间的同业隔夜拆借利率飙升至百分之几百。对于一个能够进入该市场的投资者来说，他会因为这利率奇高无比而按着"利率平价说"的指导去卖出美元，转而持有港元吗？（注意：前提是这个投资者不是为了狙击港元而想持有港元，而是为了获得这奇高利率的利益而想持有港元）显然，上述回答都是否定的！这说明"利率平价说"早就被无数事实所推翻。

有人会说，"利率平价说"中的"利率"其实不是名义利率，而是"纯利率"，那么根据《经济学讲义》中的"利息理论"内容可得出以下推论：纯利率较高的国家，经济增长就会较快。一个国家如果经济增长较快，也就是物品的数量与质量增长较快，在其他因素不变（包括货币供应量的增长率不变）的情况下，该国货币的购买力一定会上升。根据"购买力平价说"，其汇率也会随之上升。也就是说，有"购买力平价说"就已经足够解释或推断纯利率较高的国家的货币汇率会上升，再搞一个"利率平价说"出来岂非多此一举？

至于其他的货币分析法、超调模型……更是无须再论。外汇市场上的汇率从表面上看是由供求关系的变动决定的，但决定这些供求关系的背后因素（局限条件），撇除因为故意造价所带来的信息费用上升外，追根溯源一定是由各国的经济实力与货币政策是否配合相宜决定的。

且说我有一个亲戚在某省的中国人民银行工作。有一天我遇到他，他说他最近忙于研究"汇率形成机制"。我听了暗暗苦笑，想：这有什么好研究的？是的，那所谓的"汇率形成机制"，说容易不容易，说难其实也不难。说不难，是因为只要把《经济学讲义》中的"货币理论"学透了，汇率的本质就会很清楚。说不容易，是因为外汇市场除了像一般的金融市场那样存在着严重的信息费用问题外，还充满了各种各样的政府管制，因此外汇市场是一个被极度扭曲的不自由的市场。各国政府的中央银行动不动就以公开市场业务来干预汇率就不用说了，国际贸易中的贸易保护主义、国际投资中的种种鼓励或限制、直截了当的外汇管制……都会或直接或间接地扭曲汇率水平，使之不能如实地反映各国经济实力。这就犹如计划经济时代商品普遍受到政府管制，所谓的价格根本不是由市场竞争来决定的，简单地使用供求理论怎么可能知道价格形成的机制？也就是说，传统经济学或教科书经济学的汇率理论完全没有关于交易费用的考虑，这是理论推断与现实严重脱节的根本症结所在。

而"国际金融"中关于汇率与国际收支的关系都是用弹性做分析的，《经济学讲义》早就批判过弹性只是个概念，根本形成不了可以进行事实验证的理论，因此那些分析是无法验证的。

第二讲

重商主义

上一讲综述了"国际贸易"的体系，接下来顺理成章就要进入"国际贸易理论"部分的学习了。根据前面"国际贸易理论"构成的简介，本来是要讲解斯密的绝对优势理论的，因为它是古典经济学中处于正统地位的李嘉图的比较优势理论的前身。然而，在讲解绝对优势理论之前要先花很长的篇幅，极尽详细地介绍早在斯密之前，也就是早在经济学成为一门学科之前就已经出现的一个重要的经济思想——"重商主义"（Mercantilism）。

第一节　为什么"重商主义"如此重要

称"重商主义"是经济思想而不是经济理论，是因为它还没有一整套从假设、公理出发逻辑地推导出理论及推论的、合乎科学标准的完整体系。而且，这个经济思想有严重的错误。大家可能会问：这么一个错误的经济思想，为什么本书要花很长的篇幅，极尽详细地介绍呢？原因有三：

其一，亚当·斯密其实就是为了批判这个错误的"重商主义"而提出"绝对优势理论"的。知道了什么是错的，才能更好地明白什么是对的。通过详细的介绍而知道重商主义为什么错，将非常有助于理解亚当·斯密的理论对在哪里。事实上，当本讲详细地介绍完重商主义之后，关于亚当·斯密的理论只需要花费少得多的篇幅就能讲解清楚。

其二，虽然重商主义是错的，并且早在两三百年前就被亚当·斯密在《国富论》中清清楚楚地指出了它的错误所在。然而时至今日，这种错误的思想仍然严重地影响着现实之中各国政府的国际贸易政策。可以这么说，从重商主义这种错误思想的存活时间之长、影响之深远而论，它远胜凯恩主义，甚至是马克思主义！这种现象证明了以下观点：在各种思想争夺对人类行为的影响竞争中，不是优胜劣汰（准确地说，是正确淘汰错误），而是适者生存！所谓"适者"，不等于

第二讲 重商主义

正确，只是更适应有关的局限条件而已。尤其在政治生态中，更能适应政治局限的思想不见得是更正确的思想。然而，讲授、传播思想，当然要讲正确的理论。以是否适应政治局限作为判断对错的标准，科学岂非成了政治的附庸？

其三，我想借讲解"重商主义"的机会，阐述一个我还在构想中的全套解释。这个全套解释当然是以经济学理论为基础的，但它却用于解释历史发展、政治制度，属于宏大叙事性质，要揭开"中国历史之谜"。这将是这本讲义与其他所有国际贸易教材大不相同之处。

本讲将从以下三个方面来介绍重商主义：第一，重商主义产生的背景（解释为什么会出现重商主义）。第二，重商主义的主张，以及以此为基础推导出来的政策建议。第三，重商主义为什么是错的。

借此机会要提出的那个全套解释，将出现在第一部分。因为这一部分的性质是解释现象，正是"经济解释"大派用场之处。通过解释重商主义出现这一现象，我将和盘托出一个破解"中国历史之谜"的全套解释，进而可以引申去解释更多、更宏大的现象。

第二节 国际贸易的爆炸性增长

重商主义盛行于17世纪至19世纪，为很多西欧国家采用。它的核心内容是，主张政府以管制性的政策去实现国家繁荣。但在详细介绍重商主义的观点与政策主张之前，先来看一下它产生的背景。

重商主义产生的第一个大背景，是航海技术的发展与"地理大发现"这两个因素带来的国际贸易的爆炸性增长。

众所周知，连接中国（从长安出发）与欧洲的古代丝绸之路是在陆地上，但随着航海技术的逐渐发达，海上丝绸之路（从广州出发，起于秦汉，兴于隋唐，盛于宋元）开始兴起。与使用海路相比，通过陆地进行国际贸易的交通费用（Transportation Costs）与交易费用（Transaction Costs）是非常高的。事实上，即使到了现在，海上运输费用也是所有运输方式（包括空运）中最便宜的，因此最大量地应用于国际贸易之中的仍是海运。首先，从物理学上说，克服地面的摩擦力比克服水面的摩擦力所消耗的能量要高得多。而且，在海上可利用风力、海流作为动力，这对于蒸汽机发明之前的人类来说，比起用牛马、骆驼拖拉车辆的生物动力要强多了。其次，在陆上会遇到多如牛毛的盗贼劫匪，他们利用"一夫当关，万夫莫开"的地利，用少数武装力量就足以阻断通行的道路。相比之下，海上虽然也有海盗，但没有相当的财力是无法进行海战的，这导致海盗的数量比陆上盗匪的数量要少得多。

　　交通费用与交易费用对国际贸易的规模与结构有重大影响。如果交通费用与交易费用很高，国际贸易规模会缩小，国际贸易的结构也会偏向于附加值高的所谓高端（高质量）产品。理论上的分析将会在后面讲解国际贸易理论以及分析关税、配额等贸易壁垒的影响时详细进行，这里只要举一个简单的例子就能让人明白。例如，假设现在从中国出口产品到欧洲去要花合计 1000 元的交通费用与交易费用，作为出口商会怎么选择出口的产品？显然他不可能选择出口一瓶水。因为这瓶水在这里也不过卖 1 元，运到欧洲去至少要卖 1001 元才能弥补成本。可是，谁会愿意花 1001 元买一瓶水呢？这种运费远高于商品本身价值的情况，有一句粤语俗话形容得最绝妙，那就是"妹仔大过主人婆"（丫鬟比夫人小姐这些主子架子还大）。但如果卖到欧洲去的是价值 1000 万元的丝绸，加上运费也只是 1000.1 万元，完全有可能卖得出去。这就解释了为什么古代的国际贸易对象都是奢侈品，因为只有这些高价值的奢侈品才能负担得起那么高昂的交通费用与交易费用。

　　然而，古代以奢侈品为主体的国际贸易结构，其一是导致国际贸易的规模不会很大。虽然奢侈品单件价值很高，但需求量很低，因此贸易总额并不大。

其二是导致国际贸易对整体经济的意义其实微不足道。这些奢侈品只有大富大贵之家才买得起，与平民百姓的日常生活毫不相干，有与没有都没啥影响，对整体经济而言只是锦上添花而已。但是将目光投向现代，人们的生活之中有多少产品是来自国际贸易？片刻不能稍离身边的手机，天天上网用的电脑，运动时穿的服装、跑鞋，路上飞驰着的汽车……数不胜数！由于航海技术的发达，海上贸易大量取代陆上贸易，交通费用与交易费用大幅下降，能参与国际贸易的产品种类大幅增加，正所谓"旧时王谢堂前燕，飞入寻常百姓家"。在国际贸易领域里，这句诗不是悲凉，而是喜悦！

另一个使得国际贸易在整体经济中的地位大幅上升的因素是"地理大发现"。西方自古以来就极其渴望与东方（主要是中国和印度）进行贸易往来。因为西方的饮食结构是以肉食为主，在那个没有电冰箱的时代，需要使用香料腌制肉食以延长保存期，在食用时也要使用香料作为调味品以掩盖肉食可能已经腐烂而散发的臭味。然而，西方与东方之间进行贸易，必须通过中东作为中介。现在的中东国家大多是靠石油致富，而在古代则是靠坐在东西方的中间做贸易中介而大发其财。西欧国家与中东国家在历史上争斗不断，宗教不同导致的文明冲突只是表象，深层次的根本原因还是经济利益。因此，西方一直寻求绕开中东，直接与东方进行贸易的通道，以便把中东作为贸易中介而赚取的丰厚利润收入囊中。

古代陆上贸易绕不开中东，近代海上贸易一开始也绕不开中东——因为当时唯一通往东方的海上通道是波斯湾！率先被发现的能绕开中东的新的贸易航道，是绕过整个非洲大陆，从南端好望角直接进入印度洋。这一条航道虽然比走波斯湾要绕长得多的路，但成功地避开了中东国家，很快成为了繁忙的航道。这说明，与交通费用相比，交易费用往往更高！

因为这条航道最早是被葡萄牙人发现的，葡萄牙人利用这条航道发展国际贸易，从中攫取丰厚的利润，形成强大的实力，垄断了这条航道，其他眼红的西欧国家想与之竞争却没有相应的实力，怎么办？我在《经济学讲义》中讲解"觅价"（垄断）时就已经指出，先进入市场的生产者可能因为先发优势而自然而然地形成垄断地位，使得后来者怎么也无法进入与之竞争。然而，这并不等于竞争不复存在，垄断者从此就可高枕无忧。竞争对手可以另外开辟一个新市场，彻底将原有的市场淘汰出局，使处于原有市场之内的垄断者也随之被淘汰掉。像柯达垄断了整个胶卷市场，其实力之强已经不可能再有竞争对手进入这个市场将之击败。于是竞争对手的选择是开辟数码市场，以彻底淘汰胶卷市场的方式来与柯达竞争。看看各个西欧国家在近代陆续崛起的过程，当能更深刻地体会到这一点。这一次，进来的是西班牙，伊莎贝尔女王与哥伦布的天作之合催生了另一条更重要的新航道。

其实西方很早之前就已经有大地是球形的想法，但想法归想法，要使想法落实为大胆的行动，经济利益的推动力不可或缺。如果大地是球形的，则从西方去东方，不一定非要往东走，大可逆向思维往西走，一直走到尽头不就是东方了吗？哥伦布确实是大胆至极，因为在已经知道整个地球布局的现代人看来，他关于大地是球形的的想法虽然是对的，但以当时的航海技术，一直往西走，直到尽头便是东方的设想还是太过不自量力了！从西方往西走到达东方，要跨过两个大洋（大西洋与太平洋）与一块大陆（美洲大陆），而传统的道路往东走到达东方只需跨过一块大陆（非洲大陆或亚欧大陆），二者根本不可相提并论。然而，无知者无畏！正因为无知，哥伦布无畏地踏上了征程。在毅力与运气的双重帮助之下，哥伦布成功地跨过了大西洋，到达了美洲大陆。当时，他以为那就是他寻找中的印度（India），所以称当地人为印第安人（Indian）。

这条新航道开辟的意义很是重大，因为它不仅仅是开辟了一条新航道，使西班牙在葡萄牙垄断了海上贸易航道的情况下仍能突围而出，也为后来的挑战者起了示范作用，激励更多国家投入更多力量去开辟新航道。更为重要的是它发现了一个新大陆，国际贸易版图大为扩大，更多的产品与人口卷入国际贸易之中，自然而然地使得国际贸易的规模与国际贸易对整体经济的影响力更上一层楼。

当时有一个所谓的"三角贸易"盛行了大约 400 年之久。这个"三角贸易"先在欧洲装载盐、布匹、朗姆酒等商品，运到非洲去换成奴隶，然后穿过大西洋把奴隶运到美洲换成糖、烟草、稻米等返航。虽然这过程因牵涉贩卖"黑奴"而被史学家视为"罪恶"，但客观地看待它，我们可以体会到多了一个美洲大陆对于国际贸易的重要意义。

航海技术的发达与"地理大发现"导致国际贸易爆炸性增长，这直接带来了以下结果：财富也随之爆炸性增长了。然而，财富的爆炸性增长主要集中在一个群体：那就是从事国际贸易的商人！也就是说，一个富有，因而实力强大的社会阶层的地位上升，必然带来权力的重新分配。因为有了钱，就会要求有权，这不仅仅是人性，更是必需。一个人如果有钱却没权，他就如同肥美的羔羊，只会引来饿狼的垂涎。有钱的人必然要求获得足够的权力来保护他的钱财，并进而要求更大的权力去进一步地增加他的钱财。

但是，商人阶层凭借国际贸易带来的滚滚财源而崛起，并进而掌握国家权力，并不是简单的改朝换代，而是有着更深远的政治制度变迁的影响。那就是民族国家的崛起！

第三节 一个破解"中国历史之谜"的全套解释

民族国家的崛起，是重商主义产生的第二大背景，它与商人阶层的崛起有关系，但并不是同一回事，所以要分开来讲述。而借此机会，我要阐述前面提到过的那个破解"中国历史之谜"的全套解释了。

◆ 封建社会与资本主义社会的概念辨析

首先从卡尔·马克思对人类社会发展阶段的界定出发，但要做出重大修改。中国人都知道马克思把人类社会发展阶段分为原始社会、奴隶社会、封建社会、资本主义社会、社会主义社会、共产主义社会。我要深究的，是与我这全套解释有重大关系的封建社会与资本主义社会的划分。

什么叫资本主义呢？据说私有制与雇佣关系加起来就叫资本主义。但是，私有制其实古已有之，绝不是所谓的资产阶级革命之后才有的。我在《经济学讲义》中指出，私人产权由收入权、使用权、转让权三项权利构成。张五常教授也曾经指出，中国最古老的文字甲骨文已经被用来订立合约，隐含着转让权的存在。任何资产一旦有了转让权，便多多少少有了收入权与使用权，也就有了私人产权，也就有了私有制。

至于雇佣关系，那是在合作生产的需要下形成的，确实是工业革命之后才普遍而大量地出现。然而，我的《经济学讲义》在解释"失业的成因"时，用穿珠子生产为例，说明了大型机器的出现如何使得劳动力需要集中在一起进行生产，从而才大量出现合作生产，出现企业，也就出现了所谓的雇佣关系；而雇佣关系还要再加上时间、工资的使用，才有可能出现失业。

退一步讲，不问什么是资本主义，而问什么是资本吧！根据《经济学讲义》中的"利息理论"一讲所提供的关于资本的定义可知，一切能带来收入的物品都是资产，资产的市价就是资本。这样，即使在封建社会里，资本照样存在。只不过工业革命之前的资本，除了劳动力（人力资本）之外，主要是以土地的形态存在。但这只是农业经济与工业经济的区别，谈不上是封建社会与资本主义社会的区别。在封建社会里，土地与劳动力各自明确地归私人所有（私有制存在），原则上地主可以用雇佣的方式使用农民（劳动力）来耕种土地，追求利润（土地租值），这跟所谓的资本主义社会中的资本家有何本质上的区别？答案是没有！所以，资本主义社会与封建社会的区别，只是农业经济与工业经济的区别。

由此可见，所谓的"资本主义"是一个含糊不清的概念。那么，让我们转向"封建社会"的定义吧！什么是"封建"？据说有两种含义，其一是指分封制的国家结构，即国王向各类封建领主授予采邑——封建，封建就是上头把土地封给下头，让他们建立自己的领地或小国家。其二是指以地主剥削农民为经济基础的社会形态。这后一种定义显然不可取，因为"剥削"的含义不清楚且带有主观感情色彩，而且如上所述，那只是农业经济与工业经济的区别，不能构成封建社会的本质。于是，有意义的界定就只能是前一种定义。而根据前一种定义，与"封建社会"（分封制）相对立的政治制度就不可能是资本主义社会，而是——中央集权！

是的，人类社会的发展模式，不是从封建社会向资本主义社会发展，而是从封建社会向中央集权的国家治理体制发展！从这个清楚明了的角度来回看中国历史，就能说明：中国封建社会根本没有两千年之久，而是在秦始皇统一中国之后就结束了！在那之后的中国社会，不是封建社会，而是中央集权社会！所谓的资本主义社会，只不过是中央集权制度加工业经济的复合形态。所以，与封建社会相对的，是中央集权社会；而与农业经济相对的，是工业经济。这两套体系，前者与国家的权力分配与治理有关，后者与国家的经济结构有关，相互之间互不相关，但可以两两结合而毫无矛盾。

然而，从这个新的、清楚而正确的角度出发，我们就要面对新的命题：为什么中国那么早就结束了封建社会？这个问题很重要，不仅仅是因为我们是中国人，需要对自己国家的历史有一个清楚而正确的认识，更是因为这直接与这里要研究的问题相关——前面说了，重商主义出现的第二大背景是民族国家的崛起，而所谓的"民族国家"其实是指中央集权形态而非封建形态的国家。也就是说，这里要解释的现象是：在重商主义出现的时代，是什么因素导致西欧各国或早或晚,陆陆续续地从封建社会过渡到中央集权社会?这些因素当然也在秦统一中国之时起了支配作用,使中国早在经济结构从农业社会过渡到工业社会之前就已经脱离了封建社会的形态。这现象反过来说明,不是工业革命导致了西欧国家脱离封建社会,经济结构与国家的权力分配与治理无必然关系(注意:我不是说完全没有关系)。

◆ 封建制与中央集权制的区别

不过,这个问题要暂且放一放,我们先通过比较中外历史来辨析封建制与中央集权制的区别吧!封建制的特征,如前所述,是上头将土地分封给下头建立领地或小国家。但这只是表面特征,与中央集权制进行比较,能看到它更本质的特征是一种特定的权力分配结构:权力不是集中在中央政府层面,而是分散在地方政府层面。因为农业社会里土地是最重要的资产,所以土地成了权力分配的天然载体,分封对象就成了土地。把产权经济学的视角扩展到政治层面上去,政治层面的产权就是权力。如何分配权力,其实就是如何在政治层面上界定产权。有了这个清楚的视角,封建制与中央集权制的本质区别就很明显了。它们是不同的权力分配结构,也就是不同的政治产权的界定,前者权力分散在地方政府层面,后者权力集中于中央政府层面。

接下来先比较秦统一中国之前和秦统一中国之后的情况,再比较古代的中国与外国的情况。秦之前的中国,周天子的地位类似于今天的联合国,各诸侯国只是基于道义尊崇他,即使是中央集权色彩相对浓厚一些的西周时期,周天子也无权处置诸侯国的内部事务,这与今天的联合国不能干涉各主权国家的内政是一样的道理。到了春秋战国之时,周天子"徒有其名"的本质就变得更为明显了。各诸侯国有自己的领地,对有关领地的继承采用世袭制,彼此之间有纷争也不找周天子调解了,直接互相掐架武力解决。但秦之后的中国,地方政

第二讲 重商主义

府的最高领导人都是由中央政府委派的，有关职位可以世袭或哪怕只是由前任来决定继任者的情况是难以想象的。由此推广开去，在中央集权（或俗称的"大一统"）的政治制度之下，中央掌握军队，地方不能有军权（军队驻扎在地方那是另一回事）；地方在各种事务上都必须服从中央的决策，中央可以下放一部分权力给地方，但地方权力的来源还是中央。

再比较古代的中国与外国的情况。仔细观察，人们会发现其实早在农业社会时期就已经从封建社会进入中央集权社会的中国是一个特例，世界各国的普遍情况是迟至近代之前都还是封建社会，不仅西欧是这样，就连中国的近邻日本——众所周知，古代时期的日本还是一个几乎全面照搬中国各个方面制度的模仿者——在明治维新之前都是不折不扣的封建社会，在最重要的政治制度上并没有学习中国。

先看西欧吧！在近代民族国家崛起之前，西欧虽然也有所谓的英格兰、法兰西、德意志、意大利等国家名称，但它们的情况跟中国周朝时期的情况差不多。国王是有的，但权力非常有限，大量围绕着城堡而形成的庄园是一个个独立性很强的小国。国王也有自己的封邑，也是一个庄园主（封建主），只是名望较高，得到其他封建主的尊崇与道义上的服从。

很多人天真烂漫，相信一些美好的价值观（如平等、自由、人权）是与生俱来的，其实那都是某种权力结构的结果而已。例如，不少人常热情洋溢地赞美西方有平等的传统，像传说中的"圆桌骑士"——不列颠的伟大君主亚瑟王与骑士们围坐在圆桌旁边，没有等级高下之别。相比之下，中国古代却是等级森严，皇帝高高在上地坐着，臣子分成两排列于丹墀之下，而且越靠近皇帝的位置代表着地位越高，相反，越远离皇帝的位置代表着地位越低——也就是说，不但君臣之间有等级高低之别，臣子之间也有三六九等之分。然而，所谓的平等与不平等的区别，并不是价值观的区别，只是权力结构的不同而已。在封建制下，国王与骑士都是封建主——所谓骑士，其实就是从军事角度来称呼封建主。

封邑领地可能有大有小、有富有贫，但如同现在国际社会里有大国小国、富国穷国一样，地位当然是平等的。而中国却是中央集权制度，皇帝更是居于权力的顶峰，等级差别反映的仅是权力差别而已。

换一个角度来说，如果你只看到古代西欧国家里国王与骑士围坐圆桌的"平等"，却没看到封建主在自己的领地之内对其他人所享有的极为绝对的权力而造成的"不平等"，那就是选择性失明了。有一个最典型的权力，叫"初夜权"，就是说封建主享有辖下女性初夜的权力。这种权力在中世纪的一些欧洲国家（如苏格兰、法兰西、德意志）甚至公然地以法律的形式予以明确并加以保护。有意思的是，这种权力还可以进行金钱交易，即新郎为了避免自己的妻子被领主享受初夜权，必须向领主支付赔偿费，否则婚姻就得不到公证人的承认，不能获得领主的许可。"初夜权"既然可以交易（有转让权），那就说明它已经是一种完整的产权。虽说中国古代的中央集权下皇帝的权力很大，但显然没有到这种程度吧？

所以，能说古代的西方比中国更平等，更有人权吗？那要看是谁面对谁来说了。更可进行科学验证意义的，是看国家背后的权力结构。

再来看一个类似的例子：在赞美西方有着保护私有财产的"优良传统"时，有一句话经常会被拿出来说：风能进，雨能进，国王不能进！也就是说，庄园主的庄园，风雨能进——那些是自然力，人为地不想它进不可能，但国王不能！国王得先征求庄园主的同意才能进。反观中国呢，皇帝一个不高兴，不要说一介平民百姓，就是公侯官卿，抄家灭族都不在话下。可是，这依然只是权力结构的不同而已。封建制下，庄园是封建主的私有财产；中央集权制下，"普天之下，莫非王土"，整个国家都是皇帝的私有财产。可见，都是保护私有财产而已，哪有更"优良"或更"不优良"之分呢？试想一下：春秋战国时期，难道周天子能不经诸侯同意就闯进他们的领地里去吗？（这种事情发生过，但结果是引来诸侯的武力抵抗）

再看日本的情况。众所周知，日本的天皇万世一系，不像中国常常改朝换代。然而，这万世一系的天皇的权力经常被架空就不用说了，即使是那所谓掌握实权的幕府，作为中央政府的权力，对作为地方政府的国主、城主（封建主）的控制，也是远远不能跟中国相比的。在明治维新之前，日本中央集权程度最高的时期，要数德川幕府的早年。然而，即使是在那个时候，幕府对于各国主、城主最严格的控制也只是体现为以下两条规定：其一，各地的国主、城主仍可世袭，或由前任决定继承人，但必须上报幕府，获得幕府的批准。其二，各地的城墙高度必须按幕府的规定修建，不得"违章"超建。这第二条规定在中国看来根本是不值一提的，地方连军队都不能有，更何况是修建城墙呢？城墙要修建那也是对抗外敌，不可能是对抗中央。至于第一条，当然更不在话下，地方上的长官都是中央委派的，世袭、私相授受是不可能的。然而，这一条却适用于中国面对的附庸国。例如，古代的朝鲜就是这种情况。朝鲜国内的君主只能称王，不可称皇，因为只有中国才有皇帝，朝鲜那个层面的只能是国王。而国王的更替继承，都要向中国汇报，得到中国承认，才能获得正统性。古装宫廷韩剧看得多的人可能对此有所了解。因为古装宫廷韩剧描写宫廷斗争时，常会出现"我们拱他上去，明国（或清国）能同意吗"这样的担忧，这正是基于这样的历史背景。

撇除意识形态与价值观的影响，客观地看待政治制度的问题，我们会注意到，现代世界各国的政治制度可粗略地划分为两大类：单一制国家与联邦制国家。所谓的"单一制"，正是这里所说的中央集权制，而联邦制是一种介于中央集权制与封建制之间的混合制度。于是，从明确的两端来看，古代社会使用的都是封建制，现代社会使用的绝大部分是中央集权制。从这个角度来看，说中国在秦之后的政治制度是"先进的""现代化的"，并无不妥。

当然，从客观分析、科学解释的角度来说，制度并无先进与落后之分——虽然在时间的先后上可以划分出古代与现代之别。一切的制度被人类所采用，都必然是因为它更能适应当时的局限条件，从而成为"适者"而"生存"下来。

前面只是区分了封建制与中央集权制的特征，但并没有明确地指出它们适应的是哪些不同的局限条件。所以，我们接下来要做的，就是这一件事。

◆ 古代中国采用中央集权制的局限条件

中央集权制的一个直接影响是，削减了地方政府的权力，使地方政府没那么自由。

所谓自由，如果要有一个明确的定义，那就是权力的使用范围比较大。我在《经济学讲义》中解释产权的三项权利时谈到过，产权的其中一项权利是使用权，而这使用权是有权项（用途）和权限的约束的。使用权的约束越少，就可以说是越自由。然而，世上不可能有绝对的产权，也就没有绝对的自由。因为产权或自由太过绝对时——例如，我有权利或自由把苹果砸到你头上的话——必然以侵犯其他人的产权或自由为代价。但人是自私的，他只考虑自身的利益，不会站在整个社会的角度来想问题。所以所谓人性是"爱自由"的，其实是指他爱权力，爱自己的产权的使用范围能更大一些。

而在政治层面上，站在地方政府的立场上，当然也希望自己的权力越大越好，也就是地方的自由越多越好。这就导致中央集权制天然地受到爱自由或爱权力的个体或小团体（地方）的抵制。于是，站在整个国家的角度来看，除非中央集权制所带来的好处能够抵消地方的权力或自由被削减的坏处，否则人们不可能选择中央集权制。当然，大一统（中央集权）是靠战争这一武力手段来实现的，但如果其好处真的远远不如坏处，那地方的反抗就会此起彼伏，令中央忙于应付，最终应接不暇而无法推行中央集权制。然而，虽然秦统一中国费了不少时间，这个朝代本身实现统一的时间也并不长，但"统一方为常态正道"的观念却自此根深蒂固地植入中国人的头脑之中。不得不说，这是一个得到全社会普遍认同的选择！要知道，欧洲在历史上并非不曾在某些军事强人的努力推动下实现过统一,甚至统一的时间并不比秦朝短(如罗马帝国),可是统一的观念却始终没能成为主流,这就说明"人不胜天"——这里的天,是指客观的局限条件。也就是说,如果主观的意志不能适应客观的局限条件,是不可能使整个社会达成共识,成为共同选择的。所以,秦之后中国的政治制度从封建制转向中央集权制,从表面上看是秦始皇的个人意志所做的选择,但其实是中国社会作为一个整体所做的选择。

当然,秦之后的中国从封建制转向中央集权制,还是经过一些曲折的。汉初是想"矫秦之枉,徇周之制",结果勉强试行了几代,发现不行,只能彻底采用中央集权。事实上,汉初部分地恢复封建制只带来了"七国之乱"的后患。[1] 另外,我还想特别挑出一件有趣的史事:唐太宗李世民在位期间,曾想过以"世袭刺史"的名义部分地恢复周朝的封建制,他甚至都已经把封地安排好了,分封给皇族及功臣的诏书也都下了,可竟然遭到大臣们的一致反对!那些大臣坚决不肯接受封地,兼有外戚身份的长孙无忌更是带头拒绝前往封地,还策动自己的儿媳妇——李世民最疼爱的嫡长女长乐公主入宫说情。李世民无奈地说:"割地以封功臣,是古今一贯的做法。我希望让各位的子孙世代辅佐我的子孙,永为藩镇,传之久远。没想到各位对此却有不满的意见,难道我还要强迫你们接受封地吗?"就这样,在大臣们消极怠工、软磨硬泡的努力之下,最终妥协的是皇帝。大臣竟然连裂土割地、独享地方实权,如此"优惠"之事都不要,这足可见封建制适者生存的政治局限已不复存在,是多么清楚明了。

于是,需要解释的现象是:为什么中国比其他国家(不仅包括西欧国家,还包括同是东方国家的日本)更早地选择了中央集权制?也就是说,是什么局限条件,使得中国比其他国家更能使中央集权制的优势发挥出来,压倒了地方

---

[1] 这一段的分析是网友"善哉"提供的,特此鸣谢。

政府被削减权力或自由后所必然会产生的抵触反抗呢？

下面提出两个局限条件，不一定完备，但可以作为参考，有兴趣的读者也许能据此找到更多，甚至更好的局限条件。

局限条件之一是，中国要抵御游牧民族的入侵。所谓的中国，在古代主要是指中原地区。这是一片地势平坦开阔的土地，适于耕种，因此很早就发展起比原始社会时期的狩猎业更具有可持续发展及财富积累能力的农业。然而，这也吸引了居住在周边的草原与戈壁沙漠上的游牧民族来抢掠。长期从事农业的人跟长期从事狩猎业的人相比，战斗力要弱很多，于是只好用城墙将堆积着财富的城市与作为创造财富源泉的农田围起来进行防御。类似的情况在西欧也出现了，但西欧的地形使得欧洲人围绕着城堡构建防御工事就足够一夫当关，万夫莫开了，而中国中原那平坦开阔的地势却较为难办。[1] 众所周知，秦始皇的"功绩"之一就是修长城，但他其实只是把春秋战国之时就已经在各诸侯国（主要是秦、赵、燕三国）分别建起的城墙全部连通起来。可想而知，如果各个小地方各自为战地修城墙，游牧民族骑着快马奔跑，就能跑到城墙结束的地方，绕

---

[1] 网友 francofang 对此观点做了以下补充：西欧大平原有什么地理条件比中国适合城堡防御呢？为什么中国的平原地区用坞堡体系就不能有效防御蛮族？南北朝时期在河南淮北，北宋时在河北都大规模地建筑坞堡防御，效果似乎也不错。城堡也好，坞堡也好，都是在平原地区，人为地建立地势来对抗骑兵机动的一种防御体系。可能的原因是欧洲的蛮族都有固定的活动范围。高卢人、日耳曼人都分很多支，活动范围和现在的法国、德国的省边界大致相同。西欧三面环海，又有北大西洋暖流，气候条件可以农牧并行。高卢人、日耳曼人，中世纪的各王国都是半农半牧的。中国不同，十五英寸等雨线以北的广大地区不可能发展麦作和稻作农业。北方游牧民族是纯粹游牧的。这带来了两个直接后果。一是游牧民族的所有财产是可移动的，长城一线的隘口都是突破点。只要把羊群一赶，帐篷套上勒勒车，就行了。二是没有粮食做储备，肉食缺少食盐，香料也不能久放。到了冬天牲畜掉膘，如果白灾一来，就只有南下抢劫一条路了。所以中原王朝面对的北方威胁，比欧洲领主们面对的威胁要大得多。中原王朝的敌人机动性更强，发动战争的成本更低。中原地区结成中央集权大一统防备战争所能节省的交易费用也要多得多。

过去就可攻进来。但如果由中央政府出面，在全国范围内修长城，从东往西一直修过去，把所有漏洞都堵上，城墙的防御作用就会大为增强。

局限条件之二是：中国要治水！纵观世界，各大文明古国都发源于大河流域，因为水乃生命之源。但与其他地方的大河相比，黄河是一条特别"暴虐"的河！黄河在历史上数次改道，而所谓"改道"其实就是爆发了严重的水灾，其严重到河水从原来流经的河道泛滥到本来是干地的地方去，形成新的河道。众所周知，夏朝的创建者大禹就是靠治水成功而赢得人心与民望的。但治水这件事，就跟修城墙抵御游牧民族的入侵一样，是各个小地方各自为战难以办成的。好比我在下游，不管我怎么努力治水，如果处于上游的人没有和我配合一起做，那么我就几乎是毫无成效的。治水必须是黄河流经沿岸的所有地方通力合作，才有可能成功。因此，如果由中央政府来统一安排，协调各地，治水成效会比各个地方互相谈判合作要强得多。

从上述两个局限条件可以看到一个共同的特征：那就是如果一件事要牵涉到多个地方通力合作才能卓有成效地完成，那么这件事由凌驾于多个地方政府之上的中央政府来完成是最为合适的。多个地方把权力让渡给中央，统一接受中央的指挥，就可如臂使指地协调行动，大幅度地减少谈判合作的交易费用！是的，这就是中国有利于中央集权制压倒封建制的一般化的局限条件。

◆ 中央集权制的好处与坏处

由此，可以推出中央集权制的好处与坏处：坏处是削弱了地方的权力或自由，于是中央要额外地耗费成本去压服地方的反抗。

看看近在眼前的事实吧！同样是地震，中国汶川地震之后，中央政府一声令下，真可谓一方有难，八方支援，中国迅速地完成了抗震救灾、灾后重建工作。以效率而论，一流！转看日本2011年的大地震，日本虽然也是中央集权制（单一制）的现代国家，但相对于中国而言，中央政府的集权程度明显不如，尽管民众的素质很高，但救灾工作的效率依然无法跟中国相比。再转看海地 2010 年的大地震。海地的中央集权程度更弱，而且民众素质较低（隐含着代替中央集权制来降低小团体之间互相谈判合作的交易费用的道德约束力要低得多），整个国家几日之间已陷入无政府状态，以至需要国际社会要派出外国军队去干预。

然而，中央集权制其实还有更大的好处，那就是因为它把权力集中到上层去，也就相应地使有关的权力斗争集中到上层去，从而减少了租值消散！

要明白这一点，还是要从《经济学讲义》中的相关内容出发。以下是逻辑推理链条：首先，人是自私的。其次，物品是稀缺的。而两个人或两个人以上就构成社会。自私加稀缺，再加上人处于社会之中的局限条件，导致人与人之间的竞争无处不在。除非使用价格作为竞争准则，否则一切非价格准则主导下的竞争必定会带来租值消散。但是，正因为人是自私的，人会尽可能地想办法减少租值消散，因此租值要完全消散并不容易，而减少参与竞争的人数正是减少租值消散的一个常用法门！——想想公海捕鱼中的牌照管制吧！

现在，将这些经济分析带入政治领域，政治之中的竞争就是权力斗争。由于政治之中没有一个高于国家的超级权力来界定产权（政治权力），也就无法使用价格准则来决定权力如何分配，只能使用非价格准则。因此，权力斗争一定会带来租值消散。但自私的人一边进行权力斗争，一边会想方设法地减少由此而产生的租值消散。而减少参与权力斗争的人数，是可以减少租值消散的。

以上是理论分析，接下来转向事实验证。从封建制转为中央集权制，一个直接而明显的好处是：地方与地方之间的战争基本消失！"春秋无义战""七国甘乱"（这是粤语俗话，直译是"像战国七雄的时代那么乱"）……这些俗话的流传反映着封建制时代的战争频仍。战争带来的巨大财富灭失是众所周知的，战争的减少所带来的租值消散的减少，可想而知是多么庞大。

除了减少战争之外，中央集权带来的另一个减少租值消散的好处是，将权力斗争从地方隔离出来。让我举一个真实例子来说明这个好处,那就是武则天时代。如果只看这个时代的史书记载,人们会觉得这是个乱世!朝中宫内,权力斗争异常惨烈,杀人无数。当然,因为武则天是女性,她要登上权力的巅峰必须以暴力压服很多的反对者,比起其他男性争权者来说需要杀掉更多的人来铺平她的道路——先谋杀自己的女儿,以便能嫁祸给王皇后,夺取她的皇后之位;再谋杀自己的儿子,因为丈夫死了只等于她的儿子可以继位,而不等于她可以获得帝位,必须将有才干的儿子宰掉,扶植无能的儿子上台才容易篡夺他的位子……这还只是列出她所杀过的亲人,而跟她没血脉之亲的其他朝廷大臣、宫廷妃嫔更是不计其数。由于中国古代史书的重心是记载中央上层的政治史,所以只看史书的主要篇章记载,会觉得这跟乱世之时的记载相差不远。

然而,如果把目光放宽些、放远些,看到当时整个社会——而不仅仅是中央上层的朝中宫内——那个时代分明是个治世!这一方面要归功于武则天虽然是个心狠手辣的人,但也是个不折不扣的明智的独裁者!她推行的治国之策基本上与唐太宗贞观时代的大方向是一脉相承的,因此能上承贞观之治,下启开元盛世。另一方面,这也得归功于中央集权的政治制度,使得上层的权力斗争与下层的地方管治可以互不相干地分隔开来。上面争得你死我活,下面却不会因此就跟着大打出手爆发战争,下层地方该干啥就干啥,该怎么干就怎么干。这就犹如,现代的升斗小民,坐在电视机前津津有味地观看中国香港某富豪的若干儿女争夺家产,连场好戏,胜过TVB拍的描写豪门恩怨的电视剧。不管那些豪门争家产争得如何你死我活、丑态百出,都不会影响升斗小民袋子里的那几个小钱,最多只是为他们提供了一些茶余饭后的谈资而已。

◆ 家天下独裁制与嫡长子继承制

其实,中国古代除了以中央集权制减少权力斗争带来的租值消散之外,还通过家天下独裁制、嫡长子继承制这两项制度来更进一步地将权力集中到皇帝一人手中，也解决了如何确定继承人的问题。在《经济学讲义》最后一讲的"政治经济学"中，我已经分析过家天下独裁制将整个国家的产权界定得最为清楚，而嫡长子继承制更是进一步地将这产权中的"转让权"清楚地界定（限定）在嫡子中的长子一人身上，这能最大限度地降低权力斗争所带来的租值消散。如果嫡长子继承制严格地执行，那么几乎不可能再有权力斗争——唯一剩下的办法就是谋杀嫡长子。

事实上，（嫡）长子继承制被古代各国的政治所采用，是有道理的。蒙古人的习俗本来是幼子继承制（所谓"幼子守灶"），因为在蒙古游牧民族的局限条件下，体力强的年长儿子都要外出狩猎，最年幼，也就是体力最弱的儿子留在家里守灶，这是能最大限度地增加财富的制度安排。然而，当蒙古人入主中原后，便迅速地在皇族层面改变了这种制度，采用了汉人的"嫡长子继承制"。这是因为局限条件变化了，如果不改用嫡长子继承制，将会导致第一个长子生下来后，接下来的儿子都会在权力斗争中被想方设法地害死，以确保长子就是幼子，能继承帝位。这也就导致皇帝只能有一个独子，皇室血统的承传出现问题。但嫡长子继承制却不同，第一个生下来的儿子自动而明确地成为合法继承人，受到严密保护，其他人在权力斗争中想害死他就不是那么容易了。而幼子继承制下，合法继承人是谁会一直是个难以确定的问题，导致目前的幼子不等于一定就是合法继承人，不会受到那么严密的保护，也就比较容易被害死。要知道，蒙古人与其他曾经入主中原的所谓蛮族非常不同，他们几乎没有吸纳任何汉族文化，却在皇族层面吸纳了嫡长子继承制。可想而知，不采用这个制度导致的租值消散一定非常高，才逼得蒙古人非改用这个制度不可。

当然，在现实政治之中，嫡长子继承制并没有完全严格地执行，这是因为将权力高度集中在一个人手上的时候，独裁者是否明智是决定他能否长期掌握政权，国家能否长治久安的关键。嫡长子继承制有减少权力斗争引起的租值消散的好处,但也有风险高度集中的坏处——如果嫡长子并不是明智的人,却仅仅因为是嫡长子而作为继承人上台执政,成了暴君,那即使是站在统治者而非人民的角度来看,也会有江山倾覆的危险。《经济学讲义》的"政治经济学"一讲里已经指出,家天下的独裁者的利益与整个国家的利益是一致的,损害人民的利益,从而会损害国家的利益,最后一定会损害独裁者的利益。家天下的独裁者会做出损害人民、损害国家利益的事,是因为愚蠢,而不是因为独裁。为了平衡这个风险,理论上如果皇帝看到自己的嫡长子并不是明智的人,就应该另选别的儿子作为继承人。但这个理论上的应该,等于是为"破坏"嫡长子继承制开了方便之门,也就是说产权的界定不是那么清楚了。

然而,一切制度都有它的收益与成本,不可能只有好处没有坏处。中央集权制加上家天下独裁制、嫡长子继承制,已经是最大限度地减少权力斗争带来的租值消散,但另一方面又必须兼顾在权力高度集中的情况下要尽可能地使掌握权力的独裁者是明智的需要。其实,中国古代的政治体制是一个完整而复杂的结构,并不仅仅是由这三项制度构成的,后面还将更进一步地展开。但在此之前,要先以事实雄辩地说明,中央集权制(含家天下独裁制与嫡长子继承制)减少的权力斗争所带来的租值消散是非常庞大的,使得古代中国的经济实力、财富水平远远高于同期的其他国家。

◆ 古代中国的富裕之证明

古代中国相对于同时期的其他国家,几乎在所有方面都要强——不是一般的强,而是强很多、很多、很多!仅以经济实力(财富水平)差距而论,远超今天最发达的国家(如美国)与最不发达的发展中国家(如非洲一些国家)之间的差距。

古代没有政府统计数据,正好让我示范一下怎么利用客观事实去发现真相,而不是迷恋陷阱重重的数据。

马可·波罗写了关于中国（其时是元朝）的游记，在西方刚一出版时被视为神经病人的臆想，完全没有人相信他。因为当时的西方人压根儿就无法相信在世上能有如此高度繁荣发达的国家存在。

另外，从战争规模（参与一场战争的人数）上也能看出些端倪。从宏观上说，打仗就是打经济！所谓"三军未动，粮草先行"，打仗就是打后勤，打经济实力。所以，一个国家所能动员的参与战争的人数，是受制于它的财富水平的。看看西欧、日本的战争，大部分都是几千人，甚至是几百人在那里打来打去！而回顾中国历史，动不动就是几万人、几十万人，甚至是上百万人的互掐，其所反映出来的经济实力是非常惊人的。就拿著名的长平之战来说，光是秦军坑杀的赵军就多达40万人！这是一个什么概念？据说赵国当时是全民皆兵，即每家每户都出了一个人去参与这场战争，以每户平均四口人来算绝对是保守估算，这就意味着当时的赵国有超过160万人的人口！能养活这么多人，可想而知经济水平要发达到何等程度！

中国台湾作家柏杨曾经写过一套上下两册的通史——《中国人史纲》。该书讲完清末的"百日维新"之后提出一个问题：为什么日本的明治维新成功了，而中国的百日维新却失败了？对此问题，柏杨滔滔不绝，列举了好些他认为中国人不如日本人而导致中国制度也不如日本制度的地方。他列举的其中一项说，中国的财产继承制度是"平均分配制"，而日本人的财产继承制度是"长子继承制"。当然，像皇位、爵位这样具有唯一性的权位，无论中日还是西方都采用"（嫡）长子继承制"，理由前面已经解释过了。但像财产这样数量不是唯一的东西，就有了分配问题。柏杨认为日本的制度优于中国的制度，并做了一个貌似有理的分析：日本的长子继承制是指家庭财产全部由长子一人继承，其他儿子都无权瓜分，这就使得家庭财富不断积累在一个人的手中，若干代之后便实现了资本的原始积累，为资本主义制度的形成提供了经济基础。而中国的平均分配制把家庭财产大致平均（也不可能是完全平均）地分配给所有儿子，使得家庭财富不断分散，于是总是无法实现资本的原始积累，导致资本主义制度没有生根发芽的经济土壤。

　　柏杨的分析乍一看貌似很有道理，但其实他的分析完全错了！他的问题是，从一开始就抱着"好不好"这样的价值判断去做分析。他先入为主地认定了，中国的制度都是不好的，日本的制度肯定比中国的制度好，于是整个分析是迁就着这个价值判断去做的。然而，正确的科学态度，是要先问"为什么"——为什么中国与日本会有不同的财产继承制度？是什么局限条件导致两国有不同的制度选择？

　　了解达尔文的物种理论或看过《自私的基因》一书的人就会知道，生物学家认为，不论是从最微观的基因层面来看，还是从宏观的物种层面来看，进化的过程如果是有意志可言的话，那物种的意志就是要尽可能地保证自己的基因得以传承下去，并且要开枝散叶、发扬光大。所以，如果一个家庭的财富数量很少，它绝不能分散！因为那么少的财富再分散的话，会连一个人都养不活！至少要先确保养活一个人，通过他把这个家庭的血脉传承下去。但如果一个家庭的财富数量已经很多，它就要分散！因为那么多的财富即使分散变少了，也还是能养活一个人，而分散财富的好处是可以分散风险，提高存活率。试想一下，如果把所有财产都只给了长子一个人，可要是长子一不小心很早就死了，或者是生不下儿子，或者是个败家子，把财产都败光了，这岂不是把鸡蛋都放在一个篮子里，稍有不慎就全军覆没？可是如果把财产平均地分给所有儿子——当然前提是每个儿子分得的财产是足够养活他们的，那么其中一人甚至是几人早死，或生不下儿子，或成了败家子，都不会对这个家庭造成毁灭性的打击。

　　所以，为什么中国与日本有不同的财产继承制度？这是因为家庭财富的数量这个局限条件不同！而绝不是中国人就比日本人差劲，中国的制度就比日本的制度糟糕！重要的是，我这个解释是得到事实验证的。因为，同样是日本人，富有的贵族所采用的财产继承制度就不是"长子继承制",而是与中国一样的"平均分配制"！最典型的例子是,开创德川幕府的德川家康,他临终之前把自己的财产分成好几份,他的每个儿子都有一份。

另外,柏杨那貌似有理的"由一人继承财产才能实现资本积累"的说法也是错误的！财产的产权分散在不同的人手里,会影响资本积累吗？不会！因为这世上有一种金融制度叫"集资"。通过股份公司等方式,可以把产权分散在无数人手上的资金集中起来,以满足一些需要大额资金才能完成的事业。事实上,资本主义存在着的私人所有制与社会化大生产之间的矛盾就是靠这种金融制度来解决的。无论财产的产权分散在多少人手上,只要有足够高的利益,自私的人自然会想出各种办法把分散的资金集中起来。

在近代西欧的民族国家崛起过程中,荷兰人为了跟早他们一步从事海上贸易的葡萄牙人、西班牙人竞争,成立了荷兰东印度公司。而这家公司的资金,就是通过向广大的荷兰人发售股票来筹集的,连阿姆斯特丹市长家里的女仆都购买了股份。有人可能说：啊,那是西方啊,古代中国人没这么精明的商业头脑去发明这种金融制度。错！古代的中国比西方更早地出现"集资"行为。成书于北宋年间的《梦溪笔谈》记载了这么一件可能是中国最早有记载的"金融诈骗案"：某人声称他有一桩好生意,但没钱去做,于是到处游说人们给他这生意投钱。不少人相信了他的话,给他投了钱,结果他却卷款潜逃了。这个故事的重心当然是诈骗,但从这个故事发生的背景可知,当时已经有可以称为"集资"的行为,而且如果不是当时这种行为有相当的普遍性,又怎么会有那么多人上当中计,那样轻易地就把钱交给一个陌生人呢？这比荷兰东印度公司早了几百年！

事实上,在我看来,宋朝是一个很可惜的朝代。那个时候的中国,政治自由,经济发达,市民阶层富足却不懒惰,无论是科技发明还是制度创新活动都极为活跃,整个社会的氛围非常类似于西方工业革命前夜的状态。如果不是宋朝在军事上处于弱势而被灭亡，取而代之的是对汉族文化毫无兴趣，几乎完全不学习吸纳汉族文化的蒙古王朝，造成中国长达近百年的中断，否则照此发展下去，从农业经济向工商业经济的转折很可能会率先在中国出现——正如封建制向中央集权制的转折率先在中国出现那样。

不管怎么说，中国的财产继承制与日本的财产继承制不同，反映的不是中国人比日本人差，而是古代中国的普通家庭的财富水平远远高于同时期的日本！此外，在婚育观念上的差异，也反映了这一点。中国人的传统观念是人人都要结婚，家家都要生小孩，否则就是不正常的。可是日本并没有这样的观念。富有的贵族当然都要结婚，但平民百姓，甚至是普通武士只有长子才会成家，因为长子继承了家庭的财产，有足够的财力去结婚生子，养活妻儿。而其他儿子不但不能继承家庭财产，还必须在成年之后离开家庭，独自寻求生存之道。这些人身无分文，如果不能发财致富，根本没有结婚的打算，因为他只能勉强养活自己。

有一部日本NHK的大河剧（古装历史剧）《利家与松》，里面有这么一段剧情：剧中的主人公飞黄腾达后对追随他的家臣说："我给你找个老婆吧！"那家臣兴奋激动得流下泪来，高声欢呼："我终于也能有老婆孩子啦！我终于也是个有身份有地位的贵族啦！"是的，在古代日本，能结婚生子是身份地位的象征，是贵族的象征，严格来说，是有钱人的象征！如果不是整个社会普遍都处于极端的贫穷之中，何至于此！

◆ **儒家思想的作用**

在这里我要说到之前提到过的那个全套解释——这是一个解释古代中国为什么比同期的其他国家高度发达的完整解释。

张五常教授在《中国的经济制度》一书中指出，中国在改革开放后创造了如此高速增长的"经济奇迹",一定是做对了什么。不能因为中国的做法跟其他国家(西方发达国家)的做法看起来很不一样,就以其他国家为正确的标准来批评中国。同样的道理,古代中国比同期的其他国家发达程度高那么多,其实也是一个很大的奇迹,我们需要去探究它做对了什么,也就是其背后的制度原因是什么。

目前,在中国社会,无论是思想界,还是普通民众心里,都充斥着一种可悲的自卑心理,那就是"崇洋媚外",认定了中国什么都是错的、什么都是差劲的,外国什么都是对的、什么都是美好的。不但面对现实持这样的负面否定态度,就连面对古代曾经那么辉煌的历史,也是如此。中国社会出现这种现象,是因为近一百年来中国确实落后过、挨打过。然而,一百年时间在五千年里算得了什么?那只是一条滔滔大河中的一个小小的弯道而已!

举个例子吧!中国曾发生所谓的"五胡乱华",也就是以匈奴、鲜卑、羯、氐、羌这五个民族为首的胡族入侵中原,建立了十余个强弱不等、大小各异的胡人国家(所谓的"五胡十六国"),与汉人政权对峙。然后又出现了南北朝,北方的胡人政权与南方的汉人政权对峙。这比起近一百年来中国被西方列强瓜分殖民,其实是严重得多的事情——因为至少清朝之后的中国并没有彻底亡国而是被直接置于外国人的统治之下,而"五胡十六国"及南北朝时期的中国却是整个北方都直接被胡人所统治。如果我们生活在那个时候,我们会认为以汉人文化为主体的中国是差劲的、落后的吗?然而,结果是什么?结果是以北方(隋国)统一南方而结束。北方不是胡人政权吗?是的,但这个时候的五胡已经被汉人同化了,他们接受了汉人文化,经过通婚而与汉人融为一体。隋、唐两朝的皇帝,都是汉人与鲜卑人的混血,但在文化上他们已经彻头彻尾地将自己认同为汉人!我们作为后人,从来不觉得仅仅因为那些年的"五胡乱华"和南北朝统治,中国文化就是落后差劲的,恰恰是中国那强大的同化力与包容力,将这些军事上的入侵者变成了文化上的同宗者。

第二讲 重商主义

柏杨说过一句关于历史的意义的话，我是非常赞同的，那就是：不知道历史，就不知道"过去"，就不可能明白"现在"是怎么形成的，也就无法预见"未来"。我们要正确地认识中国历史的本来面目，才能清楚地明白我们应该如何为中国的未来进行选择！

所以，张五常教授写《中国的经济制度》，是从改革开放开端的历史追溯下来的，探究中国今天的经济制度是如何形成的，为中国的经济奇迹提供了什么样的制度性支持。而我在这里，则是要从秦统一中国时的历史追溯下来，探究中国到清末为止的（广义的）政治制度是如何形成的，为中国古代的高度繁荣发达提供了什么样的制度性支持，为今天的制度建设提供一些参考。当然，更重要的是我希望通过梳理历史，还原真相，重建中国人对于自己传统文化的信心。

前面说到"（广义的）政治制度"，之所以要加上"广义的"修饰，是因为我所要描述的那个制度其实已经远远不止是人们平时所理解的那个"狭义的"政治制度，它包含了一些文化因素在内，都与治理国家有关，所以说是政治制度也不为过，称为"广义的政治制度"是比较合适的。

古代中国的这个广义的政治制度不是一个单一的制度，而是多个制度有机结合而成的一个制度体系。首先，是前面已经详细分析过的"中央集权制"。这属于权力分配制度，作用在于把权力集中到中央上层，一方面是提高了那些需要多个地方协同才能办成的工作的效率，另一方面则是通过缩小参与权力斗争的人群的范围来减少租值消散。其次，也是前面已经分析过的"家天下独裁制"与"嫡长子继承制"。这两项制度在"中央集权制"的基础上，进一步把权力集中在皇帝所在的家族之内，并且还解决了权力继承问题，以血缘清楚地界定了权力。这些都是有助于减少租值消散的。

然而，无论是在《经济学讲义》的"政治经济学"那一讲里，还是在本书的前面内容里，我都提到过，独裁的好处（收益）是效率高，坏处（成本）是如果独裁者不明智，权力高度集中在他一人之手，就会造成大灾难。于是，古代中国的这个制度体系中还有一个重要的组成部分，那就是儒家思想！

儒家思想严格来说不是政治制度，而是道德制度，但它对于古代中国的这个制度体系是不可或缺的。众所周知，春秋之时有诸子百家，各种思想百花齐放。但为什么只有儒家能得到后世皇朝的推崇，成为官方认可的正统思想？这是因为儒家思想是"中央集权制""家天下独裁制"的"最佳拍档"！

在"中央集权制"下，权力需要集中到上层，而前已述及，这跟人是爱自由（爱权力）的自私本性是有冲突的。如果一味靠暴力来压制下层，强迫他们把权力上缴，交易费用是巨大的。而儒家从思想教育入手，以较为柔性的方式来让下层形成服从、听话、乖等就是好的价值观，从而自觉地将权力交给上层，大幅地减少了上层管治的交易费用。但是，这只是儒家思想的一个方面，儒家思想的另一个方面，是面向上层的，也是从思想教育入手，以较为柔性的方式来让上层形成"父母官""爱民如子"等好的价值观。这种面向上层的价值观的教育目的，就是要最大限度地使独裁者明智。

将父母子女之间血浓于水的亲情关系，推广引申为政府官员与平民百姓之间上爱护下、下服从上的关系，有着两个重要的，最终结果都是减少交易费用的作用。其一，就是前面说过的想让独裁者明智。我在《经济学讲义》中的"政治经济学"一讲里已经分析过，"家天下"的独裁者，因为整个国家都是他的私有财产，也就是其产权明确地界定给了独裁者，所以理论上独裁者的利益与国家整体利益是一致的。但要明白这一点，独裁者必须是明智的。将上层独裁者与下层民众的关系比喻为父母与子女之间的关系，就是想让独裁者明白他的利益与民众的利益是一致的，正如父母绝大多数都是为了子女的利益着想一样。

其二，也正如我在《经济学讲义》里讲解企业内部的交易费用（管理费用）时所指出的那样，劳动力这种生产要素是很特殊的。因为它有自我意志，不像机器那样只要设定了要它怎么工作、要它多努力地工作，它就会一丝不差地按要求来工作。劳动力需要通过激励与惩罚两个方面的手段来促使它按管理者的意志去工作。上升到政治层面，企业内部的管理就相当于国家内部的管治（统治）。用法律、暴力去控制或压制下层民众服从上层，这属于惩罚手段，光有这种手段是不行的，因为交易费用太高了，因此还必须借助激励手段。激励手段的一个方面是前面提到过的以思想教育来灌输服从的价值观，另一个方面是反过来教育独裁者要像父母爱护子女那样对民众爱护有加，以感情交易来换取下层民众由衷的尊敬、爱戴，从而服从独裁者。

其实，不仅仅独裁者与下层民众之间如此，独裁者（皇帝）与辅助他进行管治的官员集团之间，也需要这样的激励手段去维系关系。儒家思想之中固然有"君要臣死，臣不得不死"这样要求臣服从君的主张，但也有"君臣关系如鱼水，你中有我、我中有你"的观点。中国香港作家董千里写的历史小说《成吉思汗》里有一段剧情是丘处机到蒙古大漠去见成吉思汗，向他传播汉人文化（其实就是儒家思想）中关于君臣关系的观念。在此之前，成吉思汗认为他与下属之间是主奴关系，但丘处机说他这样想是不对的，臣子并非君主的仆人，甚或奴隶，而是与君主之间有一定程度的平等关系。臣子向君主效忠，君主应礼贤下士、尊重人才。虽然这段剧情是虚构的，但它所表现出来的精神是符合儒家思想精髓的。

归纳来说，儒家思想所主张的，就是"和谐社会"。古代的日本把中国文化一一照搬过去，圣德太子制定十七条宪法中的第一条就是"以和为贵"。在统治阶层中的上与下之间，也要尽可能地尊重彼此、和气相处，这明显是为了降低交易费用。然而，儒家思想还不仅于此，它还有一个重要的主张，那就是"得民心者得天下""贼仁者谓之贼，贼义者谓之残；残贼之人谓之一夫。闻诛一夫纣矣，未闻弑君也"。也就是说，下层对上层的服从不是绝对的，如果独裁者没有遵守儒家所主张的爱民如子，而是残民以逞，那么下层也就不再需要遵守儒家所主张的服从上层，可以起而造反——那不叫造反，叫起义！可见，这上层与下层之间的关系，其实是一种双向的交易：上层给予下层爱护，交换回来的是下层对上层的服从。

仔细阅读儒家经典，我们会深刻地体会到，儒家是最懂"政治经济学"的。国家的最高权力来源一定是人民，不管那最高领导者是否通过民主投票的表面形式来获得这最高权力。人民为了获取政府统一管理服务的好处，才让渡一部分权力出来交给统治者，这是一项交易。如果政府提供的服务质量不够好，甚至根本就不提供服务而是拿着手上的权力作威作福，那么让渡权力购买服务的人民迟早会把他炒了鱿鱼。这并不是道德说教，这是事实真相！原因很简单，还是刚才说过的：人是有自我意志的，不是自动自觉就会服从指令的机器，全凭暴力压制，交易费用太高了。

如今，我国官方提倡中国文化的伟大复兴，在海外遍建孔子学院，一如历朝历代那样重新把孔子奉为中国传统文化的代表与象征。还有一些名牌大学重提孝道的重要性……面对这些现象，我们要问为什么会这样？一个社会必须有与之配套的道德制度来降低交易费用，而儒家思想之所以在中国存在了几千年之久，被历史证明了它的生命力是何等顽强，正是因为它是最适应中国社会的政治、文化等各方面的局限条件的。

◆ 科举制的作用

除了中央集权制、家天下独裁制、嫡长子继承制、儒家思想之外，古代中国的政治体系中还有一个重要的构成部分——科举制！

科举制的意义极为重大，而它对中国的影响也是好坏参半。我先解释科举制为什么会在古代中国产生，然后再分别辨析它的好处与坏处——但我事先要说一句，我要指出的坏处绝非通常人们所认为的科举制的坏处，我认为人们通常指出的那个坏处是小事，科举制真正重大的坏处从来没有被人们清楚地认识到。

古代中国为什么会产生科举制,这跟"中央集权制"是高度相关的。中央集权制之下既然把权力从分散的各处集中到上层,那当然就得同时配套一项人才选拔制度,使整个社会的精英从分散的各处集中到上层,让这些精英来运用权力——显然,这反映出古人已深刻地认识到:如果要实行独裁,就要尽可能地让明智的人做独裁者!

但是,科举制并不是随着中央集权制的产生而产生的。据说科举制的发明者是隋朝的开创者隋文帝杨坚——但后面我会辨析,正确的开创者应该是隋炀帝杨广。也就是说,并不是秦统一中国之后就马上产生了这种制度。这是因为,要探索出一种最适合中央集权制的人才选拔制度并不是一蹴而就的事情。在秦统一中国之前,普遍适用的是"世卿世禄"制,也就是世袭制,上至周天子、中至诸侯、下至卿士,各阶层依照血缘世袭。春秋战国之时出现"门客"制度,人才自由流动,"此处不留爷,自有留爷处",人才分散在地方各处,各诸侯国互相竞争这些人才的去留,这与封建制下的权力分散状态是相适应的。秦统一中国之后,就面临刚才所说的必须将分散在各地的人才辨识出来,将之提拔到中央去运用权力的问题。汉代采用的是察举制和征辟制,前者是由各级地方推荐德才兼备的人才,后者是中央和地方官府向社会征辟人才(前者是由下而上,后者是由上而下)。由州推举的称为秀才,由郡推举的称为孝廉。但这种举荐制度缺乏客观标准,容易徇私。三国时的魏文帝创立了"九品中正制",但其本质仍然是举荐制,只是负责的官员不是地方官,而是中央任命的官员。也就是说,隋之前实行的人才选拔制度其意图也是要把分散于各地的精英集中到中央去,与春秋战国时的门客制度有本质上的区别,只是这意图都没能很好地实现,人们一直还在探索着更好的制度。

到了隋朝,更好的制度终于被发现了。一方面,是将选拔人才的权力从地方集中到中央的吏部(这一点继承了魏文帝的制度);另一方面,是以考试而非推荐的方式来辨别优劣。后一点是科举制最关键的本质,因此虽然"科举"的名称在杨坚之时已经出现，但实际上以考试的形式选拔人才是杨广时才确定下来的，所以准确地说杨广才是真正意义上的"科举"的创立者。

隋朝之时，科举并不是定期举行的，而是根据皇帝下诏书而进行的，所以严格来说不算是一项制度，即只能称为"科举"，不能称为"科举制"。然而，这种以考试选拔人才的形式的好处已经显现出来。例如，唐初名相房玄龄就是在十八岁时便已考取了进士，但他在隋朝时长期在地方上辗转做着小县令，未能人尽其才。这说明隋朝时，中央政府对于科举仍不够重视，只是用来选拔低级别的地方官员，中央层面的官员还是在贵族圈子里找。然而，这曾经在隋朝举进士的房玄龄，在隋末乱世中找到了明主投靠，于贞观年间一跃而成了宰相。这件事证明了科举对发掘人才是有用的。这也解释了为什么唐太宗李世民大力完善科举，将这种以考试选拔人才的形式制度化、常态化。据史书记载，他曾悄悄地私访负责考试进士之事的御史府，看到很多新取的进士鱼贯而出，便得意地说道："天下英雄，入吾彀中矣！"

从唐代中期起，大多数宰相都是进士出身，跟隋代通过科举选拔出来的人才只能在地方上做小官截然不同，科举制已经成为选拔中央层面的高级官员的来源之一。到了宋代，则比唐代大大地扩大了录取范围与中试名额。唐代录取进士，每次不过二三十人，少的时候甚至只有几人、十几人。相比之下，两宋总共 320 年，开科 118 次，录取进士多达 2 万人以上！而宋代的"进士一等"多数都可以官至宰相，所以进士科又称为"宰相科"。到了明代，科举制达到极盛，不但从乡试到会试、到殿试的三级考试制度极为完备，而且重要的是不经科举录取是很难做中央的高级官员的。尤其是明英宗之后，有"非进士不入翰林，非翰林不入内阁"之说。这跟以前举进士就容易做宰相（但做宰相未必要举进士）已经有着本质的区别。

接下来，要分别分析科举制的好处与坏处。科举制最大的好处是它以一种相对来说比较公正客观的方式将人才选拔出来，与中央集权制相适应。科举制还有两个引申出来的好处：其一，打破了阶级身份的限制。都说古代中国等级森严，但如果横向跟同时代的其他国家相比，中国的等级制度算是最不森严的了。在西方，不但不同阶层之间不能突破彼此所属的界限，甚至连职业的界限都是壁垒森严！也就是说，如果一个人是当仆人的，那么不仅他自己一辈子只能当仆人，而且连他的子子孙孙也都只能当仆人。可是在中国就不同了，只要读书读得好，能考上科举，无论是多么贫寒微贱的出身，都可以当官，甚至是做中央层面的高级官员。所以，科举制的出现，为下层民众打开了一条通往上层的道路，而且这条道路总体而言是公正客观的。通过科举，人们可以突破出身限制，可以改变自己的命运，这不是最大的公平，又是什么呢？是的，直到唐代，贵族的力量还很强大，一个人的出身还很重要，但到了大量开科举进士的宋代，中央上层的政治生态明显地从以往的贵族政治向平民政治转变。而元朝这个不肯吸纳汉族文化，不开科举，而是按种族与职业将人分作三六九等的朝代，恰恰是古代中国等级最为森严的时代。

由于科举几乎成了下层通往上层的唯一道路，这就使得古代中国形成了"万般皆下品，唯有读书高"的观念，更进一步使得中国人重视教育，重视投资人力资本。从现代经济学来看，人确实是最重要的生产要素，是突破边际收益递减定律的关键（通过人脑进行发明创新带来技术进步），因此投资人力资本比投资其他实物资本有着更好的社会效益（正的外部效应）。这也算是一个附带而来的科举制的好处。

科举制的另一个好处，与前面提到的那个好处是密切相关的，正是因为给不同阶层的精英提供了一条可以让他们有出头之日的上升通道，也就最大限度地消除了精英人士的不满情绪，从而实现了社会的超稳定。中国的思想界经常讨论一个命题：中国的所谓封建社会为什么是超稳定的，虽然有改朝换代，但换的只是皇帝，政治制度本身没有重大变化。通常的结论是说中国人没有创新精神，害怕变化，故步自封，保守……但这都不是科学的解释。我在《经济学讲义》

里提到过，不能用口味、偏好、民族性那样的意图之物来解释行为，因为无法验证。而且这些解释都明显地包含着价值观判断，言下之意是认定了超稳定的古代中国社会是不好的。然而，稳定有啥不好呢？所谓适者生存，客观的局限条件是千变万化的，一项制度能以不变应万变地适应几千年的变化，反映出来的绝不是保守，而恰恰是灵活、有弹性，所以有很强的适应能力。

一个社会怎么会不稳定？一定是因为人们觉得自己的利益受损而产生不满情绪，这些不满情绪积累到一定程度就会爆发，动摇执政者的统治根基。独裁者需要明智，造反者何尝不需要？要办成一件颠覆原有秩序，建立新秩序的大事，笨蛋傻瓜是做不到的，只有精英智者才能做到。然而，智商的分布是随机的，贵族不一定都是聪明的，聪明的不一定都是贵族，而且遗传和教育都无法确保智商出现在什么人身上。一个聪明的人如果不幸出身贫寒，在等级森严的社会里他完全没有办法进入上层社会，获得与其才智相匹配的权力，怀才不遇的愤恨若刚好碰上合适的时势，就会"时势造英雄"，成为旧秩序的造反者、新秩序的开创者。但在中国，有科举制，聪明人都去读书考试了，即使出身低下，也有机会凭着自己的聪明才智获得进入上层社会的机会，不稳定因素自然大幅减少。当然，科举制吸纳人才进入上层社会的可靠性也不是百分之百的。因为这世上总有些人虽然很聪明，但就是不擅长考试，这种人难免就会成为"遗珠"，有很高的风险成为造反者——像洪秀全就是这种屡试不中而转向造反的人。但不管怎么样，有了科举这一条路，总比完全没有途径让出身下层的精英进入上层社会要强，这种制度已经最大限度地降低了社会的不稳定性。而且，精英对现行制度若有不满，也可以通过掌握权力在体制内进行改革，这样就不会轻易地以暴力在体制外进行革命了。

但科举制也有很大的负面作用。一般认为，科举制最大的问题是束缚思想、扼杀创新。然而，这些负面作用主要是因为用八股文的具体形式来推行科举，而且内容只考儒家思想，还只考其中一小部分。18世纪欧洲启蒙运动中，不少英、法思想家都推崇中国科举制的公开公正，英国更是在19世纪中后期建立了公务员考试制度，实际上就是吸纳科举制形式的优点，但考试内容与考试形式另有设计。

当然，考试制度也有它的存在于本质之中，靠改变形式与内容还是挥之不去的问题。张五常教授曾写过一篇《大学收生的准则排列》，将考试分数定为最不可靠的衡量学生水平的准则，建议改用中学老师的推荐信。这种制度相当于汉代的推荐制，而它为什么会优于科举制（考试制）呢？要注意：前面分析得很清楚，科举制是最适合中央集权制这一局限条件的人才选拔制度，但一个国家的大学并不是唯一的！这个最关键的局限条件不复存在，科举制就不再是最优选择。推荐制的优点是能够以多种不同的形式灵活地综合量度一个人才是否优秀，但因为过于灵活，没有统一的客观标准，就容易徇私。然而，大学有多个，不同的大学之间互相竞争，这种约束相当于市场之内多个企业的竞争约束，长期徇私的大学迟早会在竞争中遭到淘汰，从而有力地约束着大学的徇私行为——当然，徇私行为不可能完全消灭，但肯定比只有一个中央政府，承受的竞争压力要少得多的情况要强。在这样的局限条件下，推荐制的优点（灵活综合）足以弥补其缺点（容易徇私），于是推荐制就胜过科举制了。

然而，在这里我要指出的科举制的坏处，不是这个应该是众人皆知的问题，而是另一个我认为重要得多的负面影响：科举制造成古代中国比同期的其他国家更为等级森严！前面不是刚刚说过，科举制的好处之一就是为下层精英打开了一条进入上层社会的公正客观的道路，使得古代中国横向地跟同期的其他国家相比没那么等级森严吗？怎么现在举出的坏处却是使得古代中国等级更为森严了呢？这不是自相矛盾吗？

不，没有矛盾！前面说科举制使中国的等级没那么森严，是指掌握中央权力的社会上层与贫寒的下层之间的等级，是可以通过考取科举来突破的；而这里所说的科举制使中国的等级更为森严，却是指皇帝与其他人（包括大臣、平民）

之间的高低之别变得更为绝对。

　　前面说过，古代西方国家的国王与骑士（封建主）之间的关系显得比中国的皇帝与臣下之间的关系要平等，只不过是因为权力分配的结构不同而已。如果拿封建主与附属于他的领民之间的关系跟中国的君臣或君民关系相比，那可是远远不如的。即使是在秦之后中国已经是中央集权制，君臣关系其实还是相当平等的，虽然没到圆桌骑士那个程度，但也不是后来的一见皇帝就要三跪九叩。

　　柏杨曾经说过一段讽刺话，大意是我们不能想象丘吉尔去见英女皇时会是像曾国藩见慈禧那样，吧嗒一声就双腿跪下，嘭嘭嘭地磕头，慈禧一个不爽还可以扒了他裤子打屁股……他这么说只证明他对中国历史是一知半解的，只知其一，不知其二。其实臣下见到皇帝要下跪磕头，是元朝的蒙古人带进来的做法——前面也提到过，丘处机到大漠见成吉思汗，直指他将君臣关系看成主奴关系是错的。这段剧情虽然可能只是历史小说的虚构，但下跪磕头在元朝之前确实是所谓的蛮族的风俗，并不是中原的做法。事实上，大臣向皇帝自称"奴才"也是清朝才有的事，因为满族的贵族将下属看作家奴。

　　在元朝之前，中国并非没有下跪磕头，但这并不是普遍的做法，一般仅限于以下三种情况：其一，表示投降；其二，表示认罪；其三，子女面对父母，表示孝道。当然，拜祭天地的重大场合还是要跪的。这就是所谓的"跪天跪地跪父母"。大臣面对皇帝的行礼，是作揖，即弯腰的同时两手合抱举起。事实上日本人就把这种礼仪学了过去，一直保留到现在，以鞠躬弯腰的度数有多大来表示尊敬程度的不同。至于日本人经常跪着，即跪坐，也是从中国学过去的。以前没有椅子，都是席地而坐，因此跪就是坐，并不是一种表示卑屈的礼仪，因为皇帝也是这样跪坐的。在椅子发明之前，皇帝与大臣都跪坐，虽然不是围着圆桌以示无高低之别，但还算是蛮平等的。所谓"坐而论道"就是这个意思。

　　椅子发明之后，皇帝和大臣就从一起跪坐在地上改为一起坐在椅子上，也没什么高下之分。然而，在宋朝的时候，开始出现了"废座"的事情，也就是说皇帝才有椅子坐，大臣没椅子坐，需站着说话。当时朱熹为此还大不高兴，批评这种做法，说大臣跟皇帝禀报政务，事情很多，或者是问题很复杂，说的时间会很长，站着会很累的（见《朱子语类》）。直到宋末，文天祥被捉到忽必烈面前的时候，忽必烈要他下跪，他以"南揖北跪"而拒绝，说明南人（南宋）的礼仪仍是作揖，北人（蒙古人）的礼仪才是跪。然而，明朝虽然取代了元朝，却把蒙古人一些落后，甚至是野蛮的礼仪继承了下来，不要说跪，明初甚至还保留着"人殉"的做法。至于明之后的清，又是一个胡人政权，连下对上的称呼都改为"奴才"——其实也有称"臣"而不称"奴才"的，但这只说明这个大臣跟皇帝还没贴心到有资格当家奴的地步。

然而，我们也要面对一个事实：如前所述，隋唐两朝的皇帝也带有胡人血统，但在文化上却全盘汉化，元朝的蒙古人虽然几乎不吸纳汉族文化，但清朝的满人还是很接受汉族文化的。更不要说，废座的事情在宋朝就已经出现，而宋朝可不是胡人政权。也就是说，我们不能把中国君臣的等级变得越来越森严完全地归咎于胡人政权对中国文化的负面影响。秦统一中国使中国从封建制转向中央集权制，但中央集权制确实更适合中国当时的局限条件，并非秦始皇的个人意志就真的能使历史走向为之一变。同样的道理，虽然胡人政权入主中原冲击了中华文化，但如果不是因为某些局限条件发生了变化，使得这种看起来更不尊重人，甚至可称为"落后"的礼仪风俗更能适应其时的局限条件，光凭统治者的个人意志是不能使得历史走向发生"倒退"的。

那么局限条件是什么呢？这恰恰就是科举制的负面后果！科举制的盛行，使得中央上层与下层平民之间的地位界限有了被突破的机会，也就使得凭借出身背景便能自然而然地获得权力的贵族阶层难以维持。中国有句俗话叫"富不过三代"，这话是有现实根据的。因为古代中国的所谓"祖荫"只能传三代。好比说，有人为国家立了大功，得了个爵位（不是官位），这个爵位可以传给儿子，儿子再传给孙子。但这只能传三代，到第四代这爵位就要降级了，再继续下去更是会被彻底取消。所以,如果不通过科举获取功名,只凭祖荫,一来还是当不了官,二来虽然有爵位,但也维持不了多少代。前面说过,唐代的时候贵族政治色彩还比较浓厚,虽然已经有了科举制,但每次中进士的人数非常少,不要说整个官吏体系,就算是中央高层,大部分官员都还不是通过科举制选拔任命的,门户出身是否高贵仍然起着很重要的作用。到了宋代,由于科举"扩招",大量进士涌现,而进士选出来就要给他们官做,官员中通过科举而不是凭借出身高贵获得官位的人越来越多,成了多数派,贵族阶层遂日渐衰落,贵族政治让位于平民政治。

这看起来是好事。然而,这事情有另一面。在古代中国的整套政治体系中,有一个人是不需要参加科举就能获得权力的,那就是皇帝!有一个位置是通过世袭而非委任而获得的,那就是皇位!这使得皇帝这个最高领导人的地位显得特别超然。以往在汉唐之时,因为是贵族政治,整个中央高层里的人大多是贵族出身,皇帝与大臣即使有区别,也不是特别大,皇帝最多也就是个大贵族。这跟西欧的国王与一众骑士的关系有极为类似之处。因此,至少在唐朝的时候,大臣面对皇帝时,虽然对皇帝尊重,但并不会觉得自己比皇帝差多少,不会自感卑微。然而,到了宋朝的时候,很多大臣都是平民寒门出身,面对皇帝这个唯一的贵族,难免油然而生自卑的情绪,出现废座之议也就不足为奇了。而且,皇帝也需要用这种礼仪上的拉开距离来作为一种"信号",以彰显自己的权力来源与众不同——当然,汉唐之时的皇帝不是不想搞这种信号,而是客观上他们的出身与大臣都是名门望族,要装神弄鬼吓唬人可就没那么容易了。世事就是如此吊诡。科举制让下层平民有机会改变自己的命运,使得社会阶层的鸿沟隔膜能较容易地被打破,却也使得置身于科举制之外的皇帝变得更加高高在上,因为他的权力是唯一没有通过科举来获得的。平民政治听起来是个好事情,但在某些局限条件下,它会带来负面作用。所以,这才是科举制最大的坏处。

就是这样，中央集权制、家天下独裁制、嫡长子继承制、儒家思想、科举制，这几大块结合在一起，共同构成了古代中国一套完整的政治体系。这套政治体系，稳定而高效，因权力斗争造成的租值消散减少得比同期其他国家低，运作的交易费用也比较低，为古代中国的高度繁荣发达提供了源源不绝的动力。

然而，在这个体系之中缺了一个现代化的重要因素，那就是科学传统！西欧国家早有科学传统，但它们的科学传统长期停留在封建制的政治制度中，科学只是作为宗教的"婢女"而存在，因此一直无法跟中国相比。然而，从17—19世纪开始，地理大发现促成了国际贸易的发达，而国际贸易的发达使商人阶层积累了巨额财富，这不仅仅导致一个新的阶层崛起，更导致一些局限条件发生了重大变化，一些有利于促使其政治制度从封建制转变为中央集权制的局限条件出现了，推动着所谓的民族国家（其实是指实行中央集权制的国家）的崛起。接下来，本书就要回到正题上，也就是回到重商主义产生的背景之上，详细地分析是什么局限条件的出现使西欧国家在晚了中国上千年之后，终于也走上了从封建制转向中央集权制的政治制度"进化"之路。

这是意义重大的事情。因为，西方国家采用了中央集权制这种效率高，可大幅减少租值消散的"先进"政治制度之后，再加上科学传统的助力，短短几百年间就飞速发展，急起直追，不仅仅是追上了中国，甚至是赶过头去，造成了中国近百年来的"落后挨打"局面。

第四节　西欧的民族国家的崛起

西欧国家一直都是封建制，虽然也有英格兰、法兰西、德意志等国家名称，但国王的权力很弱。一方面，相对于国内的其他封建主而言，国王只能算个大贵族，地位不比他们高很多；另一方面，相对于罗马教皇这种宗教领袖而言，国王更是显得甚为卑微。西欧历史上发生过这样的两件事：一件事是"卡诺沙悔罪"事件，法国国王亨利四世得罪了当时的教皇格里高利七世，教皇对法王处以破门律的惩罚，暂时剥夺其教籍。根据规定，一旦国王失去教籍达到一定时间，人民就可以自动放弃对国王的效忠宣誓。因此两人相持了一段时间之后，法王终于还是向教皇低头认输，去罗马跪地请罪。另一件事则是拿破仑到罗马行加冕礼时，他一手从教皇手上抢过皇冠，自己给自己戴上，以此举来表示他对教皇的蔑视，向世人暗示这皇位是他凭自己的能力得来的，不是教皇的恩赐。然而，狂傲如拿破仑，他要做皇帝还是得到罗马去走一下由教皇给他举行加冕礼的过场。相比之下，中国皇帝根本不需要宗教领袖去举行这种认可他们权力的仪式。这些虽然是细节，却极大限度地反映了封建制下国王地位的高低。

然而，到了17—19世纪这段时间，情况（局限条件）发生了重大变化，有利于实行中央集权制的因素陆续浮现。

如前所述，地理大发现带来了新的贸易航道，而这些贸易航道是要靠坚船利炮去保护其产权的，这就要求一国有强大的海军力量。而要有强大的海军力量，就必须有强大的国家、强大的中央政府！这道理就跟前面解释中国很早就从封建制转向中央集权制的局限条件之一正是为了抵御游牧民族入侵的战争需要是类似的。西欧国家的地形决定了古代在陆地上进行的战争不需要太多人参与，只需少数人有少量武装，占据有利地形，就有"一夫当关，万夫莫开"的效果。在这种情况下，地方上的封建主单凭自己的力量，组织几百上千人就能保卫自己的领地，无须求助于中央。这样地方还怎么会有动力与意愿让渡权力给中央，以交换中央政府去组织大规模的军事力量为其提供国防服务呢？

但是，地理大发现之后，谁掌握了海洋，谁就掌握了世界的财富，谁就掌握了世界。陆地战争转向海上战争，情况大不一样了。因为海上战争必须建造体积庞大的战舰，所需的人力、物力、财力，远远超过了一个地方上的封建主有可能负担得起的程度。当然,可以"集资"。但军事与商业有着很大的不同,军事需要快速决策,独裁的高效才是最能适应军事需求的。所以自古以来,人们从来没见过在军事领域里使用市场或民主,都是清一色使用独裁。既然要使用独裁,其所需的人力、物力、财力又超过了一个地方的封建主可以负担的程度,唯一的选择就只能是把地方上的权力集中起来交给中央政府统一使用。也就是说,需要强大的海军,就需要有强大的中央政府,集全国之力去办成这件事,中央集权制的优势此时是极为明显的。而一旦有了强大的海军,有力地保护了贸易航道,从国际贸易中获得的巨额财富又充实了这个国家的力量,使它更有能力,也更有动力变得更强大。如此良性循环下,中央政府的权力与财力互相加强,如滚雪球般越来越大。而一旦有一个国家如此成功之后,其他西欧国家有目共睹,就会有样学样,有意识地从封建制转向中央集权制,从而推动整个欧洲国家陆续地进行制度变迁。

另外,除了需要强大的海军来保护贸易航道的产权形成对中央集权制的需求之外,国际贸易的发达也从另一个方面推动着封建制转向中央集权制。从国际贸易中大发其财的商人们,迫切需要一个统一的国内市场。因为国际贸易是需要国内贸易与之配套的,一方面是出口品需要从国内采购,另一方面则是进口品需要在国内销售。在封建制下,每一个小地方都被封建主占据着,国内市场被重重关卡切割得零零碎碎——所谓关税,在以前可不是指经过国与国之间的关卡时需要交的税,而是指经过每一个封建主的领地时都要"留下买路钱"。一国之内的交易费用太高使得国内贸易难以兴旺发达,最终一定会拖了国际贸易的后腿。因此,当国际贸易繁荣到一定程度的时候,国内贸易的制约就成了一个亟须解决的问题。因国际贸易而暴富的商人阶层不但要掌握国家权力,而且需要国家权力凌驾于地方封建主的权力之上,迫使他们取消各领地之间的关税,在整个国家之内形成统一市场,为国际贸易的进一步发展提供强大的后援支持。这,就是所谓的资产阶级革命的本质!

当商人阶层掌握了国家权力，而且还推动着政治制度从封建制转变为中央集权制之后，就会面临这样的问题：怎么管理国家经济？这就为"重商主义"思想的出现提供了空间。要注意，古代中国早就有中央集权制，但掌权的不是商人阶层，作为一国之君的皇帝以及辅助他的中央上层官员虽然也要考虑怎么治理国家，但他们并不像商人一样把国家当成一盘生意去打理，也就是说没有把经济方面的管理放到一个特别的高度去考虑。而且在自给自足型的农业社会经济结构中商业或贸易的地位也不是很重要，即使古代中国的皇帝有考虑经济问题，想到的也只是与民休息、轻徭薄赋、鼓励生育、鼓励农桑。而如果仅仅是商人阶层掌权，政治制度没有从封建制转向中央集权制的话，统治者就没有可以号令全国的庞大权力，也就根本不需要站在整个国家的高度上去考虑什么经济政策。

从这个角度来看，商人阶层掌握权力，以及政治制度"进化"为中央集权制，这两大局限条件可不仅仅是决定了"重商主义"思想的出现，更是催生经济学这门学科诞生的关键！要知道，对古典经济学家来说，他们认为所谓的经济学，是指国家理财。如果不是商人阶层掌握着一个中央集权的国家，又怎么会需要搞国家理财研究呢？

到此为止，本书花了很多时间、很长篇幅，终于把与"重商主义"有关的第一个问题给回答出来了，那就是：重商主义出现的历史背景是什么？

略做小结吧！一方面，地理大发现带来新的贸易航道，导致国际贸易的爆炸性增长，而这造就了一个极为富有的商人阶层。有了钱就想有权，商人阶层要求获得掌管整个国家的权力。另一方面，国际贸易的发达不仅要求国家建立起强大的海军去保护贸易航道，还要求在一国之内打破地方势力的分割，形成统一的国内市场。于是，不仅仅有商人阶层的崛起，更有民族国家的崛起，也就是封建制让位于中央集权制。于是，地理大发现、国际贸易、商人阶层、民族国家（中央集权制）就是重商主义产生的背景中的四大关键词！

第五节　重商主义的主要观点与政策主张

在详细讲解重商主义的观点主张之前，要提请读者注意两点：其一，重商主义是掌握了国家权力的商人阶层想出来的，这一点要始终牢牢谨记，因为只有这样才好理解为什么重商主义的逻辑思路会是如此这般的。其二，西方的科学传统在重商主义身上得到了很好的体现。尽管重商主义是错的，但它在内部是逻辑严密、自圆其说的，而且是一个科学的理论。要注意，科学的理论不等于一定是正确的理论，而只是说它可以进行验证，具有能被事实所推翻的可能性（可证伪性）。相比之下，古代中国的儒家思想却不是一个科学的理论，不是说儒家思想是错的，而是说它不能进行验证，不具有可证伪性，只是一种伦理道德主张，是一种价值观。尽管中国早就有了中央集权制这一重要的局限条件，但一来如前面所说，掌握国家权力的不是商人阶层，古代中国的统治者不会像商人阶层那样考虑问题；二来则是中国没有科学传统，靠自身难以想象可能产生重商主义那样的科学理论。

由于掌握国家权力的是商人阶层，他们考虑国家问题的时候，很自然地就把他们考虑自己企业的方式推广到国家层面上去。作为商人，他们想的是怎么赚钱；作为国家统治阶层，他们也在想怎么赚钱！所以，整个重商主义的起点是：什么是一国的财富？国家怎么才能增加财富？——事实上，亚当·斯密的《国富论》一书的完整题目是"探究国民财富的性质和成因"，问的其实是同样的问题，只是给出了不同的答案而已。对比一下古代中国的统治阶层，他们想的是：怎么才能长治久安！

仍是因为商人阶层的出身，他们自然而然地认为，钱就是财富。而当时是金本位制，再加上国际贸易中的结算货币也是黄金，于是重商主义对这个问题的回答是：贵金属（如黄金、白银）就是财富！早期的重商主义甚至被称为"重金主义"，就是因为他们把黄金视为财富的基本观点。马克思也批判过重商主义，讽刺重商主义者是"拜物教"的教徒，把黄金当神一样拜。要知道，在西方宗教思想里，上帝是不以具体的形态出现的，因此把一种具体的东西当神灵去崇拜都被统称为"拜物教"，属于异端邪说。也就是说，马克思批评重商主义，是暗指它是异端邪说，这是很严重的批评了。

那么接下来的问题是：怎么才能增加一国的财富？也就是怎么才能增加贵金属？商人阶层又给出了独具他们这个阶层的特征的回答：那就是贸易（商业）！把商品卖掉不就有钱进来了吗？然而，国内贸易不行！国内贸易只会使得卖方从买方那里得到钱，可是卖方和买方都是同一个国家里的人，于是这个国家内部的钱（贵金属）的总量不会因为国内贸易而增加，而只是使钱在不同的人之间发生了转移。能够使得一国之内的黄金的总量增加的，只有国际贸易！而且，也不是所有国际贸易都会导致一国之内的黄金增加，只有出口才能带来黄金流入，进口却会导致黄金流出。于是，顺理成章地，重商主义对这个问题——怎么才能增加一国的财富——的回答是：增加国际贸易中的出口！

同样是顺理成章地，重商主义得出了以下推论：出口是好事，使一国获利——获得了黄金；进口是坏事，使一国受损——损失了黄金。再进一步，则是：顺差（出口大于进口）是好事，逆差（进口大于出口）是坏事。再进一步：贸易是损人利己的零和游戏（Zero-sum Game）！所谓"零和游戏"是博弈论（Game Theory）中的术语，指参与游戏（博弈）的各方的收益与损失全部加起来之后是零的游戏。游戏之中当然有赢家，也有输家，赢家获益而输家受损。如果是零和游戏，这就意味着赢家的获益与输家的受损刚好数值相等。更进一步，这意味着赢家的获益其实是来自输家的受损，即这种游戏的本质是不创造新的财富，只是进行财富的转移——从输家那里转移到赢家那里。现实之中，最典型的"零和游戏"就是赌博！赌博之中赢家的钱，显然是从输家的口袋里掏过来的。也就是说，在重商主义者看来，贸易就像赌博一样，不创造新的财富，只是转移财富——从进口国那里把财富（黄金）转移到出口国那里去。

在上述观点的支配之下，顺理成章地，重商主义者推导出了相应的政策建议：必须尽可能地保持贸易顺差！在此政策的大方向之下，重商主义者又提出三个具体小建议：第一，进口要征关税，出口要免关税。第二，尽量减少奢侈品的进口。第三，鼓励目的是再出口的进口。

重商主义虽然是错的，但它一直到现在还深深地影响着现实世界。从上述这三个具体的小建议就可见一斑。首先，现代国家的关税政策几乎全是按照重商主义的这个建议来做的。要知道，关税自古以来就有，但并不是自古以来就是这样征的！古代的关税，就其性质而言，应该称为"财政关税"，也就是说，其目的是获得财政收入。因此，古代的关税是"双向收费"的，即出口也征税，进口也征税。这就如同现在的高速公路收费，从A市到B市要收费，从B市到A市也要收费，因为收费的目的是获得收入，而不是为了鼓励人们只从A市去B市，不想人们从B市进入A市。然而，自从重商主义出来之后，关税的性质就发生了根本性的变化，不再是为了获得财政收入，而是成了一种"保护主义政策"，目的是鼓励出口、限制进口。关税还是那个名字，本质却发生了天翻地覆的变化，这全是拜重商主义所赐！

再看第二个小建议，众所周知，奢侈品的进口关税特别重，原因就在重商主义这里。我国有意下调奢侈品的进口税率，原因是奢侈品基本上都是有钱人在买，而由于奢侈品进口关税太高，有钱人纷纷跑到国外去购买——由此可见这关税有多高了。有钱人专门出一趟国，飞机票加吃住的费用都比交关税要划算。结果高关税不但在实际中没能阻止奢侈品进口，反而导致这些有钱人的消费支出流失到国外去。重商主义的错误，其实在这事实面前已经暴露得很明显了。

最后看第三个小建议。这个小建议显示重商主义者真的非常聪明，他们不是一根筋地、一刀切地反对所有进口，而是如果某些进口是有利于增加出口的，就要加以鼓励。什么进口是有利于增加出口的呢？有些产品是出口的，但生产所需的原材料可能需要进口，这种进口显然就是有利于增加出口的了。有一种制度叫"保税区",就是在国境之内划出一个区域,进入这个区域之内的企业,进口原材料或中间产品可以暂时免征关税。但保税区并不是自由贸易区,使用免税的原材料或中间产品生产或加工出最终产品之后,就要看产品卖到什么地方去了。如果是卖到国外去,那就是出口,之前免征的关税照样免征;如果是卖到国内去,那就成了进口,之前免征的关税现在就要补征回来。也就是说,所谓的"保税"是指国家保留征收进口关税的权力暂时不用而已。这种"保税区"的设计,明显是采用了重商主义的这个小建议,是要人为地降低出口企业的生产成本,最终目的还是增加出口。

至此,重商主义从基本观点到政策建议都介绍完了。但我还要再多说几句,那就是请读者深入体会重商主义这整套理论是多么的科学,多么的逻辑严密!这就是西方的科学传统的智慧结晶!西方的这个科学传统,是多么的伟大,得出来的是多么漂亮的理论!尽管重商主义是错的,但我还是忍不住要为它的内部体系的逻辑严谨、推理环环紧扣而赞叹不已。从"黄金是财富"这个起点出发,理论一步一步地推下来,每一步都合乎逻辑要求,所有的概念都清晰客观,可以进行事实验证。是的,它是错了,但它仍然是一个合乎科学要求的理论!

另一方面,我要感叹的是,重商主义盛行 300 多年之后亚当·斯密横空出世,证明了它是错误的。接下来,经济学又发展了将近 300 年。然而,重商主义至今"阴魂不散",仍然在实际中被世界各国政府所采用,甚至是被民众所深信——很多没学过经济学,或学过而没学好经济学的人都会把"出口(顺差)是好事,进口(逆差)是坏事"当成天经地义的真理。也就是说,重商主义在现实世界中大行其道已近 600 年之久!这世上有哪一项并非宗教信仰的思想能影响如此深远?我能想到的就真的只有中国的儒家思想了。然而,儒家思想也只是被古代中国的统治者捧上台面,真实的政治操作中能有多大程度是完全严格地按照儒家思想来做的呢?不是经常有外儒内法,或外儒内墨的说法吗?可是重商主义呢?严格按照它的思路来做的国家不仅大有人在,甚至应该说是惯例常态了。

真正推行了亚当·斯密所主张的自由贸易的，只有当年的英国和现在的我国香港。这一方面是因为重商主义是科学理论，内部没有逻辑矛盾，而儒家思想不是科学理论，只是一套价值观，内部观点有互相矛盾之处，真要严格执行是不太可能的。因为按照这一观点来做，实际上就违反了那一观点；但另一方面，也反映了一个悲哀的事实：经济学的地位，其实非常低下！

在《经济学讲义》里，我已经指出，经济学是一门社会科学，与自然科学本来是一样的性质。然而，我们难以想象在自然科学中已经被证明为错误的理论，还可以在实际操作中大行其道——正如以往错误的地心说被哥白尼否定之后，从当时到现在，一切相关的科学领域的研究与实践，都不会再基于地心说。可是在经济学里呢？错误的重商主义在现实的国际贸易政策中所占据的绝对性的统治地位，根本不是正确的国际贸易理论可以匹敌的。

为什么会这样？有关的问题留到后面讲解 H-O 模型以及分析国际贸易政策时再细谈。

第六节　重商主义的错误

本节将指出"重商主义"的错误在哪里。"重商主义"的错误在于它的整套理论的推理起点都是建立在"黄金是财富"这个错误的前提之上的。《经济学讲义》中的"货币理论"一讲已经解释得很清楚，黄金的本质是货币；而货币，不是财富！财富，是土地、房子、桌子、书本……乃至人！这些物品因为能够满足人类生存以及生存得更好的需要而对人类来说具有了（使用）价值，所以是财富。而货币，只是协助交易的中介、临时储藏价值（财富）的仓库、量度价值大小的尺子。

一旦弄清楚了这一点，重商主义的错误就变得再明显不过了。按重商主义的政策建议，一国必须保持顺差以使得黄金净流入该国，可是黄金其实只是货币，一国如果不断地有货币流进来，而实物又没有相应增长的话，只会导致通货膨胀，而绝不是财富增加。

事实上，虽然经济学家到"二战"之后才发展出比较完备的货币理论，可是早在亚当·斯密之前，就已经有人从这个角度正确地指出了重商主义的错误所在。那个人就是大卫·休谟（David Hume，1711—1776）。休谟的名字作为哲学家是如雷贯耳的。作为西方最伟大的哲学家之一，休谟的思想对很多哲学家乃至科学家都影响深远（如爱因斯坦曾坦言他构思相对论时是受到休谟思想的启发）。与当时的很多哲学家同时也身兼多职成为其他领域的大家一样，休谟在经济学上也是一个大智大慧的先驱者。他于1776年逝世，而这一年正是亚当·斯密的《国富论》出版的年份，标志着经济学成为一门学科。而《国富论》里专门有一部分是用来批判重商主义的，也就是说，休谟比亚当·斯密更早地批判了重商主义——不过他们的角度不同，并没有互相重复。

亚当·斯密的批判在后面讲解他的"绝对优势理论"时再说，这里先介绍休谟的批判。严格来说，休谟的批判应该归入"国际金融"领域，但因为他是最早批判重商主义的人，这里还是应该先介绍他。

休谟的批判实际上就是前述的"货币理论"的观点。他指出，一国是不可能长期地维持贸易顺差的。休谟提出了"价格-金币流动机制"（Price-Specie-Flow Mechanism）来驳斥重商主义的政策主张。一个国家如果长期顺差，黄金净流入，则会导致该国的物价普遍上涨（通货膨胀），于是该国的产品在世界市场上逐渐失去竞争优势——为什么一个买家要买这个卖家的产品？一定是因为在质量一样的情况下，它的产品价格更便宜。可是该国物价上涨会使得它的产品价格优势丧失，从而打击它的出口。相反，外国产品相对来说却变得便宜，于是进口不断增加。这样一来，顺差就会变成逆差，导致黄金净流出该国。这个过程会一直持续下去，直到前面的顺差被后面的逆差所抵消，流进来的过多的黄金又都流出去了，该国的货币供应量恢复到原来水平，物价也下降回原来水平。也就是说，在金本位制的条件下，黄金的自由流动，会自动地消除各国之间的贸易不平衡。这是市场自由运作就能自动调节国际贸易平衡的机制，政府搞人为的干预最终都是无效的。

有人可能会问：现实中人们明明见到过长期有贸易顺差的国家啊！比如，以前的日本，现在的中国。要注意，休谟所处的时代是金本位制，在这种（国际）货币制度下，各国之间的货币交换比率是固定的，即属于固定汇率制。这样，贸易不平衡的压力会直接传导到国内的物价水平之上，这就犹如在一端推一根硬的木棍，另一端顶着的门就会直接承受推力而被推开。但现代各国不再是金本位制，各国之间的货币交换比率大多是变动的，即属于浮动汇率制，贸易不平衡的压力会先压到货币的汇率上，再间接地影响国内的物价水平，这就犹如在一端推一个弹簧，部分的推力会被弹簧所吸纳，另一端顶着的门所受到的推力就轻得多。在其他因素一样的情况下，一国如果长期有贸易顺差，该国货币会有升值的压力；反之，一国如果长期有贸易逆差，该国货币会有贬值的压力。如果保持汇率固定不变，贸易不平衡的压力还是会直接传导到国内的物价水平上。如一国货币有升值压力却人为地维持汇率不变的话，就会使得该国国内有通胀的压力。这在表面上解释了近年来中国的人民币为什么会有升值的压力。

不过，人民币的问题不是那么简单，为免误会，我还是多讲几句吧！首先，仔细看中国的对外贸易顺差的结构就会发现，如果把美国撇开，中国对其他国家的贸易顺差并不很大，基本上是处于贸易平衡状态的。也就是说，如果撇开美国，人民币其实并没有被低估，也就根本没有升值的压力！其次，我们进一步要问的是：为什么偏偏对美国的贸易顺差会这么高呢？问题其实出在美国身上，而不是出在中国身上！美元是美国的货币，但同时又充当着世界货币，这意味着必须有大量的美元流出美国之外，去满足其他国家之间（完全不涉及美国）的一些国际经济活动的结算需求。然而，美元怎么能流出美国之外呢？除了对外投资，就是贸易逆差了！也就是说，如果美国没有贸易逆差，美元是很难充当国际货币的。严格来说，美国需要对整个世界的其他国家有贸易逆差，如果这些贸易逆差平均地分配到所有其他国家头上去，感觉就不严重；但问题是，国际贸易的世界布局是不平均的，少数几个国家占了绝大部分的国际贸易份额，它们就会承担大部分的逆差（对它们来说是顺差）。这就解释了为什么以前是日本对美国的顺差很高，现在轮到中国了。因为日本的政策是"贸易立国"，而中国也搞"对外开放"。

美元古怪的地位就是"国际金融"里都一定会提到的"特里芬难题"：一方面，美元想要成为国际货币，就要保持坚挺，让人们对它有信心，愿意持有它，这样美国是要搞顺差的。但美国搞顺差，美元就无法流出美国，造成世界范围内的"美元荒"。另一方面，如果美元要大量流出美国，美国就要搞逆差。但美国搞逆差，美元就有贬值的压力，人们就对它没信心了，也就不愿意持有它了，又变成"美元灾"。总之，这个问题是由一个国家的主权货币却承担了国际货币的角色，这二者之间存在着严重的矛盾而造成的。以前金本位时代不会有这个问题，因为世界各国在理论上都可以通过挖掘金矿而获得黄金这一国际货币，不需要某一个国家通过逆差来让本国货币流出去充当国际货币。

由此可知，美国拿人民币要升值以消除美国对中国的逆差来说事，要不就是无知——不懂货币理论，不懂"特里芬难题"；要不就是无耻——那根本就只是表面的借口，他们也深知美国面对全世界必然要有逆差，逼着人民币升了值，只是把逆差从中国身上转移到其他国家身上——正如当年美国通过"广场协议"逼着日元升了值之后，只是把逆差从日本身上转移到中国身上。可以想象，中国的人民币被迫升值到一定程度后，逆差就会从中国身上转移到其他发展中国家（如越南等）身上。只要有了这个表面的借口，就方便了美国掌握着一个动不动就能拿来敲打中国，压制中国崛起的工具而已。

第三讲

绝对优势理论

前面极尽详细地介绍了"重商主义"的产生背景、观点主张与政策建议、错误所在。在分析"重商主义"的错误时，只是从货币理论角度指出重商主义者把黄金等同于财富是错的，以及贸易顺差的不可持续性，却未对他们的另一个重要观点"贸易是损人利己的零和游戏"做出批判。这是因为有关的批判要留到这里介绍亚当·斯密的"绝对优势理论"时再进行。事实上，斯密的这个理论，就是针对重商主义这个错误而提出的。

第一节 局部均衡分析

先看一个局部均衡（Partial Equilibrium）分析，再转向能直接反映亚当·斯密的"绝对优势理论"的一般均衡（General Equilibrium）分析。所谓局部均衡分析是指只分析市场的一个局部，其他部分归为"其他因素不变"之列。而一般均衡分析则是指将所有因素都考虑在内，没有假设为不变的其他因素。严格来说，这世上不可能，也没必要进行真正的一般均衡分析，因为世界上的局限条件如此之多，全部考虑在内既不可能，也没必要。所以，所谓的局部均衡和一般均衡都只是相对而言的。

具体到国际贸易领域，所谓的局部均衡分析是指只分析一种产品的情况，而一般均衡分析是指分析两种产品的情况。

那么先来看局部均衡分析。下面的图 3-1 画的就是局部均衡分析的情况。这种分析把整个世界分为两部分：其一是本国，其二是外国（本国之外的外国）。古典与新古典的国际贸易理论都使用两个国家的模型，这假设乍一看很远离事实，但并非如此。一方面，两个国家的假设可以在解出基本模型之后放宽到多个国家；另一方面，只要把本国之外的所有外国看成一个国家，则两国模型无须放宽有关假设都能反映现实。

第三讲 绝对优势理论

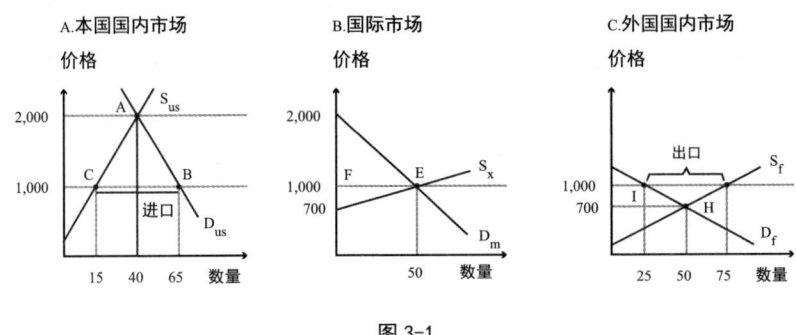

图 3-1

这里有三个图，最左边的是作为进口国的本国的国内市场，最右边的是作为出口国的外国的国内市场，中间的图是国际市场。中间的图是从左图和右图推导出来的，因此要先看懂左图和右图，才能明白中间的图。

先看左图。如果该国自给自足的话，那么根据供求理论可知，需求曲线与供给曲线的交点决定了均衡的价格（2000元），从而决定了均衡的数量（40单位）。然而，当该国参与国际贸易时，就意味着国内市场与国际市场打通了，国内通行的将是国际市场的价格。而国际市场上的均衡价格是1000元，比没有贸易时的均衡价格2000元要低。在这种情况下，价格的下降大大刺激了消费者需求量的增加——由图可见，从原来的40单位增加到65单位；但另一方面，价格的下降也大大地打击了生产者的积极性，使得供应量从原来的40单位减少到15单位。这样看来，国内市场是供不应求的，有50单位（65-15）的缺口。怎么办？用进口来弥补！于是，进口量就是50单位。

以同样的逻辑去分析右图。如果该国自给自足的话，那么根据供求理论可知，需求曲线与供给曲线的交点决定了均衡的价格（700元），从而决定了均衡的数量（50单位）。然而，当该国参与国际贸易时，国内通行的将是国际市场的价格。国际市场上的均衡价格如前所述，是1000元，比没有贸易时的均衡价格700元要高。在这种情况下，价格的上升刺激了生产者增加供应量——由图可见，从原来的50单位增加到75单位;但另一方面,价格的上升也打击了消费者的热情,使得需求量从原来的50单位减少到25单位。这样看来,国内市场是供过于求的,有50单位(75-25)的剩余。怎么办?拿去出口!于是,出口量就是50单位。

进口量与出口量都是50单位,因此这1000元的国际市场的价格是均衡价格。这1000元不是随便假设出来的,而是推导出来的。怎么推导?那就要看中间的那一个反映国际市场的图。中间的图里也有一条需求曲线与一条供给曲线,但这两条曲线不是随手画的,而是分别根据左、右两图推导出来的。国际市场上的需求方是谁?当然是进口国!反之,供给方呢?那就是出口国。因此国际市场上的需求曲线是根据左图的情况推导的。为什么需求曲线是从纵轴为2000的点开始的呢?这是因为当价格是2000元时,左图中的进口国市场是供求平衡的,没有进口的需求,对国际市场的需求量就是零了。两点决定一条直线,再多找一个点就能画出需求曲线。那就找价格是1000元时的那个点吧!价格是1000元时,进口国市场的供求缺口是50单位,也就是对国际市场的进口需求量是50单位,在中间的图里标示出来就是E点。两点连起来就画出了国际市场上的需求曲线。

根据同样的逻辑,可以画出国际市场上的供给曲线。当价格是700元时,出口国的国内市场是供求平衡的,没有出口的供给,对国际市场的供给量就是零了。再找价格是1000元时的点,出口国市场供过于求时的剩余是50单位,也就是对国际市场的出口供给量是50单位,也就是中间图里标示出来的E点。两点连起来就画出了国际市场上的供给曲线。两条曲线相交于E点,决定了均衡的国际市场价格,从而决定了均衡的国际贸易数量。国际市场上供求平衡,就是进口国的进口量等于出口国的出口量。

以上只是分析了国际贸易的均衡状态是怎么达成的。下面还要进一步分析国际贸易的利益分配,也就是哪个国家获益或受损,国家之内哪些人获益或受损。

用"消费者盈余"与"生产者盈余"就能分析国际贸易带来的利益及其分配。

事实上，国际贸易理论中都是使用这两个概念来进行福利分析的。图3-2跟图3-1是一样的，只是标上了符号。这次先看中间的图。由图可知，价格线FE之上的三角形是消费者盈余，而消费者是进口国，因此它反映的是进口国从国际贸易中的获益；而FE之下的三角形是生产者盈余，而生产者是出口国，因此它反映的是出口国从国际贸易中的获益。这就从几何上证明了，重商主义说贸易是损人利己的零和游戏，出口国是获益，进口国是受损，都是错的！

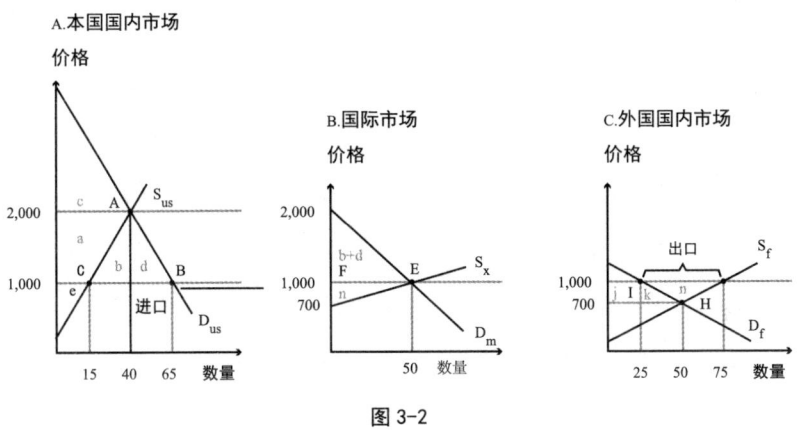

图 3-2

同样的分析可以用图3-2来进行。先看左图，对进口国的消费者来说，没有贸易时的消费者盈余是2000元的价格线以上的三角形，面积为c；有了贸易之后价格下降到1000元，消费者盈余是a、b、c、d四块面积合成的三角形。显然，参与了国际贸易之后，消费者大赚了，赚了a、b、d这三块面积合成的梯形。再看生产者，没有贸易时的生产者盈余是2000元的价格线以下的三角形，面积为a、e；有了贸易之后价格下降到1000元，生产者盈余是面积为e的三角形。显然，参与了国际贸易之后，生产者受损了，损失了面积为a的梯形。然而，从整个国家的角度来看，净值是获益的，因为消费者赚到的a、b、d的面积足以弥补生产者受损的a的面积还有余——净获益是面积为b、d的三角形。注意，这个三角形其实跟中间图里的 FE 之上的三角形是面积相等的，因为底边都是 50 单位（进口量），而高都是 1000 元。

同理可分析右图。对出口国的消费者来说，没有贸易时的消费者盈余是 700 元的价格线以上的三角形；有了贸易之后价格上升到 1000 元，消费者盈余减少了面积为 j、k 的梯形，所以消费者因为参与国际贸易而受损了。再看生产者，没有贸易时的生产者盈余是 700 元的价格线以下的三角形；有了贸易之后价格上升到 1000 元，生产者盈余增加了面积为 j、k、n 的梯形，所以生产者因为参与国际贸易而获益了。然而，从整个国家的角度来看，净值是获益的，因为生产者赚到的 j、k、n 的面积足以弥补消费者受损的 j、k 的面积还有余——净获益是面积为 n 的三角形。注意，这个三角形其实跟中间图里的 FE 之下的三角形是面积相等的，因为底边都是 50 单位（进口量），而高都是 300 元。

至此，可以简单地提一下前面说过的问题：为什么重商主义早就被推翻了，早就被证明是错的，现实之中却还是对各国的贸易政策有那么大的影响力呢？理由很简单，虽然从整体上来说，自由贸易无论是对进口国还是出口国都是有利的，但具体到某一个团体时，确实有人受损了。这些受损的人，为了自己的私利，当然要反对自由贸易。但他们不能公然地说，他们反对自由贸易是为了自己的利益，因此他们必须拉虎皮、扯大旗，把重商主义这乍一看起来貌似还挺有道理的错误拉过来做幌子。也就是说，各国政府未必真的相信重商主义，只是它们被一小撮在国际贸易中受损的人把持了，以这一小撮人的利益劫持整个国家的利益，不惜以损害整体利益为代价来满足个人的私利。一定要牢牢记住经济学的基本假设：人是自私的！人并不是根据对还是错去做选择的，而是根据对自己有利还是不利来做选择的。广泛地通行于世的政策，未必就是正确的。当然，这一小撮人是想牺牲整体利益来满足他们的个人私利，但他们怎么能做得到呢？这是一个更复杂的问题，后面讲解新古典时期的国际贸易理论时再做深入分析，这里先按下不表。

我要提醒注意的是：这里的分析属于局部均衡分析，所以分析出出口国的消费者会在国际贸易中受损的结论。但如果是一般均衡分析，一个国家不可能只有出口，没有进口，而作为进口国时，消费者是获益的。所以，在后面介绍的一般均衡分析中就会看到，消费者一定会在国际贸易中获益，不可能是受损的。但生产者就不同了。由于一个人是多种产品的消费者，却往往只是一种产品的生产者，因此虽然作为进口国时生产者受损，作为出口国时生产者获益，但进口品和出口品的生产者一般不会是同一批人，所以进口国的生产者就没法像出口国的消费者那样，在这边的受损可以由在那边的获益来抵消有余。也就是说，国际贸易会损害到的群体，就是进口国的生产者。事实上，各国反对自由贸易的都是这帮人！

然而，我要更进一步地指出，这个结论是源于传统的国际贸易理论的分析，属于静态分析。本书后面会指出，如果用动态、发展的眼光来看问题，其实进口国的生产者也有可能——注意：只是可能，不是必然——从国际贸易中获益。这时，国际贸易就不会损害任何人的利益了。但这也要到讲解新古典时期的国际贸易理论时再细说，这里暂且按下不表。

第二节 绝对优势理论

上一节的分析严格来说并不是亚当·斯密的理论，而是后人根据"供求理论"，利用几何工具做出的一个局部均衡分析。而亚当·斯密的绝对优势理论在本质上属于一般均衡理论，出于逻辑上层层递进的考虑，我才先在前面介绍了局部均衡分析，然后再介绍绝对优势理论。

下面的表3-1是以一个虚构的数字例子来示范亚当·斯密的绝对优势理论的要点。古典与新古典的国际贸易理论都使用两个国家的假设，其实还要加上两种产品。上一节的分析属于局部均衡分析,所以只有一种产品,现在一般均衡分析就要扩充为两种产品了。

这个数字例子中的两国仍然是本国与外国,而两种产品则分别假设为衣服(Clothes)和小麦(Wheat)。生产要素只有一种,即劳动力(Labor)。古典时期的国际贸易理论都属于2×2×1模型,即两个国家、两种产品、一种生产要素。假设生产过程中只投入一种生产要素,这是因为古典时期的经济学家持有的是"劳动价值论"观点,认为一切产品的价值都只由劳动力这一生产要素所创造出来。"劳动价值论"虽然是错的,但没有影响古典时期的国际贸易理论的结论,关于这一点在讲解李嘉图的"比较优势理论"时再细说,这里先按下不表。

示范亚当·斯密的绝对优势理论的数字例子(一)

表 3-1

	本国		外国
劳动生产率			
衣服	0.25	<	1.0
小麦	0.5	>	0.4
生产成本			
衣服	4.0	>	1.0
小麦	2.0	<	2.5

因为假设只有劳动力这一种生产要素,所以有关的生产成本就只是劳动力的成本。从表3-1的数字可见,从劳动生产率的角度来看,一个劳动力工作一小时的产量,在本国是0.25单位的衣服或0.5单位的小麦;在外国则是1.0单位的衣服或0.4单位的小麦。显然,劳动生产率越高越好,而本国在小麦方面的劳动生产率比外国高(0.5>0.4),所以具有优势;但本国在衣服方面的劳动生产率低于外国(0.25<1.0),是劣势。

如果换成生产成本的角度来看,则1单位衣服的生产成本,在本国是4.0单位的劳动(1/0.25=4),在外国是1.0单位的劳动(1/1=1);而1单位小麦的生产成本,在本国是2.0单位的劳动(1/0.5=2),在外国是2.5单位的劳动(1/0.4=2.5)。显然,生产成本越低越好,而本国在小麦方面的生产成本比外国低(2<2.5),所以具有优势;但本国在衣服方面的生产成本高于外国(4>1),是劣势。

所以,斯密所说的"绝对优势"可以有两个定义,一个是从生产率的角度来说,指一个国家在某种产品的生产上,投入同样数量的资源(生产要素)能比别的国家生产出数量更多的产品(假设不存在质量与种类的不同);另一个则是从生产成本的角度来说,指一个国家在某种产品的生产上,生产出同样数量的产品能比别的国家投入数量更少的资源。

由此推出"相互绝对优势"的概念:在两个国家、两种产品的条件下,如果每个国家都有某种产品是相对于另一个国家具有绝对优势的,那就是两个国家对彼此具有相互绝对优势。

这样,亚当·斯密的"绝对优势理论"把国际贸易的成因归结于"绝对优势"的不同:在某种产品上具有绝对优势的国家,应该集中于生产该种产品,然后通过参与国际贸易,出售这种具有绝对优势的产品,换回本国没有绝对优势,因此不进行生产的产品。

例如,根据上述的数字例子,本国既然在小麦的生产上具有绝对优势,那就应该集中生产小麦;而外国既然在衣服的生产上具有绝对优势,那就应该集中生产衣服。这样,本国专门负责生产并出口小麦,外国专门负责生产并出口衣服,形成国际分工与贸易的格局。

这样做比起两国独自生产两种产品有什么好处呢?这是关于国际贸易的利益问题。假设本国与外国都分别有100单位的劳动力。先是两国独自生产两种产品、不进行国际贸易的自给自足的情况。再假设两国都是把劳动力平均分配在两种产品的生产上,即其中50人生产衣服,另外50人生产小麦。这样,从以下表格的数据可知,本国的衣服产量是12.5单位(0.25×50),小麦产量是25单位(0.5×50);而外国的衣服产量是50单位(1×50),小麦产量是20单位（0.4×50）。于是全世界的产量分别是：衣服62.5单位，小麦45单位。

但如果两国根据各自的绝对优势进行分工，然后互相贸易，即本国100单位的劳动力全部投入小麦的生产上，而外国100单位的劳动力全部投入衣服的生产上。那么，从生产的角度来看，本国能生产出50单位（0.5×100）的小麦，这同时也是全世界的产量（因为这时外国不再生产小麦）。同理，外国能生产出100单位（1×100）的衣服，这同时也是全世界的产量。与自给自足的状态相比，两种产品的总产量都增加了，因此国际贸易比自给自足能给整个世界带来更大的利益！由于物品（而非作为货币的黄金）才是真正的财富，所以国际贸易是能够增加整个世界的财富的。所以，重商主义认为贸易不创造新的财富的观点，是错的！

示范亚当·斯密的绝对优势理论的数字例子（二）

表 3-2

（生产量）	本国	外国	全世界
自给自足			
衣服	12.5	50	62.5
小麦	25	20	45
国际贸易			
衣服	0	100	100
小麦	50	0	50

然而，这来自国际贸易的新增利益怎么分配呢？会不会还是像重商主义所认为的那样，出口国赚了，进口国亏了呢？假设两种产品在国际市场上是按1:1的比例来交换的（这是两种产品之间的相对价格，也就是真实价格）。本国出口22单位小麦给外国，换回22单位的衣服进口；反过来说，外国出口22单位衣服给本国，换回22单位的小麦进口。这样，从消费的角度来看，本国与外国在自给自足时和在参与国际贸易时对两种产品的消费量如表3-3所示。

注意，在自给自足时，假设不存在跨期消费的选择，两国在两种产品上的消费量一定等于其生产量，既不可能多于，也不可能少于——消费量少于生产量的话就会没有达到最优，因为所有生产出来的产品不全部消费掉，就会在时间过去之后全部腐烂掉。而在参与了国际贸易之后，消费量与生产量就可以不一样了。如果是本国生产的产品，其消费量是生产量减去出口量；如果是本国不生产的产品，其消费量直接等于进口量。但从全世界的角度来看，每种产品的总消费量还是必须等于总产量的。

示范亚当·斯密的绝对优势理论的数字例子（三）

表 3-3

（消费量）	本国	外国	全世界
自给自足			
衣服	12.5	50	62.5
小麦	25	20	45
国际贸易			
衣服	22	78	100
小麦	28	22	50

根据表 3-3 的数据，参与国际贸易之后，本国对衣服的消费量从原来自给自足时的 12.5 单位上升到 22 单位，小麦的消费量也从 25 单位上升到 28 单位。由于物品越多越好，消费量的上升一定意味着一国的福利（财富）增加。所以，本国从国际贸易中获利了。反观外国亦然。参与国际贸易后，外国对衣服的消费量从原来自给自足时的 50 单位上升到 78 单位，小麦的消费量也从 20 单位上升到 22 单位，外国也从国际贸易中获利了。

前一节强调过，出口国消费者受损只是局部均衡的结论，一旦进入一般均衡分析中，消费者永远是获利的。总而言之，无论是哪个国家（不管是出口国还是进口国），都从国际贸易中获利了。也就是说，国际贸易不但能创造新的财富，而且利益均沾，所有参与的国家都能获利。重商主义所谓的"国际贸易是损人利己的零和游戏"的观点，又是错的！

此外，正因为在这里使用了物物交换的例子，摆脱了有黄金那样的货币参与其中而给实物交易蒙上一层面纱的妨碍，人们能清楚地看到，一个国家不可能只有出口，没有进口。因为一个国家必须通过出口某种物品来换取另一种物品的进口，既然一个国家必须在某种物品上要有出口，而有出口方就得有进口方，一个巴掌是拍不响的，所以另一个国家也就必须相应地在该种物品上有进口。这样，即使不考虑较为复杂的货币理论，我们都可以明白一个国家不可能长期处于贸易顺差，否则这让另一个国家拿什么去买它的出口品呢？

示范亚当·斯密的绝对优势理论的数字例子（四）

表 3-4

同产量下的劳动力消耗量	本国	外国	全世界
自给自足			
衣服（62.5）	50	50	100
小麦（45）	50	50	100
国际贸易			
衣服（62.5）	0	62.5	62.5
小麦（45）	90	0	90

为什么两个国家都能从国际贸易中获利呢？这额外的利益从何而来？从前面对生产量的分析可知，这是因为整个世界的产量增加了，因此消费量就可以相应地增加，使参与国际贸易的两个国家都得到好处。但为什么国际贸易时的产量会比自给自足时的产量增加呢？以下切换到生产成本的角度来看一次这个数字例子吧！表 3-4 反映的是生产同样数量（以自给自足时的产量为准）的衣服或小麦所需耗费的劳动力数量。在自给自足时，两个国家都各有 50 单位的劳动力投入两种产品的生产，因此从整个世界的角度来看，两种产品都各有 100 单位的劳动力投入。进行国际贸易后，要生产与以前一样数量的产品，小麦方面本国需要投入 90 单位（45/0.5）的劳动力，衣服方面外国需要投入 62.5 单位

(62.5/1)的劳动力,这都比以前节省了劳动投入。

另一个使用生产成本的角度来看的方式,以自给自足的生产成本去计算生产出有国际贸易时所享受的消费量所需投入的劳动力数量。本国在有国际贸易时衣服的消费量为22单位,如果自给自足时要达到同样的消费水平就得投入88单位(4×22)的劳动力;而小麦的消费量是28单位,如果自给自足时要达到同样的消费水平就要投入56单位(2×28)的劳动力;即合计要投入144单位的劳动力,但现在通过国际贸易只需100单位劳动力就有同样的消费水平,因此节省了44单位的劳动力。同理,外国在有国际贸易时衣服的消费量为78单位,如果自给自足时要达到同样的消费水平就得投入78单位(1×78)的劳动力;而小麦的消费量是22单位,如果自给自足时要达到同样的消费水平就要投入55单位(2.5×22)的劳动力;即总共要投入133单位的劳动力,但现在通过国际贸易只需100单位劳动力就有同样的消费水平,因此节省了33单位的劳动力。从整个世界的角度来看,总共节省了77单位的劳动力。

也就是说,国际贸易的利益来自产量增加,而产量的增加来自生产成本的下降,因此投入同样的劳动力可以获得更多的产量。然而,继续追问下去:为什么国际贸易能带来生产成本下降?

示范亚当·斯密的绝对优势理论的数字例子(五)

表 3-5

同消费量下的劳动力消耗量	本国	外国	全世界
衣服	88	78	166
小麦	56	55	111
合计	144	133	277

仔细分析上述几个表格就能得出答案:因为自给自足的时候,衣服和小麦的生产是分散在两个国家进行的,其中一个国家的生产效率比较低下(生产成

本比较高）；而在有了国际贸易之后，两种产品的生产却是分别全部集中到生产效率最高（生产成本最低）的那个国家里进行，使得整个世界的生产效率从以前的平均水平提高到最高水平（生产成本从平均水平降到最低水平），这当然就带来了产量的增加，从而构成国际贸易的利益来源。

第三节　分工的意义

由上一节的分析可知，国际贸易本身并没有直接地创造财富，直接创造财富的其实是分工！亚当·斯密的《国富论》开篇第一章，就是谈分工所能带来的生产效率的大幅度上升是如何惊人的。斯密所观察的其实还不是工业革命之后才出现的制造业工厂，而是工业革命之前就已经存在的手工作坊的情况。他详细地描述了他所考察的一家制针作坊：

> 扣针制造业是极微小的了，但它的分工往往唤起人们的注意。所以，我把它引来作为例子。一个劳动者，如果对于这种职业（分工的结果，使扣针的制造成为一种专门职业）没有受过相当训练，又不知怎样使用这种职业上的机械（使这种机械有发明的可能的，恐怕也是分工的结果），那么纵使竭力工作，也许一天也制造不出一枚扣针，要制造二十枚，当然是绝不可能了。但按照现在经营的方法，不但这种作业全部已经成为专门职业，而且这种职业分成若干部门，其中有大多数也同样成为专门职业。一个人抽铁线，一个人拉直，一个人切截，一个人削尖线的一端，一个人磨另一端，以便装上圆头。要做圆头，就需要有两三种不同的操作。装圆头，涂白色，乃至包装，都是专门的职业。这样，扣针的制造分为十八种操作。有些工厂，这十八种操作，

分由十八个专门工人担任。固然,有时一人也兼任两三种操作。我见过一个这种小工厂,只雇用十个工人,因此在这一个工厂中,有几个工人担任两三种操作。像这样一个小工厂的工人,虽很穷困,他们必要的机械设备,虽很简陋,但如果他们勤勉努力,一日也能成针十二磅。以每磅中同型号针有四千枚计,这十个工人每日就可成针四万八千枚,即一人一日可成针四千八百枚。如果他们各自独立工作,不专习一种特殊业务,那么,不论他们是谁,绝对不能一日制造二十枚针,说不定一天连一枚针也制造不出来。他们不但不能制出今日由适当分工合作而制成的数量的二百四十分之一,就连这数量的四千八百分之一,恐怕也制造不出来。

亚当·斯密的描述极其详尽,并且具有震撼性的说服力。由上述引文可见,分工能使生产效率有惊人的上升幅度,绝非夸张的形容。光是制针这么一个简单至极的小工业,分工程度也不算很细致,却使得劳动生产率上升4800倍之巨!也就是说,上一节所举的那个虚构的数字例子,假设出来的,反映两国生产效率差异的数字,其实是大大低估了分工所能带来的巨大利益。

为什么分工能带来如此巨幅的生产效率的上升?上一节已经解释过,就是因为将生产集中到最有效率的人手上,使得整体的生产效率从原来的平均水平上升到最高水平。然而,这里隐含着一个前提假设,那就是不同人(或国家)有着不同的技术水平,从而有不同的生产效率。所以,一般的教科书会把古典时期的国际贸易理论对国际贸易的成因与利益来源的分析归入技术差异类别之中。也就是说,存在着不同的技术水平是古典国际贸易理论的一个假设——后面讲解到新古典国际贸易理论时会指出,新古典理论的假设是不同国家没有技术水平差异。因此这是新古典国际贸易理论与古典国际贸易理论的一个重大区别。

然而,分工真的需要技术水平有差异吗?仔细阅读上面引用的亚当·斯密的那段文字，我们应该能体会到斯密根本没这么说。人与人之间不需要有技术水平的不同才能进行分工，恰恰相反，是分工才造成了技术水平的不同！即使是两个技术水平完全一样的人，他们分别独自制针，跟他们合作分工制针，生产效率也已经大不相同。

分工本身就能带来技术水平的提升，原因有二：其一，熟能生巧。众所周知，一个人反复地做一道简单的工序，在"学习效应"（Learning by Doing）之下，会迅速地熟练起来，提升了效率。但不是众所周知的是，这效率的提高可以是非常惊人的！张五常在旧版《经济解释》卷二中说过这么一个真实的例子：

> 我调查过一家玩具厂，差不多全部是制作用件工，制造塑胶娃娃。我特别欣赏一个以油墨替娃娃涂上眼睛的工人。只涂眼睛，其他的娃娃事项不干。这工人涂上眼睛后随手把娃娃抛进竹箩子内。试想，油墨未干，娃娃抛进箩子，一不小心油墨就会弄污箩子中的其他娃娃。我见到的那个工人却从不出错，快如闪电，似乎连看也不用看就抛得层次井然。此乃熟能生巧也。

喜欢篮球运动的人应该很清楚，NBA的明星赛里有一项才艺表演是背后投篮，就是背对着球篮，不用眼睛看着球篮来投球。以NBA明星那样高超的球技，能做到背后投篮的人也不多，命中率也远远说不上是百分之百。相比之下，上述玩具厂里的工人，进入这家工厂之前也只是一个普通人，却能在分工的制度下熟能生巧到百发百中的程度，实在是令人叹为观止。无须看一眼箩子就能放好娃娃，节省的时间可能只是1秒。然而，想想这个工人一天下来能涂多少个娃娃，那就节省了多少秒。一月、一年节省起来的时间又是多少？一家工厂有那么多工人，所有人加起来节省的时间又是多少？生产效率的大幅上升，或生产成本的大幅下降，就是这样积少成多而来的。

其二，熟不仅能生巧，还能生技术进步！正如前面引用的亚当·斯密的那段文字所言"使这种机械有发明的可能的,恐怕也是分工的结果",熟能生巧到一定程度,人就自然而然地积累了经验,为创新发明奠定基础。看看英国的历史吧,纺纱机的发明开启了第一次工业革命。但纺纱机的发明并不是科学家在实验室里凭空鼓捣出来的,而是直接参与纺织业生产的一线工人(包括家庭主妇)逐步逐步地改良而成的。当然,随着近代科学的进步,人类进入技术飞速发展的时代,专门从事科学技术研究的科学家、工程师也成了一个职业,也就是在科学技术研究方面也进行了分工,使得研发技术的效率大幅提高,技术进步的速度达到日新月异的地步。

要知道,在"边际产量递减定律"的作用下,不断增加各种生产要素的投入,所能带来的财富增长最终都会到达一个极限。更不要说地球上的资源是稀缺的,不可能真的不断地增加投入。然而,不要忘记人类最重要的资源是脑子!技术进步的作用就是把那条向右下方倾斜的边际产量曲线向右移动,使生产点跳跃到一条新的边际产量曲线上。我在《经济学讲义》里也指出过了,经济增长的源泉,就是技术进步和推行降低交易费用的制度。

今天,人类在日常生活中使用着的任何一件普通物品(如一支普通的圆珠笔),都凝聚了无数的专利技术。如果没有这些技术进步不断地突破"边际产量递减定律"的局限,人类社会发展了几千上万年,人类的生活早该沦落到猪狗不如的地步了吧!对比一下今天的中国与古代的明朝,人口暴增了多少倍?可是现在一个普通民众的生活质量,都比明朝的皇帝好太多了!那时的皇帝尽管集天下之大权于一身,但他有冰箱吗?有空调吗?有手机吗?有电脑吗?他的生活享受拍马都赶不上现代的一介黎民。五四运动时期,胡适曾写过一篇文章,说有一个外国人认为古代的中国比现在的中国好,他严词反驳,说现在一个普通中国人的生活都过得比古代的皇帝好!他所举的理由,就是生活质量的切实提高。古代由于医学落后,就算是皇帝的病逝过程也是非常痛苦的。他有再多的钱,再大的权,也只能是通过吃吃人参、灵芝来维持生命。可是现在,一个普通人即使患上了不治之症，也可以服用止痛药来止痛，可以戴吸氧机来帮助他呼吸，有大量廉价的足以让普通人也能承担得起的医疗技术与设备来帮助他减少痛苦，直至生命结束。这些，才是真正的财富！

然而，虽说直接创造财富的是分工，不是（国际）贸易，可要是没有贸易，分工是不可能进行的。因为一个人或国家虽然可以只生产一种产品，但是生存所需的是多种产品。如上一节所举的数字例子，如果只有分工而没有贸易紧跟而来，只生产衣服的外国人会饿死，只生产小麦的本国人会冻死。所以，贸易是进行分工不可或缺的一环，而贸易的利益虽然来自分工，但没有贸易就不可能有分工，利益是贸易创造出来的。

其实，只要把视线从宏大的国与国之间收回到人与人之间，重商主义的荒谬就是显而易见的。如果重商主义是对的，那岂不是国内贸易中的买方都是亏的，卖方都是赚的？那谁还肯买东西？一个人要是打死都不肯买东西，只赚钱不花钱，那他还赚钱干吗呢？没有其他人肯买东西，那他还怎么能通过卖东西来赚钱？人不就是靠着至少是出售自己的劳动来赚钱的吗？交易是互利的，消费者获得消费者盈余，生产者获得生产者盈余，谁都不亏！国际贸易又有什么不同呢？

如果人类没有交易，大家都自给自足，吃的东西要自己去找，穿的衣服要自己去做，住的房子要自己去盖……可以想象，即使一天24小时忙个不停，人要食可果腹也不容易，更不要说衣可蔽体、有瓦遮头了。原始社会的人类就是这样：捡地上现成的石头磨一下当工具，摘果子打兔子，穿树叶穿成的衣服，住在天然而成的山洞里……严格来说，人类之外的所有生物都是这样。"人之异于禽兽者"，正是因为人类发明了交易！亚当·斯密在《国富论》里也有这么一句名言指出交易是人类特有的行为："谁也没见过两条狗公平审慎地交换骨头，也没见过一个动物向其他动物示意说：'这是我的，那是你的，我乐意跟你换。'"有了交易，才有了进行分工的可能性；有了分工，才有了生产效率的大幅提升；有了生产效率的大幅提升，才带来了财富的爆炸性增长，才有了人类社会的繁荣发达，人类生活质量才远远优于其他生物……现代社会如果没有贸易，人类一天都活不下去。[1]

所以，重商主义肯定是错的。如果人类将重商主义的观点贯彻到底，将一切交易（如国内贸易）都禁而绝之，人类就会回到贫贱不堪的境地，与地球上的芸芸众生一样，天天都只能挣扎在温饱，甚至是生死的边缘线上。这样的生活，真的是人类想要的吗？

然而，尽管亚当·斯密提出的分工理论与"绝对优势理论"，已经把重商主义彻底批倒了，但可悲的是，这错得那么简单，错得那么彻底的理论，至今仍深刻地影响着各国的贸易政策。为什么会有这样的悲剧？前面的局部均衡分析已经做了部分解答，但更详细的回答，留待后面讲解新古典的国际贸易理论时再进行吧！

第四节 几何分析

前面以数字例子讲解了亚当·斯密的绝对优势理论，本节以几何的形式再证明一遍。这主要是因为以后的新古典时期的国际贸易理论都借助于几何来进行分析，几何形式也比数字例子显得更简洁直观，分析也更广泛有力。

先介绍一下要用到的几何工具。国际贸易理论所用到的几何工具其实都不

---

[1] 当然，人类发明了交易，最终带来财富的爆炸性增长，原因还在于引入价格机制作为竞争准则，而价格准则是唯一不会引起租值消散的竞争准则，这就从推行降低交易费用的制度方面来为经济增长提供源泉。也就是说，人类之外的其他动物没有交易，一方面是没有分工就会导致创造财富的能力极为低下，另一方面是没有使用价格准则就会引起租值消散，导致创造出来的财富没能最大限度地用在提高生活质量之上。要知道，像蜜蜂、蚂蚁这类动物，虽然没有贸易，却还是有分工的，但显然分工没能让它们的生活质量达到人类的水平。

复杂，基础理论更是容易。前面在进行局部均衡分析时已经用到供求理论中的需求曲线与供给曲线，这里的一般均衡分析所要用到的几何工具来自消费者理论。首先，由于现在分析的是国与国之间的交往，因此消费者理论中使用的等优曲线（Indifferent Curve，国内教科书一般不甚准确地译作"无差异曲线"）要"升级"为"社会等优曲线"（Community Indifferent Curve，以下简称为CIC），用于反映一个国家里的消费者作为一个整体的偏好状况。CIC 是用来反映一国消费者选择的消费组合及其福利水平的。根据消费者理论，等优曲线位于越远离原点的地方，代表的福利水平（效用水平）就越高。

其次，是反映一国生产者选择的生产组合的曲线，叫"生产可能性曲线"（Production Possibility Curve，以下简称为PPC）。在"边际产量递减定律"（或"边际成本递增定律"）支配之下，PPC 的形状是凹向原点的。但现在一开始做分析的时候为了简单起见，暂且假设边际成本保持不变，因此PPC 的形状会是一条直线。

下面提供一个虚构的数字例子里的基本数据，请读者根据微观经济学的知识，自行运用有关的几何工具（反映消费的 CIC 与反映生产的 PPC）来做分析。下面的表 3-6 与表 3-7 列出了相关的数据。假设现在的两个国家分别是中国（China）与美国（USA），两种产品是衣服（Clothes）与小麦（Wheat），两国各有 100 个单位的劳动力（L）。

绝对优势理论的几何分析（一）

表 3-6

		中国	美国
劳动力（L）		100	100
衣服（Q_c）		100	80
小麦（Q_w）		50	100
生产成本	衣服	1	1.25
	小麦	2	1

第三讲 绝对优势理论

根据表 3-6 提供的数据，如果中国把全部劳动力投入生产衣服，可生产出 100 单位的衣服；如果把全部劳动力投入生产小麦，则可生产出 50 单位的小麦。可如此类推从表 3-6 里找到美国的相关数据。

绝对优势理论的几何分析（二）

表 3-7

		中国		美国	
		P	C	P	C
无贸易（自给自足）	衣服	50	50	40	40
	小麦	25	25	50	50
如果交换比率（C/W）=1：1					
有贸易	衣服	100	50	0	50
	小麦	0	50	100	50

表 3-7 提供的是两国在两种产品上的生产量与消费量的数据。没有贸易时两个国家在这两种产品上的生产量（以 P 表示）和消费量（以 C 表示）如表 3-7 的上半部分所示。有了贸易之后，假设两种产品在国际市场上的交换比率（相对价格）是 1:1，这时两个国家在这两种产品上的生产量与消费量如表 3-7 的下半部分所示。

根据以上的表 3-6 与表 3-7 提供的数据，假设边际成本不变，请读者分别画出：没有贸易时的中国，没有贸易时的美国，有贸易时的中国，有贸易时的美国，总共四张几何图分析。另外，表 3-7 里指定两种产品的交换比率（相对价格）是 1:1，这是假设出来的，但并非毫无根据。严格来说，亚当·斯密的绝对优势理论（包括后面李嘉图的比较优势理论），没能明确地计算出一个相对价格，只能计算出一个范围。国际贸易理论中习惯用 TOT（Terms of Trade 的缩写，直译是"贸易条件"）这一术语来表示两种产品在国际市场上的交换比率，即相对价格。根据常识，请读者尝试推导出 TOT 落在什么范围之内，才有可能发生国际贸易。

附答案：

图 3-3 是没有贸易时的中国的几何图分析，图 3-4 是没有贸易时的美国的几何图分析：

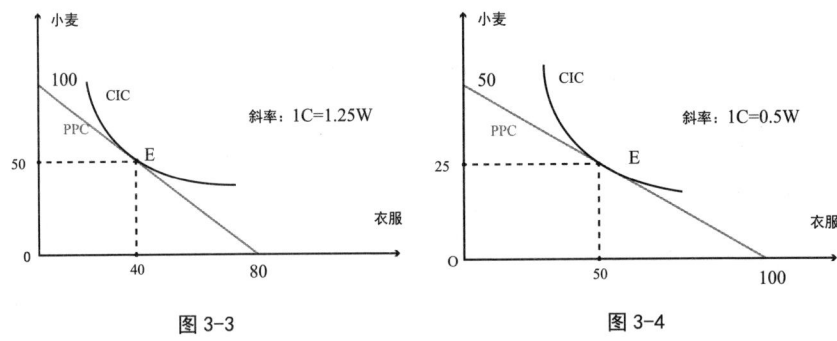

图 3-3   图 3-4

图 3-5 是有贸易时的中国的几何图分析，图 3-6 是有贸易时的美国的几何图分析：

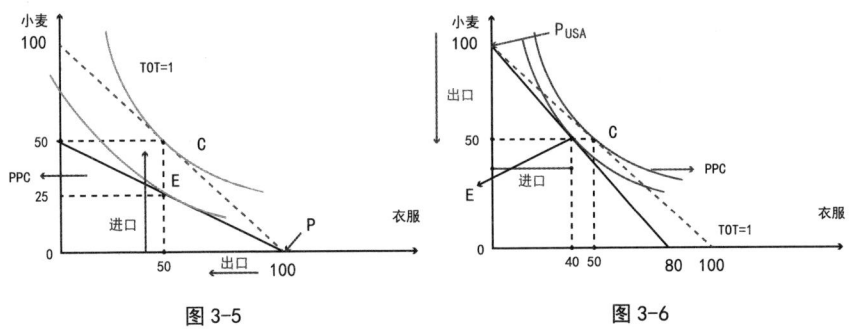

图 3-5   图 3-6

关于这四张几何图，提示以下几个要点：

第一，后两张图里出现了（相对）价格线 TOT，那是国际市场中两种产品的相对价格。而前两张图里乍一看似乎没有价格线，其实是有的，只是与两国各自的 PPC 重合了。因为在边际成本不变的假设下，PPC 是一条直线，这时的价格线也是一条直线，而且是国内市场中两种产品的相对价格，因此与 PPC 的斜率一样，于是二者重合了。以后把假设改为边际成本递增的情况时，PPC 就会变成一条凹向原点的曲线，价格线就是 PPC 每一点上的切线，二者不会重合，价格线就会显现出来。

第二，由后两张有贸易时的几何图可知，两国都由于参与贸易而获利，因为两国在有贸易时的 CIC 都比没有贸易时的 CIC 更远离原点，也就是福利水平更高的地方。从这两张图里的 CIC 可知，有贸易时的 CIC 是没有贸易时的 CIC 所无法企及的，因为它位于该国的 PPC 之外，也就是一国本来的生产能力根本无法负担得起的消费水平。凭借贸易，两国都突破了各自生产能力的局限，跳到一条更高的 CIC 上消费。

一切生物的消费水平都受制于其生产能力，直到人类发明了交易（市场制度）之后，人类的消费水平才神奇地突破了生产能力的约束。这里要再次引用亚当·斯密在《国富论》中的那句关于交易是人类特有行为的名言："谁也没见过两条狗公平审慎地交换骨头，也没见过一个动物向其他动物示意说：'这是我的，那是你的，我乐意跟你换。'"要注意，几何图中的 PPC 并没有发生移动，也就是说，它甚至都没有考虑前面分析交易带来的利益实际上来自分工，而分工的好处是即使不同的人并没有技术水平的不同也能因为熟能生巧所带来的技术进步而突破"边际产量下降定律"作用的情况。也就是说，即使没有技术进步，反映生产能力的 PPC 丝毫没有向外移动，光是通过交易，人们就已经可以"凭空"地突破生产能力的限制去消费和享受。这是多么伟大的事情！试想，人类自古就梦想着飞上天去，但在牛顿发现万有引力定律之前，这只是不切实际的幻想而已；有了牛顿定律后，人们利用这一定律，突破了重力的约束，实现了自由飞翔的愿望。在这里，人类则是通过交易突破了生产能力的约束去更自由地消费。而如此伟大的事情，并不是靠一个像牛顿那样的伟人去发现或创造出来的，而是人类自古以来不知从何时起就已经开始"异于禽兽"地实践着了。

第三，关于 TOT 的范围。显然，站在某种产品的进口国角度来看，国际市场上的 TOT 除非比国内价格低，否则它不会选择向外国人购买（进口），而是选择自己生产；反过来说，站在某种产品的出口国角度来看，国际市场上的 TOT 除非比国内价格高，否则它不会选择向外国人出售（出口），而是选择在国内销售。因此，TOT 的范围，其下限是由出口国的国内价格决定的，其上限则是由进口国的国内价格决定的。在上述的数字例子中，中国是衣服的出口国，所以衣服换小麦的最低价格不能低于中国的国内价格（100 单位衣服换 50 单位小麦）；反之，美国是衣服的进口国，这决定了衣服换小麦的最高价格不能高于美国的国内价格（80 单位衣服换 100 单位小麦），于是，衣服换小麦的 TOT 范围是"0.8 单位衣服 /1 单位小麦"到"2 单位衣服 /1 单位小麦"。当然，也可以倒过来说，小麦换衣服的 TOT 范围是"0.5 单位小麦 /1 单位衣服"到"1.25 单位小麦 /1 单位衣服"。至于 TOT 的确切数值，要到后来穆勒提出"相互需求理论"才能得到解决。

第四讲

比较优势理论及其扩展

前一讲花了比较多的篇幅详细介绍亚当·斯密的"绝对优势理论",接下来就转入在古典时期处于正统地位的李嘉图的"比较优势理论"。

第一节 比较优势理论

以下的表 4-1 里的数字跟"绝对优势理论"一讲中的表 3-1 相比,"劳动生产率"的部分中只有一个数字是不同的,那就是外国生产小麦的劳动生产率从 0.4 变成了 0.67。这一改,导致"生产成本"的部分中也有一个数字不同,那就是外国生产小麦的成本从 2.5 变成了 1.5。虽然只改动了一个数字,却使亚当·斯密的"绝对优势理论"失效了。因为这时外国无论在衣服还是小麦的生产上都比本国有更高的劳动生产率,或者是说有更低的生产成本,即外国在所有产品上都具有绝对优势,不满足亚当·斯密的理论所要求的两个国家在两种产品上分别要具有相互的绝对优势的前提条件。

比较优势理论的数字分析(一)

表 4-1

	本国		外国
劳动生产率			
衣服	0.25	<	1.0
小麦	0.5	<	0.67
生产成本			
衣服	4.0	>	1.0
小麦	2.0	>	1.5
比较成本(机会成本)			
衣服	2.0	>	0.67
小麦	0.5	<	1.5

然而，这真的就会导致国际贸易无法发生了吗？在现实之中，发达国家什么都强，发展中国家什么都弱，但发达国家和发展中国家之间显然有着相当庞大的贸易额，这又如何解释呢？正是为了解释这样的现象，李嘉图将亚当·斯密的"绝对优势理论"进行了一个小小的、却重大的修正，提出了专属于他的"比较优势理论"。

仔细观察表4-1中的数字，虽然本国在两种产品上的劳动生产率都比外国低，但差距是不一样的。在衣服的生产上，本国的劳动生产率只有外国的四分之一，差距巨大；可是在小麦的生产上，本国的劳动生产率只是略低于外国，差距明显小于在衣服方面的差距。于是，如果是计算"比较成本"——某种产品的比较成本等于该种产品的生产成本除以另一种产品的生产成本——而不是计算"生产成本"的话，本国在小麦生产上是有比较成本优势的。

李嘉图指出，贸易的发生不需要有绝对优势，只需要有比较优势——如果是绝对优势，比较优势是指优势较大的那一项；如果是绝对劣势，比较优势是指劣势较小的那一项。

所以，即使什么都差，但只要差得少，就已经是优势。反过来说，即使什么都强，但只要强得少，就已经是劣势。事实上，中国古话所说的"两利相权取其重，两害相权取其轻"，已经包含了"比较优势理论"的智慧。

然而，我们需要更深入地理解"比较优势理论"的本质。由于古典时期的经济学家普遍持有"劳动价值论"观点，所以这个时期的国际贸易理论都假设只投入一种生产要素（劳动力）。

今天我们知道，劳动价值论是错的，其错误之处我在《经济学讲义》中关于成本的概念与租值的概念两部分已先后指出了。其中一个错误就是劳动价值论本质上是一种把历史成本当作成本的理论。在经济学范畴之内，正确的成本概念必须是机会成本。既然如此，建立在劳动价值论（以生产时所耗费的劳动力来量度产品成本）基础之上的"绝对优势理论"也好、"比较优势理论"也好，能是正确的吗？新古典时期的经济学家早就把这个问题给解决了。既然优势是比较出来的，从成本角度来看"比较优势"也就是"比较成本"，而"比较成本"与机会成本的概念其实是同一回事。

事实上，李嘉图的"比较优势理论"也往往被称为"比较成本理论"。而既然他有"比较成本"的概念，可知他其实至少在下意识的层面上是懂得机会成本的概念的。也就是说，"比较优势理论"在本质上其实是机会成本概念的一个应用而已。

下面直接从机会成本的角度来详细介绍"比较优势理论"，让读者清楚地看到它的本质。

先看本国的情况。

根据表 4-1 的数字，如果一个劳动力用于生产衣服，一小时里能生产出 0.25 单位的衣服。但如果这个劳动力改为用于生产小麦，一小时里能生产出 0.5 单位的小麦。也就是说，生产 1 单位小麦的代价是必须放弃生产 0.5 单位（0.25×2）的衣服——这就是生产小麦的机会成本。

反过来说，生产 1 单位衣服的代价就是必须放弃生产 2 单位（0.5×4）的小麦——这就是生产衣服的机会成本。这就解释了为什么前面说"比较成本"与"机会成本"的概念是同一回事。读者可类似地自行推导出，外国生产衣服与小麦的机会成本分别跟表中列出的比较成本是完全一样的。

一旦明白了所谓的"比较成本"其实就是机会成本之后，也就很容易明白为什么没有贸易时一国之内的两种产品之间的相对价格也跟比较成本是完全一样的。

在竞争压力下，生产者不可能把价格定在高于其机会成本之上，否则竞争对手会蜂拥而入，通过降低价格来抢夺他的市场。这一点我在《经济学讲义》中关于生产者理论的部分已经解释得很详细了。那里还指出，平均成本就是市场给生产者的价格。所以，合乎机会成本概念的成本，一定与价格相等，这跟市场结构是所谓的自由竞争（受价）还是垄断（觅价）毫无关系。

所以，这里要特别指出，传统的国际贸易理论为了确保价格与成本相一致，指定理论的前提假设是市场结构为自由竞争状态。然而，只要坚持正确的机会成本的概念，这个假设根本是不需要的。后来的所谓"现代国际贸易理论"搞出的一套"不完全竞争条件下的国际贸易理论"也同样根本是毫无必要的。

这样，不需要有绝对优势，只要有比较优势，各国之内不同产品之间的相对价格就会是不同的，从而提供了进行国际贸易的基础——因为在某种产品上相对价格比较便宜的国家具有了出口竞争力。接下来的分析在逻辑上与亚当·斯密的"绝对优势理论"是完全一样的，没必要再详细地重复了。这里只是给出最后的结论：在某种产品上具有比较优势的国家应该集中生产该种产品并出口，以换回（进口）该国没有比较优势，因此不再生产的产品。通过分工，整个世界的生产效率会提高，从而以更低的成本创造更多的产量，也就为消费者的福利增加奠定了基础。

使用与上一讲一样的几何工具（社会等优曲线 CIC 与生产可能性曲线 PPC），可以用几何图（下面的图 4-1）将上述的数字例子的分析表达出来。

S_0 是没有贸易时的 CIC_0 与 PPC 的切点，是没有贸易时的最优消费点；而 C 是有贸易时的 CIC_1 与 TOT 的切点，是有贸易时的最优消费点。

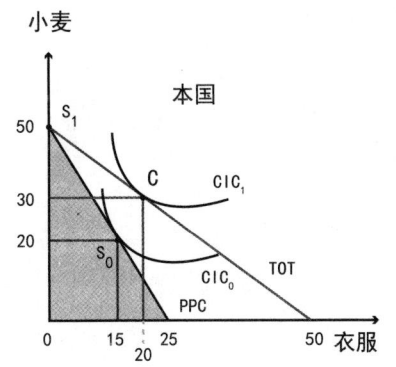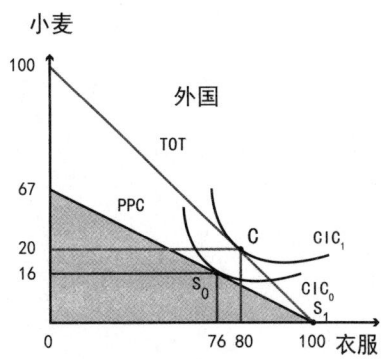

图 4-1

附：作业题及答案

作业题：根据表 4-2 和表 4-3 所提供的数据，（1）将没有贸易与有贸易时的中国画在一张图中，以及将没有贸易与有贸易时的美国画在另一张图中，总共是两张几何图。（2）表 4-3 里指定两种产品的交换比率（相对价格）是 1∶1.5，这当然也是假设出来的。请试行推导出 TOT 落在什么范围之内，才有可能发生国际贸易。

比较优势理论的数字分析（二）

表 4-2

		中国	美国
劳动力（L）		100	100
衣服（Q_c）		100	110
小麦（Q_w）		50	100
机会成本	衣服	0.5	0.91
	小麦	2	1.1

比较优势理论的数字分析（三）

表 4-3

		中国		美国	
		P	C	P	C
无贸易（自给自足）	衣服	50	50	55	55
	小麦	25	25	50	50
如果交换比率（C/W）=1∶1.5					
有贸易	衣服	100	52	0	48
	小麦	0	32	100	68

答案:

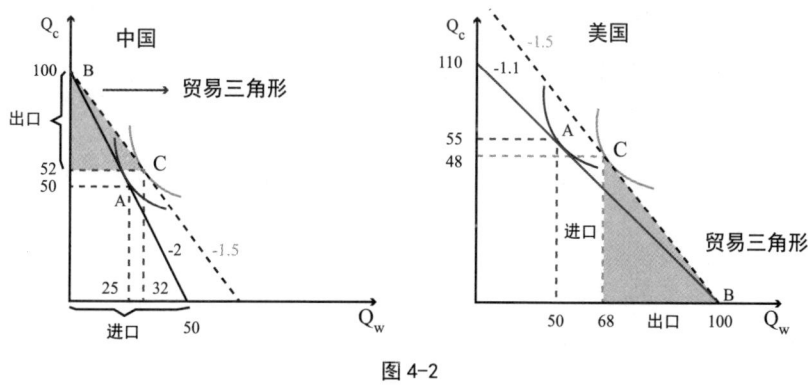

图 4-2

衣服换小麦的 TOT 范围是"1.1 单位衣服/1 单位小麦"到"2 单位衣服/1 单位小麦",画成几何图是下图 4-3 的情况:

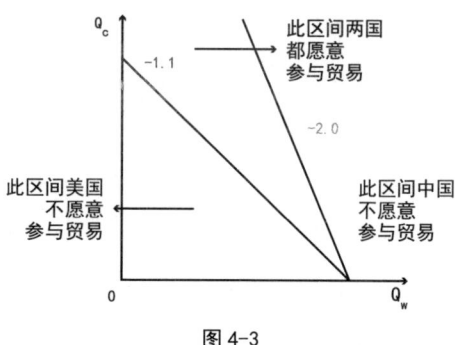

图 4-3

关于这道作业题的答案,还要提示以下几个要点:

第一,图 4-2 中两张几何图里阴影面积的三角形称为"贸易三角形"(Trade Triangle),这是因为这个三角形的一条直角边反映该国的进口量,另一条直角边反映该国的出口量,而斜边的正切反映世界市场上的相对价格(TOT),把与贸易有关的一些最重要的信息都包含在内了。此外,观察这两张几何图里的贸易三角形,我们应该会发现它们是全等三角形。道理很简单,世界市场的价格无论对哪个国家都是一样的(当然前提是不存在关税等扭曲价格的贸易壁垒),即反映 TOT 的斜边的角是一样的;然后一国的出口就是另一国的进口,因此两条直角边也彼此相等。

事实上,虽然李嘉图的"比较优势理论"只能算出 TOT 的取值范围,但转化成几何分析的话,因为有了具体的图形,其实是可以算出 TOT 的确切数值的。从两张几何图可知,TOT 作为一个价格要处于均衡水平的话,出口国的出口供给量必须等于进口国的进口需求量,所以只要贸易三角形全等,这时的 TOT 就是世界市场的均衡价格。否则,TOT 就要变化(价格线旋转而改变倾斜度),两图中的贸易三角形的面积也会随之变化,直到两者全等为止。穆勒的"相互需求理论"思路无非就是如此。然而,这样靠观察贸易三角形是否全等来推导均衡的 TOT 太麻烦了。后面将会介绍一个方便直观的几何工具来求解。

第二,从反映美国情况的几何图来看,美国在贸易后的衣服消费量比贸易前减少了。这是否会导致美国的消费者福利下降呢?首先,两种产品中有一种产品的消费量减少,另一种产品的消费量增加,不一定就比原来更差,因为消费量减少的产品的福利下降完全有可能被消费量增加的产品的福利上升所抵消还有余。其次,量度消费者福利变动的标准不是消费量是否绝对地增加,而是等优曲线是否位于更远离原点的位置上。这是因为,两种产品的消费量都增加了,这一定能推出消费者的福利增加;反之则不然,即消费者的福利增加,并不一定需要两种产品的消费量都增加。根据微观经济学的"消费者理论",等优曲线的位置越高就代表着消费者的效用(使用价值、福利水平)越高,这才是充分必要条件。既然在反映美国情况的几何图中,通过 C 点的 CIC(这是有贸易时的 CIC)位于比通过 A 点的 CIC(这是无贸易时的 CIC)更远离原点的位置,就已经足以证明贸易使得美国消费者的处境变好。

第二节 比较优势理论的扩展——从边际成本不变到边际成本递增

上一节讲解了"比较优势理论"的基本理论，但在基本理论的基础上还可以在不同方面做一些扩展。对一个基本理论做扩展，方法是将该理论的假设条件适当放宽，看假设条件放宽是否会对理论的结论造成很大影响。这里先归纳一下"比较优势理论"的假设条件。

一般教科书会把"比较优势理论"的假设条件列举如下：（1）这是一个 $2\times 2\times 1$ 模型。其中一个"2"是指两个国家，另一个"2"是指两种产品，最后的"1"是指一种生产要素（劳动力）；（2）边际成本不变；（3）市场结构是完全自由竞争；（4）不存在交通费用与交易费用。

上一节已经指出过，这里面的第三个假设是不需要的，所以后来的"现代国际贸易理论"中通过放宽第三个假设来搞出"不完全竞争条件下的国际贸易理论"是多此一举。

至于第四个假设，是新古典主义时期的国际贸易理论通常都有的假设。我在《经济学讲义》中不厌其烦地指出，传统经济学或经济学教科书里的大量错误，都是因为忽略交易费用而起。一方面，传统的国际贸易理论的教科书只是把交易费用理解为性质等同于交通费用一样的东西，因此其效果类似于对国际贸易征收关税，这种分析虽然没错，却是极为肤浅的。更深刻的分析留待后面讲解贸易壁垒的影响时再详说。另一方面，传统的教科书也只看到交易费用的存在对贸易的抑制作用，却没有看到贸易反过来也有减少交易费用的影响。贸易其实就是使用市场，根据《经济学讲义》中的有关内容，使用市场的本质是使用价格准则来决定竞争胜负，而价格准则是唯一不会引起租值消散的竞争准则。上一讲说过，"人之异于禽兽者"就是说人会进行交易，而其他生物都不会。上一讲详细地讲解了贸易如何促进分工，分工如何带来巨大的财富增长，这都是在不考虑交易费用影响的情况下所做的分析。如果把交易费用也考虑进来，则贸易（市场制度或价格准则）相对于其他非价格准则而言，能大幅度地减少租值消散（交易费用的一种表现形式），也是财富增加的重要源泉。也就是说，一旦把交易费用的局限条件加进来，贸易本身就能带来财富的增加，甚至不再需要依赖分工。

第一个假设，有些教科书会介绍把这个假设中的两个国家、两种产品的条件分别放宽为多个国家、两种产品，以及两个国家、多种产品的情况。这样的放宽是可以做的，但意义不大。虽然乍一看起来两个国家、两种产品的假设很远离现实——这世上虽然有很多国家、很多产品，但只要理解为本国与本国之外的所有其他国家、某产品与该产品之外的所有其他产品，这样的假设就已经足够贴近现实了。所谓的"一般均衡分析"不需要真的像瓦尔拉斯所想象的那样把所有产品一网打尽。在大部分情况下，"1"与"2"有重大的区别——如只有 1 个人的世界是鲁滨孙 1 人世界，没有交易费用；但有 2 个人的世界就已经是社会，有交易费用的存在，而"2"、"3"或"多"已经没有本质的区别。经济学理论虽要反映现实，但也必然要做适当的简化，重要的是看简化有没有把本质的东西简化掉。事实上，放宽关于两个国家、两种产品的假设，对"比较优势理论"的结论没有重大影响，本书就不做介绍了。

但这个假设里的一种生产要素的假设条件，却是有必要放宽为两种生产要素的。刚刚说过，"1"与"2"往往有重大的区别。那么这里的重大区别是什么呢？如果只有一种生产要素参与生产，则国际贸易带来的好处会全部为这唯一的生产要素所获得；但如果参与生产的不止一种生产要素，就存在着"收入分配"问题，即由国际贸易而来的收益如何在两种或两种以上的生产要素之间进行分配。显然，这是假设只有一种生产要素时不会遇到的问题。也就是说，在"比较优势理论"中，根本无法想象收入分配的问题，更不要说对此进行分析了。后来的 H-O 模型正是在放宽这个假设为两种生产要素方面，做出了重大突破，因而能成为新古典时期处于正统地位的国际贸易理论。有关这方面的重要意义，留待后面讲解 H-O 模型时再细谈。

这样，剩下来真的需要在这里讲解的扩展就只有第二条"边际成本不变"的假设。在现实之中，由于"边际产量递减定律"的作用，边际成本不可能是不变的，或是递增的。那么，这对"比较优势理论"的结论有影响吗？影响是重大的吗？

从上一讲的几何分析出发，将假设条件从"边际成本不变"改为"边际成本递增"，有关的几何图要如何修改，从而使得有关的分析结论会如何变化呢？在上一讲关于"绝对优势理论"的几何分析中已经提到过，如果边际成本是不变的，PPC 则是一条直线；如果边际成本是递增的，那么 PPC 就会变成凹向原点的曲线。详情如图 4-4 所示：

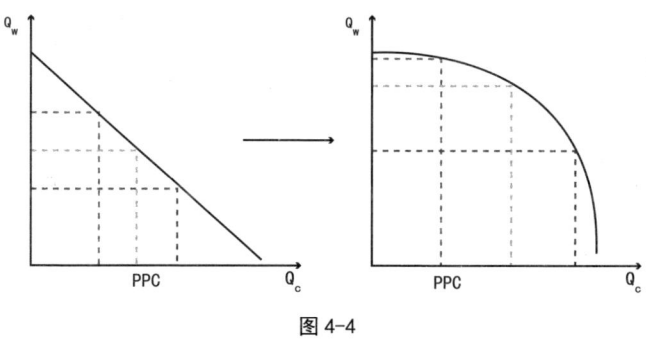

图 4-4

PPC 上的每一点的斜率，反映的是该处在生产中以某种产品（如衣服）换另一种产品（如小麦）的比率，经济学的术语是"边际技术替代率"——指在既定的生产技术下，减少（或增加）生产一单位的某种产品，所腾出来（或多占用）的生产要素用于生产另一种产品，所能增加（或所要减少）的这另一种产品的数量。从机会成本的角度看，这其实就是生产那一种产品在边际上的机会成本（用另一种产品来量度），因此就是边际成本。如果边际成本不变，边际技术替代率也就不变，即 PPC 上每一点的斜率不变，因此 PPC 是一条直线；而如果边际成本递增，边际技术替代率也递增，即 PPC 上每一点的斜率要随着那一种产品数量（以 x 轴表示）的增加而增加，表现为 PPC 上的切线随着 x 轴上的数值增加而从较为平坦变成较为陡峭，因此 PPC 就是一条凹向原点的曲线。

搞清楚了这个关键区别之后，余下的分析只要按逻辑直推就行了。下面的图 4-5 是把"边际成本不变"与"边际成本递增"的两种情况分别以左图与右图对照着展示出来。这里画的是"本国"的情况，还有另一个与之做贸易伙伴的"外国"的情况，就作为本讲的作业题，留给读者自己去思考应该怎么画。

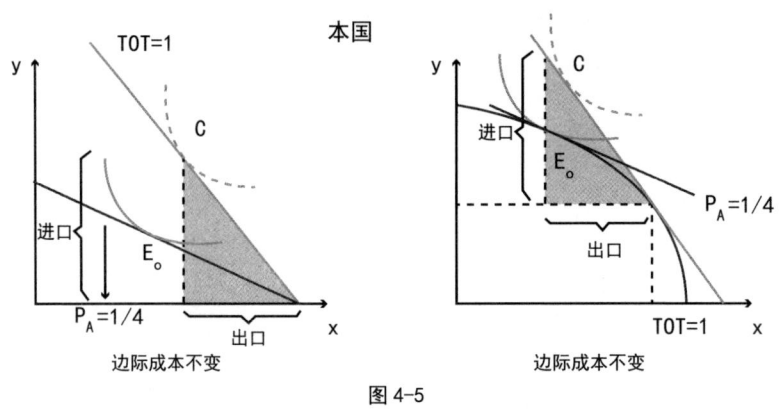

图 4-5

从右图可见，最优生产点是 PPC 与 TOT 相切的点（左图中这两条线都是直线，不可能有切点，只能用交点代替），最优消费点是 CIC 与 TOT 相切的点。

PPC 反映一国的生产能力与技术水平，与 TOT 的切点反映着生产者调整自己的生产，直到边际技术替代率（符合机会成本概念的边际成本）与世界市场所给予的价格（边际收入）相等为止。

CIC 反映一国的消费偏好，与 TOT 的切点反映着消费者调整自己的消费，直到边际用值（边际效用，从消费者角度来看就是边际收入）与世界市场所要求收取的价格（边际成本）相等为止。这样，生产者与消费者都调整自己的行为，直到与世界市场的价格相等，达到均衡状态。

由两幅图的对比可知，假设条件从"边际成本不变"改为"边际成本递增"，一个重要的"后果"是导致有贸易时的生产点不可能再位于 x 轴上，其经济含义是一个国家不可能因为参与贸易而实行完全的专业化，即不能完全只生产它具有比较优势的产品，完全不生产它不具有比较优势的产品。

这是因为在边际成本递增的条件下，随着一国越来越专业化于生产某种产品，它在这种产品上的成本优势会逐渐因为"边际产量递减定律"（等价于"边际成本递增定律"）发挥作用而减少。

当一国的产量增加到其边际成本与世界市场上的价格相等时，成本优势减少至完全消失。这时若仍然继续增加生产，边际成本会继续增加，以至超过世界市场给它的价格（边际收益），这就违反了边际相等的最优条件（均衡条件）。

但在"边际成本不变"时，由于边际成本一直不变，再怎么增加产量都不会丧失比较优势，自然是在生产能力允许的范围之内尽量增加产量了。

乍一看，这两幅图的分析是后者比前者更贴近现实。因为在现实中，人们没见过一个国家其他产品都不生产，只集中生产它最具有比较优势的产品。人们在现实中看到的都是一个国家通常会生产很多种产品，只是有出口竞争力的产品生产得很多，没有出口竞争力的产品生产得比较少——指相对于国内的消费需求而言是较少的，因此需要用进口来满足国内供应不够的部分。

不过，让我们的目光从国家转向个人，就会发现，如果是用于解释个人的行为选择，前者的分析更贴近现实。因为现实之中，大部分人在同一段时间内只会专心地从事一种职业，不会大量从事其中一种，少量从事其他所有职业。这是因为人能用于生产的"资源"就是他个人的"精力"，在这有限的资源约束之下，个人的产量是非常有限的，往往还不到"边际产量递减定律"发挥作用的时候就已经不得不停止生产的扩大了。

数学思维好的人可以用"极限"方式来想象一下，这相当于"总产量曲线"，虽然整体来说是一条斜率不断减少（反映着边际产量递减）的曲线，但对于个人来说，他是在很短很短的区域里从事生产，所以他所看到的那条总产量曲线（个人的总产量曲线）的斜率几乎没有变化，近似于一条斜率不变的直线，因此可看成边际产量不变，即边际成本不变，于是适用的就是左图的情况，而不是像一个国家那样适用右图的情况。把一个国家与一个人的情况都画在同一条总产量曲线里来反映，我们就能清楚地看到这一特点。

图 4-6 中的上方图是本讲介绍的反映比较优势理论（边际成本递增条件下）的一般均衡分析，下方图就是上一讲介绍的局部均衡分析。从图 4-6 中就能明白，局部均衡分析的几何图是从一般均衡分析的几何图里推导出来的。

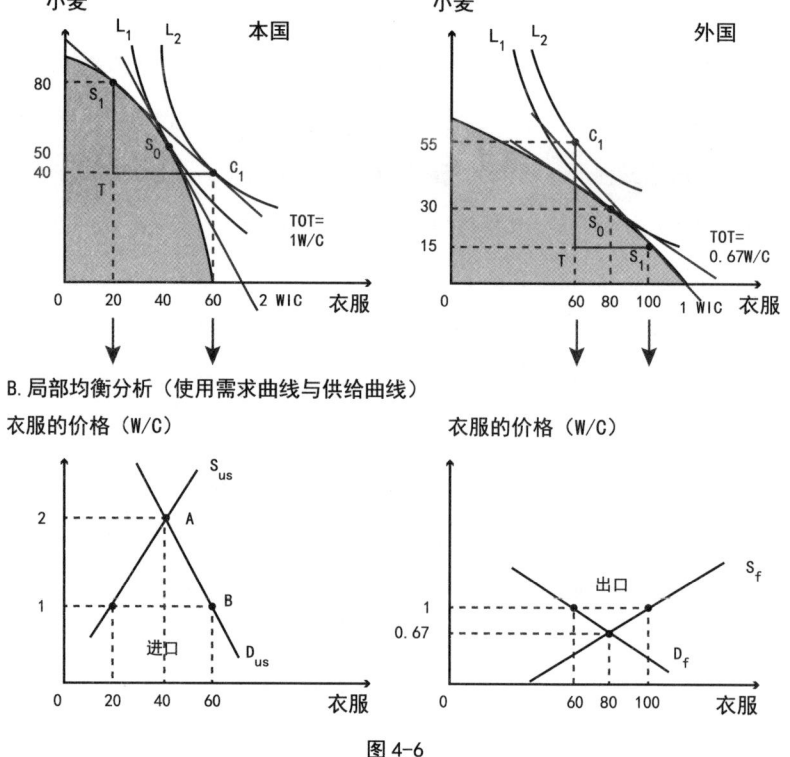

图 4-6

第三节 比较优势理论的扩展——从物物交易到引入货币

虽然传统的教科书一般没有提及,但实际上古典时期的国际贸易理论还隐含着一个重要的假设,那就是不存在货币,国际贸易是以物物交易的方式进行的。为什么斯密和李嘉图会在物物交易的基础上分析国际贸易呢?这是一个有趣的问题。因为在他们之前的重商主义者就把黄金这一货币直接当成财富来考虑,被货币这一"面纱"蒙蔽得看不清国际贸易的本质仍是一国以其生产的物品交换另一国生产的物品。因此出口与进口必然相等,不可能长期追求贸易顺差,避免贸易逆差。亚当·斯密与李嘉图能透过现象看本质,固然摆脱了重商主义者的错误,但另一方面却也忽视了货币对国际贸易的影响。在他们所生活的金本位制时代,这种忽视并不重要。因为在金本位下,黄金在各国之间的自由流动,能自动地调节各国的进出口保持平衡。

此外,各国的货币都与黄金保持固定的比率,它们之间的交换比率(汇率)也就自然而然地保持固定不变,即实行的是固定汇率制。在这种情况下,各国货币的价值保持稳定,对实体经济(包括国际贸易在内)的影响是中性的,因此亚当·斯密和李嘉图的国际贸易理论忽视货币的影响也就没有问题了。

然而,当国际货币体系不再是金本位制之后,各国货币失去了稳固的锚,彼此之间的汇率制度也相应地变成浮动汇率制。货币价值不稳,对国际贸易的影响就不再是中性的了。这样,对于古典时期的国际贸易理论来说,最重要的一个需要放宽的假设其实是物物交易或货币中性的假设。但这个问题似乎是因为牵涉国际金融,于是没有放在国际贸易的范畴内考虑。然而,在国际金融里考虑货币汇率的问题,也只是分析其对国际收支的影响,而没有考虑它对国际贸易理论中处于正统地位的"比较优势理论"的影响。

下面先以一个数字例子来说明引入货币之后的情况,再做有经济含义的分析。

比较优势理论的数字分析（四）

表 4-4

	自行车	玩具
美国（美元）	100	25
中国（人民币）	400	50

由表 4-4 提供的信息可知：两个国家分别是美国（使用美元）与中国（使用人民币），两种产品分别是自行车和玩具。

在美国国内，自行车的价格是 100 美元，玩具的价格是 25 美元；在中国国内，自行车的价格是 400 元，玩具的价格是 50 元。

设 RMB/USD ＝ X，即 1 美元可兑换人民币 X 元，则可做以下的推断：若 100X>400，也就是将自行车在美国的价格折算成以人民币来表示之后，其价格高于自行车在中国的国内价格。由此可算出 X>4。将 X=4 的汇率代入去计算玩具的价格，可知玩具在美国的价格折算成人民币来表示之后是 25×4=100 元，也高于玩具在中国的国内价格 50 元。这样，所有产品的价格都是美国的比中国的贵，中美之间不可能有贸易发生。

另一方面，若 25X<50，也就是将玩具在美国的价格折算成以人民币来表示之后，其价格低于玩具在中国的国内价格。由此可算出 X<2。将 X=2 的汇率代入去计算自行车的价格，可知自行车在美国的价格折算成人民币来表示之后是 100×2=200 元，也低于自行车在中国的国内价格 400 元。这样，所有产品的价格都是美国的比中国的便宜，中美之间也不可能有贸易发生。

由这个例子可推出一个重要的结论：当货币汇率落在某个范围之内时（如上述例子中的 X<2 或 X>4 时），一个国家完全有可能丧失所有比较优势！也就是说，比较优势理论失效了！

这个结论有着深刻的经济含义。

其一，如果两国之间的货币汇率是由市场自由决定的，那货币汇率是绝不会落在上述那个使其中一个国家丧失所有比较优势的范围之内的。因为汇率本身就是由两国之间的经济实力（体现为一国在各种产品上的比较优势）来决定的。这是国际金融中解释汇率形成的"购买力平价说"的含义，其实就是"货币理论"中关于货币价值来自实物价值的含义。

其二，如果两国之间的货币汇率受到政府的人为干预，则货币汇率完全有可能落入上述那个使其中一个国家丧失所有比较优势的范围之内。当然，完全没有比较优势是很极端的情况，但即使只是丧失大部分的比较优势，也足以让一国陷入几乎无法参与国际贸易，从而无法获取国际贸易带来的庞大利益的困境之中。

最典型的实例就是，中国在改革开放之前，一方面采用闭关锁国的方式直接拒绝参与国际贸易，另一方面却将人民币兑换美元的汇率人为地定在严重高估人民币币值的水平之上，从而导致中国丧失了大部分的比较优势。

随着改革开放的推进，虽然汇率仍然受到管制，但中国政府为了促进出口也只得顺应市场需要，向下调整汇率到接近市场均衡的水平——市场自由决定的均衡汇率可以大致地从黑市汇率上观察到。[1]

另一个典型实例是，陷于主权债务危机之中的希腊，因长期实施社会福利而导致竞争力极度萎缩。然而，它与像德国那样竞争力很强的国家共用欧元这一单一货币，使得它无法自主地根据本国的竞争力水平向下调整汇率，也就出现了基本上丧失所有比较优势的情况。

虽然汇率落在不适当的范围之内会导致一国完全丧失，或大部分丧失比较优势是很罕见的极端情况，但把这一极端情况往不那么极端的常态推过去，可以得到以下结论：用政府干预的方法来扭曲汇率（指偏离市场自由决定的汇率水平），多多少少会使得一国的比较优势比没有政府干预时减少。该国汇率扭曲

---

[1] 1949年人民币兑美元的汇率是2.3，到1978年时上升至1.5771，此后持续下降至1993年的5.7619，并在1994年迅速贬值至8.6187。

(偏离)的程度越大，它的比较优势就丧失得越多。

附：货币汇率扭曲是如何使一国丧失比较优势的？

本讲在最后一节分析中引入货币对国际贸易的影响，指出如果两国之间的货币汇率在政府干预下严重扭曲，会让一国丧失全部比较优势，导致该国无法参与国际贸易。

很多对比较优势理论没有真正掌握到家的读者对此不能理解，认为货币汇率的扭曲只会导致一国丧失绝对优势，不会丧失比较优势，而国际贸易是基于只要具有比较优势就能发生的，丧失绝对优势并不会导致一国无法参与国际贸易。

虽然我已经反复说明在货币价值稳定的情况下货币价格直接反映真实价格（相对价格），因此货币价格已经直接反映一国的比较优势而不是绝对优势，可是这些读者还是不能明白。后来我再写了一篇文章，就是用本讲表4-1的那个数字例子，加进货币来做示范性的解释。现作为附录放在这里作为本讲的补充。

假设表4-1中的"本国"是美国，"外国"是中国，美国使用的是美元，中国使用的是人民币。再假设一开始时美元与人民币的兑换比率（汇率）是1:1，而且每单位劳动力的时间工资都是1美元或1元。这样，加进货币之后，因为美国生产1单位衣服需要4单位劳动力，即以货币表示的生产成本是4美元，则在美国的国内市场上的价格也一定是4美元。

同理，小麦在美国的国内市场上的价格是2美元。而衣服在中国市场上的价格是1元，小麦在中国市场上的价格是1.5元。这时的汇率是1:1，因此如果都折算成美元来计价，衣服在美国的价格是4美元，在中国的价格是2美元；小麦在美国的价格是2美元，在中国的价格是1.5美元。两种产品都是中国的便宜，美国将无法出口任何产品到中国！

这个数字例子从一开始就已经设定了美国没有绝对优势，所以这时美国丧失的不可能是早就没有的绝对优势，而是比较优势！

为什么会这样呢？其实用"一价定理"想一下就能明白。如果两国的劳动力质量（劳动生产率）是一样的，根据"一价定理"，劳动力在不同国家的价格一定是一样的，前面已经假设了中美两国的时间工资都是1美元或1元。

可是同样的1单位劳动力工作1小时在中国能生产1件衣服，在美国却只能生产1/4件衣服（从表4-1中的"劳动生产率"那一栏的数据来看），以衣服而不是以时间来直接量度劳动力的价格（时间只是个委托量），就能清楚地看到美国的劳动力价格以其劳动生产率而论其实比中国的劳动力价格偏高，违反了"一价定理"（因为"一价定理"在这里的含义就是质量不同的东西要有与其质量相称的不同价格，如果质量不同的东西有相同价格，那低质量的东西其实是价格偏高了）。美国要是不直接下调以美元计价的名义工资（劳动力的货币价格），就必须通过货币贬值来间接下调其劳动力相对于中国劳动力的价格。也就是说，中美之间的货币汇率不可能是1:1，而应该是1:4。

换到小麦那边去看。同样地，1单位劳动力工作1小时在中国能生产2/3单位小麦，在美国却只能生产1/2单位小麦。美国的劳动力价格在生产小麦方面以其劳动生产率而论依然比中国偏高，这就说明美国要是不直接下调劳动力的美元价格，就要让美元相对于人民币贬值，即中美之间的汇率不可能是1:1，而应该是1:4/3（计算方法是看表4-1中"劳动生产率"那一栏的数字，调整美国生产小麦的数字为1时，中国的数字要随之调整为4/3）。

也就是说，从汇率反映两国的劳动生产率不同的角度来看，中美之间的货币汇率必须落在1元兑换4/3～4美元之间才是合理的。一开始假设两国货币的汇率是1:1，显然没有落在这个合理区间之内。现在假设两国货币的汇率是位于合理区间之内的1:3（1元兑换3美元），根据上述的数字例子重新再算一下吧！

每单位劳动力的时间工资仍是1美元或1元，则衣服在美国的价格仍是4美元，在中国的价格仍是1元，但根据新的汇率折成美元计价时，衣服在中国的价格是 3 美元；而小麦在美国的价格仍是 2 美元，在中国的价格仍是人民币 1.5 元，但折成美元后小麦在中国的价格是 4.5 美元。这样一来，美国的衣服比中国的贵，但小麦比中国的便宜，美国的比较优势就回来了！

这无非就是"国际金融"中解释货币汇率形成的"购买力平价说"而已。这也是为什么我在前面的讲义中说所有解释货币汇率形成机制的理论只有"购买力平价说"是正确的！因为"购买力平价说"其实只是"一价定理"的运用而已。"一价定理"是对的，"购买力平价说"当然也是对的，一切脱离了"一价定理"而去试图解释货币汇率形成的理论当然只能是胡扯。"一价定理"在实际中运用时，需要补加的只是交易费用的局限条件。

在现实中，由于美元是国际货币，美国可以通过不断地印钞票来弥补其因为丧失比较优势而出现只有进口、没有出口的情况所累积起来的贸易逆差，因此美国与其他国家的国际贸易也能维持相当长的一段时间。但不断印钞票的后果就是货币贬值，美元相对于人民币的价值下降，反映在汇率上就是人民币 1 元兑 1 美元的数字要上升，跟前面的分析是毫无矛盾的。

不过，同样由于美元是国际货币，它必须通过贸易逆差把美元放出美国之外去，以便其他国家能有美元进行国际结算，所以美国相对于中国保持庞大的贸易逆差也就是必需的。这一点我在"重商主义"一讲的最后简略地解释"特里芬难题"的本质时已经说过了。

那些对"比较优势理论"掌握不到家的人，是犯了个严重、却很低级的错误，那就是比较优势理论是说生产成本都比别人高不等于没有比较优势，而根本不是说价格！价格一定是比别人低才有可能出口。这是没学过经济学的人都懂的常识——如果一个卖家卖跟别人一样的东西却卖得比别人贵，会有人买吗？

第五讲

提供曲线

在"绝对优势理论"或"比较优势理论"中,是算不出两种产品在世界市场上的确切交换比率(相对价格)的,只能算出一个能发生国际贸易的取值范围。为了弥补这一缺陷,穆勒提出了"相互需求理论",其核心思想是指出两国都互相对对方的出口品有需求,当二者达到均衡时,这两种产品的相对价格也就确定下来了。

穆勒是古典时期的经济学家,他仍然沿用了李嘉图以数字例子来进行证明的方式。这种方式不够直观,例子中的数字是虚构出来的,显得缺乏一般性。因此,现代经济学普遍使用的是后来马歇尔(Alfred Marshall,1842—1924)改用几何工具所做的分析,我在这里也只讲解马歇尔的分析。但要注意的是,最早提出解决方案的还是穆勒,马歇尔只是在穆勒的"相互需求理论"基础上用几何工具表达出来而已。马歇尔发明的几何工具是"提供曲线"(Offer Curve)。提供曲线的推导如图5-1所示。

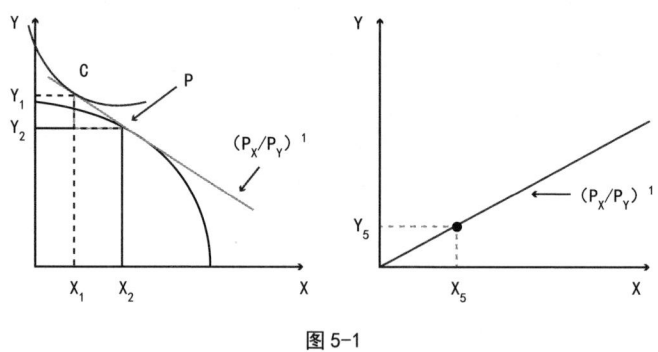

图 5-1

左图是在边际成本递增的前提下画的一国在有贸易时的均衡情况,右图是把左图中的贸易三角形顺时针旋转180度,然后把底线上的斜角置于原点(X_5是X_1X_2的长度,反映该国的出口量;Y_5是Y_1Y_2的长度,反映该国的进口量)。

图5-2里的左图,是在图5-1的基础上加进另一条TOT,比原有的TOT更陡峭,反映了X轴上的产品相对于Y轴上的产品出现了价格上升。在新的世界价

格下有新的贸易三角形，同样地将这个贸易三角形画在右图里（X_6是X_3X_4的长度，反映该国的出口量；Y_6是Y_3Y_4长度，反映该国的进口量）。

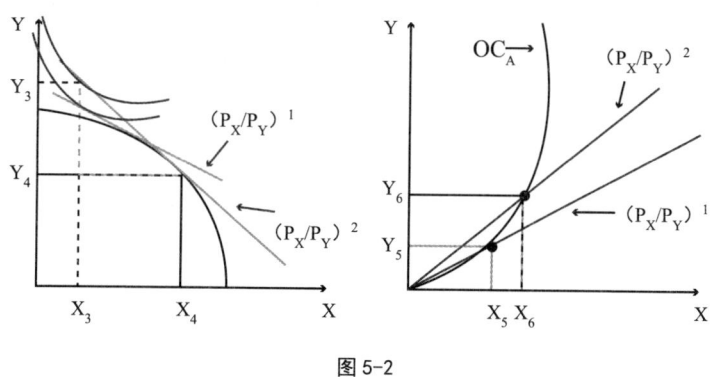

图 5-2

按照类似的方法不断变换TOT，可画出不同的贸易三角形，将它们都移到右图中，把各个贸易三角形在垂直线上的斜角所对应的点连起来，就能画出一条从原点出发，弯向Y轴的曲线，这就是该国（图中假设为A国）的提供曲线。

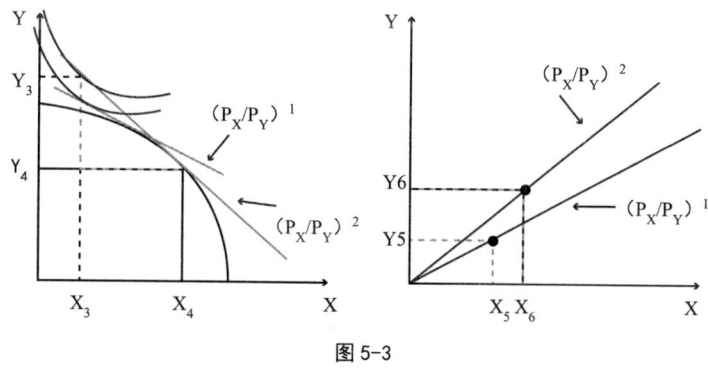

图 5-3

这是以X为出口品，Y为进口品的国家的提供曲线。那么作为它的贸易伙伴的另一个国家就是以X为进口品、Y为出口品的国家（假设是B国）。读者可模仿A国的提供曲线的推导来画出B国的提供曲线：B国的提供曲线是一条从原点出发，弯向X轴的曲线。也就是说，一国的提供曲线是一条从原点出发，弯向其进口品所在轴的曲线。

把两国的提供曲线放在同一张图里，就是图5-4的情况。均衡的TOT由两国的提供曲线的交点所决定。因为在这个价格水平下，A国愿意出口的X的数量与B国愿意进口的X的数量一样，都是X_1，因此X产品的世界市场供求平衡了；而A国愿意进口的Y的数量与B国愿意出口的Y的数量也一样，都是Y_1，因此Y产品的世界市场供求也平衡了。这是一个以X换Y的物物交换的世界，因此这两个市场其实是同一个市场。

如果反映世界价格的TOT没有穿过两国的提供曲线的交点，那就是不均衡

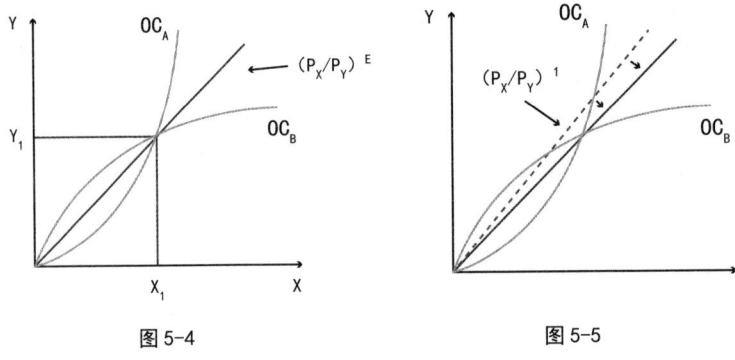

图 5-4   图 5-5

的情况。为什么呢？如图5-5所示，如果TOT比均衡的TOT（穿过两国的提供曲线的交点的射线）更陡峭，那就反映着X的价格较高，Y的价格较低。X是A国的出口品，价格较高会刺激A国多出口；但X是B国的进口品，价格较高会使B国减少它的进口，这就导致世界市场上的X供（出口）过于求（进口），X的价格有下降的压力。而Y是A国的进口品，价格较低会刺激A国多进口；但Y是B国的出口品，价格较低会使得B国减少出口，这就导致世界市场上的Y供（出口）不应求（进口），Y的价格有上升的压力。于是，X的价格要下降，Y的价格要上升，最终的结果是TOT有压力，要往均衡的TOT曲线靠拢。

读者可自行推导TOT比均衡的TOT更平坦的情况。

第六讲

H-O 模型

从这一讲起，我们就从古典主义时期转到新古典主义时期了。

新古典主义时期居于正统地位的国际贸易理论是 H-O 模型。H-O 是两个人的姓名取其首字母而成的缩略，全称是"Heckscher-Ohlin Model"。这两个人是一对瑞典的师生，他们联手提出了 H-O 模型，因此用他们二人的姓名来命名。用提出理论的人的名字来命名理论，是西方的习惯。中国则比较习惯于用理论的内容来命名理论，所以不少中国的教科书把该理论称为"要素禀赋理论"（Factor Endowment Theory）。其实二者是同一回事。

第一节　要素丰裕度与要素密集度

李嘉图的比较优势理论看起来已经非常完善（不能计算出确切的 TOT 的问题也被穆勒解决了），为什么还要多加一个 H-O 模型进来呢？

要注意，H-O 模型并没有否定比较优势理论，它只是对比较优势理论的一个重要补充——这个补充如此重要，使 H-O 模型成为继比较优势理论之后，唯一一个与之并肩处于正统地位的国际贸易理论。那么，H-O 模型到底对比较优势理论做出了什么补充呢？先回顾一下比较优势理论对国际贸易的成因的解释：为什么会有国际贸易？从表面现象来看，直接的答案是因为同一种产品在两国之内的价格不同，于是价格便宜的国家出口，价格昂贵的国家进口。为什么会有不同的价格呢？比较优势理论的回答是不同国家有不同的比较优势，在该种产品上具有比较优势的国家其（比较）成本更低，于是该产品价格可以定得更低。但是，原则上可以进一步地追问：为什么不同的国家有不同的比较优势？——Heckscher 和 Ohlin 二人就是追问了这个问题。

从李嘉图提出比较优势理论时所举的例子来看，他似乎是把比较优势的来源归因于气候。他当时举的例子中的两国是英国和葡萄牙，两种产品是呢绒和葡萄酒。英国具有比较优势的产品是呢绒，而葡萄牙具有比较优势的产品是葡萄酒。葡萄牙为什么在葡萄酒的生产上具有比较优势？因为葡萄牙阳光充沛，雨水稀少，非常适合葡萄生长并使之积累糖分。相比之下，英国却是个经常阴雨连绵的国家，完全不适合葡萄生长。这样看来，葡萄牙的比较优势来自气候。但这又怎么解释英国的比较优势呢？显然，呢绒的生产跟气候无关。再仔细分辨下去，人们会注意到比较优势理论里隐含着一个假设，那就是两个国家的技术水平不同——注意，即使两个人技术水平一样，但通过分工，也会因为"熟能生巧"而久而久之形成技术上的差异。不管怎样，最后比较优势的来源都是技术水平的差异。因为英国当时率先完成第一次工业革命，在纺织业上有很强的技术优势，这就是它在呢绒上的比较优势的来源。但是，真的需要有技术水平的差异，才能形成比较优势吗？

Heckscher 和 Ohlin 二人基于以上的思考，提出了 H-O 模型，想以此解释比较优势的来源。

在 H-O 模型里有两个关键概念，其一是"要素禀赋的丰裕度"，其二是"要素使用的密集度"。H-O 模型就是使用这两个概念来说明比较优势的来源的。

所谓"要素禀赋的丰裕度"，是用来描述一国的要素状况的。"禀赋"带有上天赋予的意思，是指一国天生就有的要素数量是丰裕还是稀缺。例如，一国人口众多，相对于其他要素（如土地、矿藏、资金等）的比例很高，就可以说这个国家是"劳动力丰裕国"。反之，如果这个国家的人口相对于其他要素的比例很低，就可以说这个国家是"劳动力稀缺国"。注意：一定要用比例，而不是绝对量的大小来做判断。例如，中国虽然国土面积很大，但与人口一比，相对于很多国家而言就只能算是"土地稀缺国"，不能算是"土地丰裕国"。同样的道理，虽然美国的人口相对于很多国家来说绝对值是高的，但与它更大量的资本积累一比，就只能算是"劳动力稀缺国"，而不是"劳动力丰裕国"。

那么，怎么量度这个"要素丰裕度"呢？有两个办法。其一，根据上述的定义直接量度，即统计一国之内的要素总量，然后相除，求得两两之间的比例数值，再进行国与国之间的比较。然而，要统计一国之内的要素总量，谈何容易？有关的数据是很难准确获得的。因此，在实际应用中，量度"要素丰裕度"使用的是另一个方法，那就是——其二，根据"物以稀为贵"的原则，稀缺程度越高者价格越高，所以根本不需要去统计全国总量，只需要看一眼要素市场上的价格就一目了然了，还万分准确。这样，只要拿各要素的价格进行比较，就能知道一国的要素禀赋丰裕度。当然，一个要素的价格越低该要素越丰裕。

另外一个概念"要素使用的密集度"，是用来描述一种产品的技术条件的。今天，人们经常会在财经新闻里听到或看到"劳动密集型产业""资本密集型产业""技术密集型产业"一类的说法。但普通人不知道的是，这个概念其实就是来自 H-O 模型的"要素使用的密集度"。例如，纺织业一向被视为典型的劳动密集型产业，这是因为生产纺织品使用的劳动力数量相对于其使用的资本数量的比例是很高的。反之，钢铁一类的产业则需使用大量的机器设备，只需少量人手操作，因此其使用的资本数量相对于劳动力数量的比例很高，被称为资本密集型产业。要注意，这里必须使用比例，而不能看绝对量。如现代纺织业其实也使用很多机器设备，资本的绝对量并不少，但相对于使用的劳动力而言，其在比例上是少的。

有了上面两个概念，比较优势的来源就很清楚了。一国的要素丰裕度要是能够与某种产品的要素密集度配合起来，该种产品就具有比较优势。例如，中国是典型的劳动力丰裕国，就在劳动密集型产品（如衣服、玩具）上具有比较优势。反之，美国是典型的资本丰裕国，就在资本密集型产品（如飞机）上具有比较优势。

如果将比较优势的成因追溯到上天赐予一国的禀赋，就没法再追问下去了。

另外，如果比较优势来自一国的要素丰裕度与产品的要素密集度的配合，技术水平的差异是不需要的。以下的表 6-1 所举出的数字例子证明了这一点。

第六讲 H-O 模型

比较优势的数字例子

表 6-1

	美国	世界其他国家
要素价格	土地：$1 劳力：$2	土地：$4 劳力：$1
生产函数	生产 1 单位小麦需要 5 单位土地和 1 单位劳动力 生产 1 单位衣服需要 1 单位土地和 10 单位劳动力	
价格	小麦价格 = 5×1+1×2=7 衣服价格 = 1×1+10×2=21	小麦价格 = 5×4+1×1=21 衣服价格 = 1×4+10×1=14
贸易模式	出口小麦	出口衣服

由表 6-1 的数据可知，土地在美国的价格比在其他国家便宜，说明美国是一个土地丰裕国；而劳动力在其他国家的价格比在美国便宜，说明其他国家是一个劳动力丰裕国。生产函数对两国来说都一样，这反映两国的技术条件一样。小麦的生产明显需要较多的土地，属于土地密集型产品；而衣服的生产则需要较多的劳动力，属于劳动密集型产品。这样，即使两国没有生产技术上的差异，美国生产小麦的价格还是比其他国家便宜，而其他国家生产衣服的价格也比美国便宜，各有比较优势。

接下来的分析跟比较优势理论的分析如出一辙，不必再重复了。所以，H-O 模型并没有推翻比较优势理论的结论，只是对它的前提——比较优势的来源——做了补充。

事实上，H-O 模型能居于国际贸易理论的正统位置，以及提出这一理论的两位经济学家还据此获得诺贝尔经济学奖，完全不是因为它在比较优势的来源上做出了补充，而是另一个 Heckscher 和 Ohlin 二人根本没想到的重大补充。从这个意义上说，Heckscher 和 Ohlin 二人完全是"无心插柳柳成荫"。也就是说，他们本来所关心要解决的问题其实毫不重要，无意之中引出的另一个问题才是非常重要的。

第二节　H-O 模型的重大意义

到底 H-O 模型在哪里补充了李嘉图的比较优势理论，且是意义重大的呢？

在直接给出答案之前，请读者先考虑一下这个问题：比较优势理论证明，贸易无论对出口国还是进口国都有好处，既然如此，为什么在现实之中绝大部分国家都或多或少地推行着阻挠自由贸易的贸易保护主义政策呢？直接的答案是：因为一小撮人的利益的确受到了自由贸易的损害，于是他们劫持了国家利益，让政府采取虽然对国家整体不利，但对他们有利的贸易保护主义政策。可是问题就进一步变成：为什么自由贸易会损害这一小撮人的利益呢？自由贸易不是对所有的参与国都有利吗？怎么就凭空冒出一小撮利益被自由贸易所损害的人呢？

追问到这一步，比较优势理论就回答不出来了。这是因为，无论是早期的绝对优势理论还是后来的比较优势理论，它们在本质上都是一个"2×2×1"模型，即生产要素只有一种，那就是劳动力。古典时期的国际贸易理论之所以都这样假设，是因为古典时期的经济学家都主张"劳动价值论"，认定所有的价值都是劳动创造出来的，自然投入生产中的要素只有劳动力一种。然而，姑且不论这"劳动价值论"本身是否有问题，只说如果生产中只投入一种要素，则所有的收入自然而然就全部归这唯一的要素获得，那就不会存在"收入分配"问题了。在这种情况下，因为贸易对所有参与的国家都有利，而所有的参与国投入生产的又只有劳动力一种要素，那就不可能出现自由贸易损害了部分人的利益的问题，因为从自由贸易中得到的利益全部归那唯一的要素——劳动力——获得了。

所以，比较优势理论存在着一个重大的缺环：它无法分析收入分配的问题，也就无法解释明明它的结论是贸易对所有参与的国家都有利，为什么现实之中仍然明显地存在着反对自由贸易的力量。

而 H-O 模型却正好是一个"2×2×2"模型。也就是说，H-O 模型的假设

第六讲　H-O 模型

除了去掉比较优势理论中要求两个国家的技术水平有差异的规定之外，还把它只有一种要素投入的假设修改为有两种要素投入。

在经济学中，1 到 2 的区别往往很巨大——如只有 1 人时是鲁滨孙的 1 人世界，但增加到 2 人时就是社会；只有 1 个国家时是闭关锁国的封闭经济，但增加到 2 个国家时就可以研究国际贸易了——而 2 到 3、2 到 4……实际上 2 到多的区别通常不是本质区别。同样地，生产要素从一种增加到两种，就能进行收入分配的分析了。因为一旦生产要素有两种，虽然自由贸易能给一国整体带来利益，但利益要在两种生产要素之间进行分配，谁分得多、谁分得少固然会引起争执，更严重的是甚至有可能让其中一方的利益是受损的。这种情况恰恰在国际贸易里出现了。这才导致一小撮人利益受到自由贸易的损害，于是他们极力反对自由贸易。

在深入分析哪一小撮人的利益受损之前，要先分析一下为什么 Heckscher 和 Ohlin 这两个人会想到将古典主义的国际贸易理论的假设从一种生产要素增加为两种生产要素。他们其实完全没有想到这一改动的意义是如此重大——因为这么一改，可以进行收入分配分析了，可以解释有人反对国际贸易的现象了，而这分析与解释是比较优势理论做不到的。H-O 模型填补的这个空白，比它分析出的比较优势的来源重要千百倍！因为比较优势既然来自天赋，人又不是上帝，是改变不了天赋的，为此，分析出这个比较优势的来源又有多大意义呢？（当然有些禀赋还是可以人为改变的，但改变并不容易，短期内可视为不能改变）所以 Heckscher 和 Ohlin 二人做此修改，并没有像后人那样看出如此改动的意义重大，他们只是随大溜——新古典主义的习惯就是要在模型中假设有两种生产要素，而且还习惯把这两种生产要素定为"劳动力"与"资本"。

我在《经济学讲义》中就已经指出，由于新古典主义引入了几何工具做分析，而直角坐标有两轴，于是无论是分析什么，都必须假设有且只有两种——产品是两种产品，要素也是两种要素。只有一种，在直角坐标里画不出几何图；

超过两种,例如是三种的话就得画立体几何图。

也就是说,新古典主义的经济学家也好,Heckscher 和 Ohlin 两个人也好,他们之所以确定了生产要素有两种,最初的动机仅仅是为了方便使用几何工具!然而"无心插柳柳成荫",如前所述,在经济学里从1到2区别重大,但从2到多就没有本质区别了。于是新古典主义的经济学家分析任何要素都要搞两种,碰巧是对的!而 Heckscher 和 Ohlin 把古典主义的国际贸易理论中的一种生产要素增加为两种生产要素,更是碰巧。他们二人完全不明白这个假设改动的重要性,所以并没有进行收入分配分析,直到后来的萨缪尔森看出其重要性才做了有关的分析。因此,也有人习惯于把 H-O 模型称为 H-O-S 模型,就是加入萨缪尔森的名字的首字母。事实上,如果没有补加萨缪尔森的收入分配分析,H-O 模型的价值就只相当于其他那些把比较优势理论从两国两产品模型扩展成多国两产品或两国多产品模型的分析,虽然没错,也算是对比较优势理论做了补充,但意义不大,根本不可能成为足以与比较优势理论相提并论的正统理论。

那么,把一种要素改成两种要素之后,该怎么进行收入分配的分析呢?下面的表 6-2 以中美贸易为例来加以说明。

中美贸易的比较优势分析

表 6-2

中国	美国
劳动密集型产业	劳动密集型产业
L↑↑, K↑	L↓↓, K↓
资本密集型产业	资本密集型产业
L↓, K↓↓	L↑, K↑↑

中国是典型的劳动力丰裕国,因此在劳动密集型产业上具有比较优势,当中美展开贸易,劳动密集型产业将因获利而扩张——一方面是因为世界市场的

价格高于没有贸易时的国内价格，另一方面则是因为专业化程度高产品生产的提高，该产业的产量增加。在量价齐升的有利条件下，该产业收入大增，刺激了整个产业规模的扩大。中国资本密集型产业则由于不具有比较优势的产业而面临来自美国的进口品的竞争，市场份额被挤占而产量下降，价格也从原来没有贸易时较高的国内价格下降到有贸易时较低的世界市场价格，在这量价齐跌的不利条件下，该产业收入大减，导致整个产业规模萎缩。

劳动密集型产业扩张，就要雇佣更多的劳动力，使用更多的资本；而资本密集型产业萎缩，就要减少劳动力雇佣，也减少使用资本。但两个产业的一升一降对两种要素的需求影响是不对称的。由于劳动密集型产业密集使用劳动力，所以它的扩张虽然同时增加了对劳动力与资本的需求，但对劳动力的需求增加得更多；反之，资本密集型产业是密集使用资本的，所以它的萎缩虽然同时减少了对劳动力与资本的需求，但对资本的需求减少得更多。H-O-S模型假设短期内生产要素在一国之内不能在不同产业之间流动，但长期内是可以流动的——我在《经济学讲义》中指出了，这个短期、长期的划分实际上是承袭了传统或教科书经济学的生产者理论中的做法，但这一做法忽略了交易费用的结果。如果考虑交易费用，就不必划分短期、长期。短期内生产要素不能流动，其实是因为流动的交易费用太高。由于某些妨碍了流动的交易费用（如信息费用）会随着时间的流逝而下降，所以在所谓的长期里要素从不能流动变成可以流动。

这样，资本密集型产业中的生产要素在自私本性的支配下会流动到劳动密集型产业中去。显然，劳动力要素在劳动密集型产业中的需求增加超过了在资本密集型产业中的需求减少，从整个国家来看，劳动力的净需求是上升的。在供给不变的情况下，供不应求会导致价格上升，劳动力的价格（工资）就会上升。劳动力这种生产要素一方面是雇佣数量增加（就业增加），另一方面是工资上升，在量价齐升的有利条件下，劳动密集型产业就能分享到国际贸易所带来的利益。

反之，资本要素在劳动密集型产业中的需求增加不及在资本密集型产业中的需求减少，从整个国家来看，资本的净需求是下降的。在供给不变的情况下，供过于求会导致价格下降，资本的价格（利率）就会下降。资本这种生产要素一方面是使用数量减少，另一方面是利率下降，在量价齐降的不利条件下，资本密集型产业不但没有分享到国际贸易所带来的利益，反而是利益受损了。

类似的逻辑可用于分析美国。详细的分析这里就不再说了，读者可自行类推。

总而言之，H-O-S模型分析国际贸易对收入分配的影响，可得出以下的一般化结论：国际贸易会使得一国的丰裕要素获益，但会使得一国的稀缺要素受损。这个结论与比较优势理论所说的国际贸易使所有的参与国都获益是没有矛盾的。因为既然获益的是丰裕要素，那就是说多数人获益了；而受损的是稀缺要素，那就只是少数人的利益受损了。所以国家作为一个整体来说，依然是获益的。

这个结论在现实中是得到一定程度的验证的。像美国那样的国家，最反对与中国开展自由贸易的，正是工会！有这么一个笑话：我国是共产党执政，而共产党是工人阶级的政党。但美国国内最痛恨中国的，就是美国工会！而对中国最友善的，则是美国商会！从对H-O-S理论的分析就能清楚地解释这一现象，因为在中美贸易中获益的正是美国的资本要素的产权人（所谓的"资本家"），而美国的劳动力要素的产权人（工人）正是那利益受损的一小撮人。反观中国，在加入WTO（World Trade Organization，世界贸易组织）之前，最极力反对中国入世、参与自由贸易的，恰恰是那些典型的资本密集型产业（如钢铁业、汽车业等）中的既得利益分子，他们一再地"恐吓"人们，如果放开贸易保护，就会"狼来了"，中国的民族产业就会遭受灭顶之灾……但中国入世之后，确凿的事实推翻了他们的"恐吓"。

然而，H-O-S模型是对的，但较浅显，对真实世界中的现象解释得不多。接下来要讲的，是真正深刻的，能解释更多现实的东西。

第三节　自由贸易可令所有人受益

上一节介绍了萨缪尔森对 H-O 模型的补充,将它能够进行收入分配的分析这一重大含义发掘了出来,使之能解释尽管国际贸易对所有的参与国有利,但现实中仍充斥着反对自由贸易的人的现象,而这种现象是古典时期的比较优势理论所无法解释的。

然而,这个补加了萨缪尔森贡献在内的 H-O-S 模型,仍然较浅显。下面就继续之前那个中美贸易的例子来逐一展示更能直面真实世界的深刻分析。

按 H-O-S 模型的推断,像中国那样在劳动密集型产品上具有比较优势的国家,劳动密集型产业会从国际贸易中获利而扩张,但资本密集型产业会受损而萎缩。然而,这是静态死板地看问题,而真实世界是动态发展的!以中国的汽车产业这一典型的资本密集型产业为例,中国汽车产业加入 WTO 之后不但没有萎缩,反而出现了爆炸式增长。这是因为关税大幅降后,汽车价格暴跌,极大地刺激了消费者的购买热情,使得整个汽车市场数倍于前地扩张。

从下面的"阅读材料"可知,在 2001 年之前,中国的汽车进口关税都在 100% 以上,这意味着"喧宾夺主",关税比汽车本身的价格还要高!如此高昂的关税,导致汽车的国内价格是世界市场价格的数倍之高。事实上,即使到了 2001 年,百分之七八十的关税税率也还是很惊人的。如此高昂的关税造成汽车更为高昂的价格,导致汽车在以前要不就是有钱人炫富的工具,要不就只有企业才买得起。对于普通人来说,汽车完全是高不可攀、遥不可及的奢侈品。

阅读材料:中国的汽车进口关税税率变迁

1985 年以前,我国整车进口关税税率为 120% ~ 150%,后又在原有基础上加征 80% 的进口调节税。从 1986 年开始,我国将关税与进口调节税合并征收,汽油轿车排量 3.0 升以上的进口关税税率为

220%，排量 3.0 升以下的进口关税税率为 180%。该税率一直沿用了 8 年。在此期间，我国的进口轿车价格较国际市场轿车价格高出 3～4 倍，进口零部件组装车的价格也同样高出国际价格数倍。

1994 年 4 月 1 日，我国对进口汽车关税第一次进行下调，175 个汽车税目中有 105 个下调，税率平均降低 13 个百分点。排量 3.0 升以下的轿车关税税率降为 110%，3.0 升及以上排量的关税税率降为 150%，各自下降了 70 个百分点。

1996 年，我国许诺到 2000 年中国关税平均税率从 23% 降至 15%，1997 年 10 月 1 日我国关税平均税率先降到 17%。与此相对应，1997 年 10 月 1 日，排量 3.0 升以下的进口汽车关税税率降到 80%，3.0 升以上的进口汽车关税税率降到 100%。

2001 年 1 月 1 日，汽车关税税率再次降低，排量 3.0 升以下的进口汽车关税税率降到 70%，3.0 升及以上的进口汽车关税税率降到 80%。

2002 年 1 月 1 日，排量 3.0 升以下的进口汽车关税税率降到 43.8%，3.0 升及以上的进口汽车关税税率降到 50.7%。

2003 年 1 月 1 日，排量 3.0 升以下的进口汽车关税税率降到 38.2%，3.0 升及以上的进口汽车关税税率降到 43%。

2004 年 1 月 1 日，排量 3.0 升以下的进口汽车关税税率降到 34.2%，3.0 升及以上的进口汽车关税税率降到 37.6%。

2005 年 1 月 1 日，我国按照承诺取消了进口汽车配额许可证制度，对汽车产品实行自动进口许可管理，同时将进口汽车关税税率降到 30%。

2006 年 1 月 1 日，进口汽车关税税率降到 25%。

然而，中外的差距其实不是真的在于收入的高低，而是畸高的关税把价格托得同样畸高。2001 年之后，进口汽车关税税率显著下降，带动进口车的价格大降，迫使国内各个层面的汽车价格全线下挫。好像就在一夜之间，中国人对于汽车的巨大的消费潜力像炸药桶一样突然被引爆，炸出了一片汽车市场的大好河山！我记得很清楚，2004年的时候看到路上跑着的QQ车，价格仅四五万！而当时一辆质量不错，中国台湾生产的光阳牌摩托车大概是两万元。

也就是说，最便宜的汽车只相当于两台中档的摩托车！当时在珠三角地区很多家庭都拥有两台摩托车，买辆汽车不过是件鸟枪换炮之事。一时之间，汽车就如同"旧时王谢堂前燕，飞入寻常百姓家"。一个中等收入的普通家庭，也买得起汽车了！

于是，随着关税下调，国际贸易壁垒下降，贸易更为自由，进口汽车如潮水般涌进，而国内的汽车企业所占的市场份额虽然比以前跌了很多，但销售额的绝对值却依然大增，也就是规模是在扩张，绝非萎缩。以下面的数字例子来模拟这真实发生的事情吧：没有贸易时的国内市场可能只有100亿元的销售额，也就是说，虽然这时的国内企业的市场份额是100%，但收入也不过是区区100亿元。

有了贸易之后，汽车价格大跌导致人们大幅增加消费，市场的交易额大涨到1000亿元！这时尽管外国车可能占领了70%的市场份额，而本国车从原来100%的市场份额下降至只占30%，但归属于本国汽车企业的销售收入仍然从原来的100亿元暴增至300亿元！这其实是很简单的道理，可就是因为H-O-S模型只会静态地看问题，完全没想到像汽车那样需求富有弹性的产品，由国际贸易带来的价格下降也可以刺激出大量的消费增加。蛋糕做大了，即使分不到整个蛋糕，也能吃得更饱！

从消费的角度来动态地看待市场，销售额不是一成不变的，而是会因价格的变动而扩张，更完整的角度要从生产的角度来动态地看待。国内生产者的技术水平会在竞争加剧的压力之下为了生存而不得不提高，从而带来整个产业的蓬勃发展与兴旺发达。

在这方面，吉利汽车的发家史是一个最典型的例证。吉利汽车是一家纯粹的民营企业，自诞生之日起就没有得到过政府一分钱的补贴与资助，政府也没有特意为它制定过优惠的扶持政策。中国加入WTO时，要履行WTO要求的"国民待遇"——是指一国政府不能内外有别，对本国、外国企业都得一视同仁，对外国企业也要给予像本国企业（国民）一样的待遇。当时有人就说，其实对中国来说，更需要获得国民待遇、平等对待的，不是外资企业，而是民营企业。

吉利汽车开始生产汽车没多久就迎来了中国加入WTO。当时吉利的老总仰天长叹：生不逢时啊！当连那些国有汽车企业都在大喊"狼来了"，他以为自己这家如小草般力量微弱的民营小企业只有被横扫的份了。然而，小草就是力量微弱的吗？为了发芽，看似柔弱的小草能把这世界上最坚固的头骨撑开。

为了生存，没有国家保护，只能全凭自己拼搏的民营企业爆发出小草一般惊人的力量在市场之中挣扎求存——不，它们不仅存活下来了，它们还发展壮大了！这些民营汽车企业刚开始生产出来的汽车虽然质量很差，但它们却凭此开拓了一个进口汽车、国有汽车企业都不屑一顾，而专属于它们的低端市场，从这个市场上掘到了第一桶金。凭借着积攒到的一点租值，它们继续靠着自己的力量在市场中打拼，逐步提高质量，创立品牌，到后来甚至能够把汽车出口到其他发展中国家去——也就是说，相对于其他发展中国家，它们已经具备了一定的比较优势。

是的，正如一国的市场规模不是一成不变的那样，一国的比较优势也不是一成不变的！一国的无技术、低技术劳动力数量再多都是有限的，劳动密集型产业不断扩张之中必然导致劳动力这种生产要素越来越稀缺，从而使有关的比较优势逐步消失。

但收入的上升一方面本身就是资本（财富）的积累过程，导致资本这种生产要素的数量不断增加而变得没那么稀缺，另一方面劳动力收入增加之后也会通过培训、学习提高其技术能力，使自己从单纯的体力劳动向有技术含量的人力资本转变。

第六讲　H-O 模型

在劳动密集型产业上具有比较优势的国家通过自由贸易赚取收入的过程，就是该国的要素禀赋从劳动力丰裕逐步转变为资本丰裕，从而使该国的比较优势发生变化的过程。比较优势理论与 H-O 模型只会以静态的角度看待世界，使得它们对现实的解释力度大打折扣。

如前所述，要扩大市场规模，靠竞争来压低价格、刺激消费热情是最有效而无害的办法；同样的道理，要获得比较优势，靠竞争来迫使生产者为了生存而在市场中奋力拼杀出一条血路来，也是最有效而无害的办法。毕竟，竞争力，当然是要靠竞争而培养出来的能力！

时到如今，大家都知道了，吉利公司甚至已经壮大到能够以蛇吞象之势收购 Volvo（沃尔沃）这个世界汽车业中的奢侈品牌。吉利公司正从低端市场向着高端市场进发。

不要害怕自由贸易带来的自由竞争，尤其是中国人！中国人怕什么竞争呢？中国自 1978 年对外开放，2001 年加入世贸以来，凡是政府不管、充分竞争的行业，中国企业无不迅速崛起，将其他国家的竞争对手杀得落花流水。用中国人有刻苦耐劳的民族性来解释并不符合经济学的科学要求，所以我提出的解释是：因为中国没有像其他国家那样有可以坐吃山空的天然资源（如像非洲的一些国家有肥沃得扔下种子不事耕作都能生成结果的土地，或是像大洋洲、南美洲的一些国家有种类丰富或储量惊人的矿藏等），也没有养懒人的社会福利制度，中国人为了生存就得像小草那样浴血奋战！优胜劣汰之下，没有竞争力，甚至是竞争力稍差的人或企业根本不可能在中国生存下来。

久而久之，中国人或中国企业自然就都是竞争力一流的了。阿基米德说：给我一个支点，我就可以撬起地球。中国人说：给我一个自由竞争的环境，我就可以横扫全世界！

就是这样，中国参与国际贸易，是所有产业（无论本来就有比较优势的劳动密集型产业，还是本来没有比较优势的资本密集型产业）、所有要素（无论是劳动力还是资本）全都获益了，没有受损的！H-O-S 模型由于静态地看问题，于是看不到市场规模在竞争之中会扩大，也看不到比较优势可以在竞争之中从无培养成有、从小培养成大，于是也解释不了中国 40 多年来的对外开放改善了所有人的生活质量，提高了所有生产者的竞争力的现象。[1,2]

第四节 民主制度阻挠自由贸易

回头再看美国，它所不具有比较优势的劳动密集型产业（如纺织业）确实是在中国进口品的大量拥进之下面临灭顶之灾。我做过关于美国的纺织业在中国加入 WTO 之后的行业状况的研究，深知用"灭顶之灾"来形容绝非夸大其词。我找到一份美国纺织业界向美国政府申诉的文件，里面详细罗列了自从美国撤销对中国纺织品的进口配额限制之后中国产品如狂潮怒涛般拥入美国市场的数据，确实非常惊人，因为好些数据的增幅是百分之几千！

---

[1] 关于中国汽车业要再补充一句。虽然目前的汽车关税比以前已经降了很多，但还是太高了。所以中国汽车业仍然存在着关税偏高而导致落后企业也可免于被淘汰的问题。中国必须进一步降低关税才有可能将国产汽车刺激到比较优势增加至不仅仅是出口发展中国家，甚至能"反攻"发达国家——如我国的白电企业所做到的那样。

[2] 张五常教授的《推断中国改制的理论结构》一文指出，制度转变牵涉无数人，有些自愿有些强迫，其困难（交易费用）之一就是要强迫那些认为改制会损害他们利益的人。因此制度转变（改革）成功的关键，是让认为自己利益会受损的人，实际利益上升，从而降低推行改革的阻力。这个观点应用到国际贸易理论这里来也是成立的。中国相对其他国家来说更容易地接受了自由贸易（对外开放），正是因为即使是中国缺乏比较优势的产业也能在自由贸易中通过市场整个蛋糕的迅速做大与生产者的竞争力上升来获益。不像如美国那样的发达国家，它们缺乏比较优势的产业是劳动密集型产业，是所谓的夕阳行业，在自由贸易的冲击下只能萎缩或通过产业结构的升级变成技术密集型产业，因此这些劳动密集型产业的抗拒的意图自然就加强了——说到底，无非需求定律的运用而已。

于是，这个产业之内的既得利益者在市场中竞争失败后就在自私本性的支配下转向寻求政府干预市场，保护他们这些失败者。但施行贸易保护主义政策阻挠自由贸易以保护这一小撮人的利益，是以牺牲整个国家本来可以从国际贸易中获得的利益为代价的。既然国际贸易对参与的各国都有利，反过来说，阻挠国际贸易进行当然就是对各国都有害了。但为什么美国政府还是答应了这些人"牺牲大我，成全小我"的要求呢？

因为，西方民主制度！没看过我的《经济学讲义》最后一讲"政治经济学"里关于民主的分析的读者，要先去看一遍。因为以下的分析必须基于具备那里的知识背景才能真正明白。

《经济学讲义》里详细地讲解了民主在历史上的不好名声，直到近代美国宪法中俗称"权利法案"的第一至第十条宪法修正案明文限制适用民主的范围，由此而形成的"宪政民主"才摇身一变而成为所谓的"最不坏的制度"。仔细辨析，人们就会发现，"权利法案"的本质，都是禁止以民主投票的方式去侵犯私有产权。因为从经济学的角度来看，一切法律的终极目的，都应该是保护私有产权的。如果违背了这个终极目的，那就是"恶法"！所谓的"宪政"，就是以至高无上的宪法来确保"恶法"不会出现。其实"恶法"是以独裁还是民主的形式产生本身并不重要。只是在独裁体制之下，明智的独裁者自然是"明智地"不会去搞"恶法"；但在民主体制之下，即使政治家明智也没用。这就需要宪法去防止以"多数人"的名义去侵犯少数人的私有产权的行为出现（政治哲学中称之为"多数人的暴政"）。

然而，宪法毕竟还是写在纸上的东西，真正有意义的始终是施行于真实世界的制度。如果"有法不依、执法不严"，法律就等同于一张废纸！事实上，不少发展中国家（尤其是深受美国影响的南美国家）都在照抄美国的宪法，但它们之中又有多少真的实行了宪政呢？不要说它们这些"东施效颦"之辈，就是美国这位"宪政祖师爷"，其宪法也难免有写得含糊不清之处，于是虽然在美国已经不可能公然利用民主投票来杀人或瓜分富人的财产，但本质上侵犯产权的

"恶法"在国会之内得以通过仍是屡见不鲜。

阻挠国际贸易进行的贸易保护主义政策,正是典型的"恶法"之一!想想吧,我的产品物美价廉,在你的国家里大受欢迎,在市场竞争中把你国家的生产者淘汰出局,于是他们跑去游说政府,不让我在你的国家里出售产品。你凭什么不让我卖?你的消费者是自愿来买我的产品的,我又没拿枪顶在他们的后背逼他们非买不可,你为什么不让我卖?这不是侵犯我的私有产权中的转让权吗?所以,贸易保护主义政策是侵犯私有产权的本质是显而易见的。如果美国真的严格遵守宪法,国会通过的一切性质为贸易保护主义的政策,都不可能不违宪。然而,这类违宪的贸易保护主义政策在美国又是何其泛滥!它们全是在国会之内堂而皇之地通过民主投票来得以通过的。这算什么"最不坏的制度"的宪政民主?这就是以民主侵犯私有产权,跟西方历史上屡屡发生的以投票公然地杀人性命、夺人财产在本质上如出一辙,只是五十步笑百步而已。

就这样,有法不依的宪法导致即使是在美国,那所谓的"宪政民主"往往也是名不副实。而且,除了民主那"多数人暴政"的传统毛病之外,一小撮既得利益分子抱团结成压力团体左右投票结果的现象甚至会使得民主出现"少数人暴政"的"新症状"!下面就结合国际贸易领域内的情况来好好地剖析这种看似完全违背民主制度初衷的"新症状"是怎样合乎逻辑地在民主体制之内产生的吧!

在一人一票民主选举领导人的制度之下,一个人的力量太微弱了!然而,自私的人想左右投票结果的意图并不会因此而被削弱。那怎么办呢?办法很简单:团结就是力量!既然一个人的力量太微弱,那就抱团投票!于是,一人一票的民主选举制度必然催生出利益团体(又称"压力团体")——是指一小撮人为了共同的利益而抱成一团,在投票之中采取共同行动的团体。为什么是"一小撮人"呢?因为人数越少,才越容易形成共同利益,也就越容易达成共识,采取共同行动。不同的人毕竟还是有不同的利益的,不同的人之间的共同利益,是求所有参加团体的人那千差万别的利益的"最大公约数"。显然,人数越少,越容易找到越多的共同利益；人数越多，找到共同利益就越困难。这其实隐含着利益不同的人达成一致是存在着交易费用的。在其他因素一样时，协商一致的交易费用是随人数的增加而上升的。试想一下：同学们要达成一致意见到哪里去旅游，是一个班几十人达成一致意见容易，还是全校成千上万人达成一致意见容易？

人数越少，越容易结成利益高度一致的利益团体，也就越容易达成一致意见在投票中采取一致行动，所以利益团体所代表的一定只可能是一小撮人的利益，不可能是大众的利益。当然，人数太少，票数也会太少，不足以影响选举结果。但不管怎么说，团结起来投票，总比各个人分散投票，以至会互相抵消影响要强得多。而民主制度下的政治家又是如何选择的呢？他会因为民主投票号称"少数服从多数"就选择代表多数人的利益吗？我们要是这样以为，那就太天真！政治家是自私的，在民主投票的具体局限条件之下，他追求的是"选票数量最大化、拉票成本最小化"。再加上存在着利益团体的局限条件，政治家才不会愚蠢地去一张一张地拉选票，而是会致力于去拉利益团体的票。因为他只要搞定了一个利益团体里的领袖，那领袖一声令下，该利益团体里的所有人的票就全都投给他了。

下面以一个数字例子示范一下这种民主制度的可怕"后果"吧！

假设一个国家符合资格的选民有 100 万人，其中 30 万人往左边投票，另外 40 万人往右边投票，于是实际上起作用的只有 10 万张选票。但政治家会去逐一地拉那 10 万张选票吗？当然不！他会去拉利益团体的票。再假设这个国家每个利益团体平均来说有 1 万人，也就是这个政治家只要搞定一个利益团体的领袖，他就已经得到 1 万张选票了。于是，理论上他只需搞定 11 个人——是 11 个利益团体的领袖——他就得到了 11 万张选票，已经足够压倒前述的 10 万张能起作用的选票了！也就是说，11 万人的选择，压倒了这个国家其余的 89 万人！

谁还敢说，投票能达成少数服从多数这个民主本来想达到的结果呢？民主投票在有利益团体存在的情况之下，将会是少数欺负多数！因为大多数是一盘散沙、各自为战，所以大多数是斗不过有组织的少数派的！

有人可能会问：70万人是没有组织起来的大多数，11万人是参加了利益团体的少数，那还有19万人去了哪里？首先，选举的投票率永远不会是100%，这19万人可以看成是没有参与投票，但这时的投票率已经是81%，是非常高的投票率，足以代表民意了。其次，即使是100%的投票率，没有组织起来的大多数各自为战地投票，这就相当于"窝里斗"的内讧一样，力量是互相抵消的，很多时候依然斗不过有组织的利益团体。这里只是举例说明有这个可能性，也不是说一定斗不过。但看一下真实世界里的情况，就会明白这种斗不过的情况不是有可能发生，而是几乎就是必然结果！

政治家怎么去搞定那些利益团体的领袖呢？注意，这里说的不是贿选，不是黑金政治、买卖选票——那本身是违反了投票制度的游戏规则的。这里说的是完全合法、光明正大、众所周知的 lobby！ lobby 这个英语单词本来是指走廊，后来却引申为利益团体去游说国会议员在国会里提出并通过对他们有利的法案。这是因为那些利益团体的领袖常常站在议员开会的房间外面的走廊里，等着他们开完会出来就凑上前去跟他们说话，表达他们所代表的利益团体的利益诉求。利益团体的领袖要国会议员帮他们在议会里提出并通过于他们有利的法案，他们拿来跟国会议员交换的就是他们手头的政治资源。他们有什么政治资源？那就是选票！如果一个国会议员答应帮他们在议会里通过这些有利于他们的法案，他们就在下一次投票时让自己团体的成员统一投那个议员的票，帮助他成功连任。所以，国会议员根本不需要理会真正的大众的利益是什么，他只需要满足这些利益团体的利益，就能获得权力。大多数人的利益，在民主投票的制度里，根本不重要！

然而，我要更进一步指出的是，少数派也别得意！以为通过损害大多数人的利益就能得到好处吗？民主投票制度的可怕并不仅仅是让少数人欺负了多数人，而是最终来说，它会让所有人受害！看看刚才的例子，政治家要拉够11个利益团体的票才能当选，这里头有农业的、纺织业的、钢铁业的……总共是11个行业的利益团体。政治家拉够了选票，他成功当选了。然后这个政治家还是挺有信用的，说得出，做得到，在选战中许下的承诺都认真地对待，都真的去一一兑现。于是，他在议会里提出并推动通过了 11 个法案，每一个法案都是有利于其中一个利益团体的——但那是以损害这个国家其他所有人的利益为代价的！例如，这个政治家为农业团体推动通过了农产品贸易保护法案，在农产品领域里实行贸易保护主义政策，不允许外国产品进入这个国家与之竞争。于是农产品的价格高了，从事农业的生产者收入高了，获益了；可是其他所有消费者都要付更高的价格去购买农产品，都利益受损了。然后这个议员又为纺织业团体推动通过了纺织品贸易保护法案，从事纺织业的生产者获益了，但其他所有消费者购买衣服、鞋袜等都贵了，也都利益受损了。注意：纺织品的消费者是谁？它包括前面从事农业的生产者在内！前面的农产品的消费者又是谁？它也包括这里从事纺织业的生产者在内！

我们是一种产品的生产者，但我们是所有产品的消费者！如果光是我们所从事的那个产业受到贸易保护而获益，那我们确实是光赚不亏。但政治家不可能只拉一个产业的生产者所抱团组成的利益团体的票——这对他确保当选是不够的。可是一旦其他产业也受到贸易保护，我们作为其他产品的消费者就会利益受损。所以这个通过拉利益集团的票而得以当选的政治家，他为了我们而损害了其他人的利益，也为了其他人的利益而损害了我们的利益。在民主投票制度之下，最终没有受益者！

在这里，顺便说一句从这一经济现象引申出来的人生哲理：不要损人利己！通过损人的方式来利己，最终一定会损害自己！因为我们生活在社会之中，我们互相竞争，但我们也互相依靠。损人，最终结果必然是害己！

既然民主投票制度运作起来就会产生利益团体，成为损害所有人利益的关键，那能不能不允许利益团体成立呢？这是不可能的。在一个自由的社会里，不可以禁止人们组织起来表达自己的利益诉求。经济学的基本假设是"人是自私的"，我们怎么可能压制得了人的自私天性去禁止人们组织起来追求自己的利益？要是告诉人们，这样搞利益团体的最终结果只会是害人害己，这有用吗？如果社会里只有一个利益团体，他们就是光赚不亏的。在这样的认识下，所有人都会不顾一切地赶紧成立保护自己利益的团体，因为你不组织起来，人家就会组织起来，你就是那个等着被有组织的利益团体宰割的一盘散沙、软弱无力的大多数！[1] 归根到底，问题不是出在利益团体上，而是出在民主投票制度上！利益团体的产生只是在实行民主投票制度这一局限条件下必然会出现的结果。

综上所述，政治家在自私本性的支配下，做出牺牲国家整体利益来换取那些一小撮既得利益分子结成的压力团体的选票，但最终这些"少数派"也在本行业之外作为消费者而成为多数派，因此同样逃避不了其利益被侵犯的噩运。于是，民主制度在压力团体的影响之下，从少数服从多数，变质成少数损害多数，甚至最终损害所有人！

这样的民主，真的是人们需要的吗？

第五节　不同要素的流动性

上一节讲解了美国在民主制度下如何被利益团体左右了政府决策，导致少数人劫持了国家整体利益而推行损害所有人的贸易保护主义政策。

那么，暂且不考虑这个政治局限，面对中国进口品的竞争，美国政府本来应该怎么做呢？市场竞争就是优胜劣汰，政府不能做保护落后的事情去阻止市场竞争。既然美国的劳动密集型产业竞争不过中国的劳动密集型产业，那就意味着它需要进行产业结构的调整，将资源从缺乏竞争力的劳动密集型产业转移

---

[1] 这相当于博弈论里所说的"囚徒困境"。我反对博弈论，但我从不否认人会进行博弈行为，如果只是把博弈论作为描述现象的工具，而不是解释现象的理论，这没什么问题。

到具有竞争力的其他产业去。

然而，H-O-S 模型的不足就在于，它不明白不同的生产要素的流动性是不同的（准确地说，不同的生产要素转移的交易费用是不同的）。H-O-S 模型的假设是生产要素在一国之内的不同产业之间能自由流动，但在国与国之间不能流动。这是不对的！所谓"隔行如隔山"，其实生产要素在不同产业之间流动是很困难的。然而，资本的要素却可以比较容易地在国与国之间流动。世界各国都积极地吸引外资，并给予很多优惠政策。所以美国的劳动密集型产业受到中国的劳动密集型产业的竞争威胁，这些产业内的资本要素的选择并不是转去投资像 IT 业那样的朝阳行业，而是搬到中国来。

下面关于"米其林"轮胎的阅读材料只是证明这一点的无数个真实案例中的一个。可笑也可悲的是，美国人还在那里埋怨美国政府搞贸易保护主义政策（特保案）搞得太晚，而根本不明白再怎么搞，"米其林"还是要搬离美国，特保案只会影响它的决策是搬到中国还是搬到其他东南亚国家而已。

 阅读材料：特保案无助解决就业，米其林将关闭——
北美工厂[1]

2009 年 10 月 31 日，美国田纳西州 BF Goodrich 轮胎厂将被正式关闭，该厂 850 名员工面临失业。"特保判决来得太晚了，本周五我们的工厂就要正式关门，"该轮胎厂的电工哈特（William Hart）于 27 日告诉本报记者。哈特是该轮胎厂的工会代表，但他丝毫没有感受到由美国钢铁工人协会一手引发的对华轮胎特保案，给美国轮胎工人带来的一丁点实惠。

奥巴马总统于 9 月 11 日宣布对中国产乘用车和轻卡替换轮胎征收

---

[1] 本阅读材料来自 2009 年 10 月 30 日的《21 世纪经济报道》。

特保关税的措施,并没能改变米其林北美公司关闭这家轮胎厂的决定,也就没能帮助哈特和他的同事们保住饭碗。这 850 名新增失业人口,也将推动美国 9 月 9.8% 的失业率进一步向上攀升。

根据美国钢铁工人协会和轮胎进出口协会介绍,特保措施实施至今,并未使美国轮胎厂扩充员工。他们甚至怀疑美国轮胎企业会改道从东南亚国家向美国输入轮胎,这样不会给美国本土轮胎工人带来丝毫好处。

"扩大就业可能很难,但至少我们有希望保住一些岗位。"美国钢铁工人协会发言人哈伯德(Gary Hubbard)对本报记者说。但就 BF Goodrich 轮胎厂的情况而言,特保保就业的幻想已经不攻自破。

尽管奥巴马的裁决已经过去一个多月,但轮胎特保案这一关键词,仍然活跃于美国主流媒体之上。美国商务部部长骆家辉于 27 日在广州回答本报记者关于"轮胎特保案"提问时,仍然坚持认为:"美国政府采取的行动是符合 WTO 规定的,也是在中国加入 WTO 时与美方达成一致的框架下进行的。"骆家辉还指出,他此次出席第二十届中美商贸联委会(JCCT)的主要目标是:"确保在三个星期后,当奥巴马总统会见胡锦涛主席的时候,双方能在美中贸易关系方面取得进展。"

根据美国法律规定,奥巴马总统将在特保裁决生效六个月后评审效果,并有权撤销特保案。现在的问题是,奥巴马总统在首次访华之后,是否有足够的勇气对这个仅仅取悦工会却无益于美国轮胎工人就业的特保措施说"不"。

特保保不住就业

位于田纳西州联合城的 BF Goodrich 轮胎厂,是米其林北美公司生产乘用车轮胎和轻卡轮胎的八大工厂之一。这种轮胎正是奥巴马特保裁决所针对的目标,按照裁决规定,从 9 月 26 日起,凡是进入美国的中国此类轮胎将被征收 35% 的关税,明年这一关税税率降为 30%,后年这一关税税率是 25%。

第六讲　H-O 模型

10月27日，哈特仍在工厂上班，他已经和其他工人举行了告别会，本周结束时，这家运作超过20年的轮胎厂将关门大吉。

从下周起，这里除了少量工会成员仍将继续从事劳资谈判之外，其余员工均将正式失业。米其林公司允许员工到其他分公司找工作，但困难的经济形势使得现在开放的就业机会少得可怜。"他们只能去候选人名单上登记，我敢说有90%的人不知道明天去哪儿。"哈特说。

奥巴马总统此前实施的特保措施没有保住这家工厂。

解雇协议将使所有员工继续保有24个月的医疗保险，而解雇补偿费目前劳资双方仍在协商，原则上将以一个固定基数乘以工作年限决定每位员工的一次性解雇赔偿。这个基数是目前劳资双方谈判的焦点，米其林公司预计整个关厂成本在1.2亿欧元左右。

哈特对特保措施的看法是复杂的，当被问到是否支持特保措施时，他告诉本报："有特保当然是好事，但特保措施来得太晚，它如果早几年来可能会起到作用。"

为什么今年9月的特保措施不足以扭转工厂关闭的命运？哈特说："他们（米其林）完全可以从其他国家调运轮胎。"也就是说，奥巴马的特保措施只不过堵死了轮胎生产和经销商从中国进货的渠道，在明显的成本优势比较下，美国的轮胎企业完全可以从其他海外生产基地调运轮胎供应美国，而并不会选择扩张其美国工厂。

美国经济的不景气导致米其林在今年5月宣布将关闭该轮胎工厂，原因是"前所未有的需求大跳水和由此带来的过剩产能"，米其林公司在新闻稿中解释道。

美国的轮胎业同汽车业一样受经济危机打击严重。据美国橡胶生产者协会统计，今年前九个月，美国的轮胎出厂量比去年同期减少16%。米其林前九个月在北美的销售量减少20%。为了应对经济危机，米其林决定今年减少美国产能，并扩大在亚洲的投资。

亚洲已经成为更具吸引力的市场。米其林公司2008年的财报上显示，截至当年，金砖四国的轮胎保有量首次超过美国。而与美国轮胎工人5万美元的平均年薪相比，亚洲国家的劳动力显然更经济。

因此无论是从贴近亚洲新兴市场还是从成本控制的角度来看，轮胎企业都更倾向于进一步"西退东进"。

奥巴马有权撤销特保

奥巴马针对中国轮胎动用特保措施的行动引起国际社会强烈反响，被视作美国贸易保护主义抬头的迹象。但截至目前，这项措施对美国轮胎市场的影响尚不明显。

据美国轮胎进出口协会（Tire International Association）介绍，美国乘用车和轻卡备用轮胎市场目前保持稳定，主要原因在于经销商目前尚有库存。预计未来4周至6周内，美国经销商将面临如何供货的难题。

美国轮胎进出口协会新闻发言人李特菲尔德（Roy Littlefield）对本报说，一个有可能的解决办法是由各轮胎公司先将中国产的轮胎出口到周边国家工厂，再经由第三国出口到美国，以规避高关税。

世界三大主要轮胎厂都在中国以外的亚洲国家设有工厂。米其林在泰国、印度，固特异在新加坡、马来西亚等国设有工厂。

而根据法律规定，奥巴马总统也将于裁决生效六个月后评审效果，并有权撤销特保。

反对特保的美国行业协会至今仍与美国行政院保持沟通，但李特菲尔德对六个月后的评审结果并不乐观。他认为："工会的势力这么强大，结果难以预测。"

虽然明知保不住就业，奥巴马总统依然动用了特保措施，这被认为是偏袒美国工会势力的政治行为。中国服务贸易协会会长、中国远洋运输集团董事长魏家福近日在华盛顿演讲时指出：希望美国不要将经贸问题政治化。

与资本可以很容易地在国与国之间流动相比,劳动力可就惨了!劳动力是很难流动的——无论是在不同产业之间,还是在国与国之间。特别是40岁以上的人,要他们重新学习另一种技能很难,而移民到另一个国家去工作,那更是几乎不可能。因为不但有人为的移民政策妨碍劳动力流动,即使没有这些妨碍,语言、文化、生活习惯等种种的不同及由此而来的不适应,都是劳动力在国与国之间流动的巨大的交易费用。

那怎么办?没办法,降工资吧!事实上,萨缪尔森对H-O-S模型的贡献不仅止于补加了收入分配分析,他还提出了"要素价格均等化理论"(The Factor-Price Equalization Theorem)。这个理论其实是对"一价定理"(One-Price Theorem)的应用。

"一价定理"是指,同样的物品,在不同时间与地方的价格也会是一样的。确保"一价定理"成立的,是人的"套利"(Arbitrage)行为。所谓"套利",其实就是俗称的投机,即通过低买高卖来套取利益。套利可以分为空间上的套利与时间上的套利。时间上的套利就是平时在金融市场上看到的趁低吸纳、逢高卖出,即在低价的时点上买进,在高价的时点上卖出。这种时间上的套利有助于拉平不同时点上的价格,消除价差。类似地,空间上的套利则是从低价的地方买进,在高价的地方卖出,从而拉平不同地点上的价格,消除价差。同样的物品如果在甲地的价格比乙地低,自私的人就会在甲地买进,然后运到乙地卖出,从中赚取差价。这样,甲地对该物品的需求就会增加投机性需求,在供给不变的情况下导致供不应求而价格上升;而乙地对该物品的供给会增加投机性供给,在需求不变的情况下导致供过于求而价格下降。不考虑运输费用,只要两地之间仍然存在着价差,自私的人就会一直进行这种套利行为,直到价差消失为止。就是这样,套利(投机)行为确保"一价定理"总是成立。显然,所谓的国际贸易,就是这种套利行为在国与国之间发生。国际贸易的影响也确实就是以统一的世界价格取代两国没有贸易时有差异的国内价格。

然而，能搬运（能流动）的产品符合"一价定理"，可是不能流动的生产要素（H-O-S模型假设生产要素在国与国之间是不能流动的）又怎么进行套利而符合"一价定理"呢？"要素价格均等化理论"的巧妙之处，就在于证明了生产要素不需要流动也能符合"一价定理"，只要产品能流动（能进行国际贸易），就行了！

有关的证明很简单，只需要回顾一下前面的表6-2。前面已经分析过，有了国际贸易之后，中国这劳动力丰裕国里的劳动力作为丰裕要素而获利，表现为雇佣数量上升，而且工资（劳动力价格）因供不应求而上升。但随着工资的上升，中国在劳动密集型产业上的比较优势逐渐丧失，因为中国本来就是因为劳动力便宜才在这种产业上具有比较优势的。

可想而知，当中国的劳动力价格上升到与美国同类劳动力一样的水平时，中国在劳动密集型产业上的比较优势就会全部消失，国际贸易就会停止。但这个时候，中美在劳动力这种生产要素上的差异也消失了，即生产要素的价格均等化了。

反之，资本这种稀缺要素则是使用数量下降，而且利率（资本价格）因供过于求而下降。但随着利率的下降，中国在资本密集型产业上的比较劣势在逐渐丧失，因为中国本来就是因为资本昂贵才在这种产业上存在着比较劣势的。可想而知，当中国的资本价格下降到与美国同类资本一样的水平时，中国在资本密集型产业上的比较劣势就会全部消失，国际贸易就会停止。但这个时候，中美在资本这种生产要素上的差异也消失了，即生产要素的价格均等化了。

美国的情况可自行类推，这里就不说了。也就是说，即使生产要素真的不能在国与国之间进行流动，但只要有国际贸易，产品就可以流动，就能以产品的流动来代替生产要素的流动，从而使得"一价定理"在不能流动，且乍一看是无法直接进行套利的生产要素上依然成立。

当然，现实之中，人们看到的是中美之间的劳动力工资长期存在着巨大的差异。这是因为美国的工人面临着工资要下降到与中国同类工人一样的水平时，他们会在自私本性的驱使下奋起反抗，游说政府采用贸易保护主义政策，阻挠产品流动，从而阻挠"生产要素均等化定理"发挥作用。然而，经济规律就跟物理规律一样，是自然铁律。如果"人定胜天"中的天是指自然规律，那自以为是的人类只会被大自然狠狠地惩罚。正如违反牛顿定律的人从天上掉下来一定会摔得头破血流，甚至粉身碎骨一样，违反"一价定理"的政府也不可能真的人定胜天，改变这一经济规律，它只是改变了这一规律发挥作用的形式而已。美国人的工资不与中国人的工资均等化，就得付出竞争力下降的代价。或者从另一个角度来类比吧！

根据牛顿定律，苹果是要掉地上的。但飞机却飞上天去，这并没有违反牛顿定律，只是必须人为地给飞机增加一个抵消地心引力的上托之力，而这是要额外地耗费能量的。类似地，根据"一价定理"，美国人的工资是要下降到与中国人一样的水平的，但现在却长期高企，这并没有违反"一价定理"，只是必须人为地耗费额外的成本去托起偏高的工资水平而已。

这额外耗费的成本是什么呢？实行贸易保护主义直接带来的后果是国内价格较高，消费者利益受损了。而如果不搞贸易保护主义，这些工人就得把工资降到跟中国同类工人的工资水平一样高。只有这样，他们的竞争力才能回来。可是，美国有最低工资法，有工会，他们没法降工资，于是就只能失业！是的，贸易保护主义与最低工资法、工会是"配套工程"或"组合拳"，有了一者，就必须另一者，环环相扣，互相支持，否则就不能"成功"地侵犯私有产权。

这种由市场竞争促成的产业结构调整，的确是很痛苦的。但是，再怎么痛苦，都痛苦不过中国在这 30 年来进行的制度改革。美国今天需要做的，是把已经没有竞争力的劳动密集型产业转型为具有竞争力的资本密集型产业；中国这 30 年来所做的，是把计划经济下的国有企业转制为市场经济下的民营企业。中国的转制，比美国的转型更困难、更痛苦。

但，中国做到了！这个过程有多痛苦？当年，人们进入国有企业工作，以为国家会养他们一辈子的，结果……

这些人的确很值得同情。但是，同情，是解决不了问题的！如果为了同情这些人，就拿国家的钱去给国有企业继续输血，让这些效率低下、早该被市场竞争淘汰出局的落后企业得以苟延残喘，那牺牲的就是整个国家的利益，会使得整个国家越来越穷……总有一天，连国家也穷途末路了，这些国有企业还是得被淘汰！坦白地说，即使要国家出资成立一个基金，把所有从国有企业遣散出来的人都养起来，养他们一辈子，以换取他们答应让国有企业破产，那都是值得的。因为，人的生命有限，这些人总有全部离开人世的一天，到了那一天，国家就不需要再往那个基金里投钱了。但企业却不是一个自然人，如果一直救它，它就会一直活下去——是半死不活地活下去！这就成了个无穷无尽的无底洞，钱怎么都投不完。

　　当然，中国的转制不是以这种较为有利于那些被遣散的人的方式来进行的，因为代价太高了。然而，那些被遣散的人是不是就真的活不下去了呢？

　　其实也不然。我记得很清楚，在我家乡大举推行转制之际的某年春节的初二，我妈妈那边的亲戚按惯例聚首一堂，我的两个舅舅坐在那里争论转制的对错。小舅舅最后说的一句话一直深印于我的脑海之中："不管怎么样，那些下岗的人，或是在街上摆地摊，或是在路边卖水果，他们全活下来了！"是的，事实就是，那些下岗的人，只要是身体健康的，通过在街上摆地摊、卖水果，都活下来了——这是小草的力量！为了活下去，人的意志与能力可以是很厉害的。政府真的不需要在这方面操心。政府要操心的，是如何切实地增加整个国家的财富。国家富强了，蛋糕做大了，在市场的安排下，每个人也都会富强起来。另一个事实就是，转制之后，中国经济高歌猛进，那些从国企下岗的职工的收入也随之水涨船高。基本上所有人都比原来待在一个半死不活的国企里煎熬的时候，过上了质量更好的生活。

　　然而，问题就在于，如果搞民主投票，让国有企业里的那些职工去决定是否要接受让国企破产，让自己被遣散，那几乎是不可能投赞成票的。因为他们的利益至少在短时间内的确是受损了，尽管让国企破产，停止向它无穷无尽也是毫无效果与意义地输血对整个社会来说是有利的,而对社会整体有利的事情从长远来说必定也会对个人有利,但有多少人能如此高瞻远瞩、深明大义呢?这就解释了为什么中国的转制其实比美国的产业结构调整更困难、更痛苦,却比美国做得更成功,因为中国不实行西方式民主!靠民主投票几乎是不可能投出赞成票,以进行必然会对部分人带来阵痛的改革的。看看今天的希腊,我们就应该更能明白这一点。于是,美国的整体国家利益就被一小撮既得利益分子劫持了,屡屡推行贸易保护主义政策,不仅是损害自身的利益,而且也损害中国的利益。然而,即使这种贸易保护主义并不直接损害美国利益,只是损害中国利益,从长远来看,它最终也必定会损害美国的利益。

为什么呢?这里还是要重提前面的那句话:通过损人来利己,最终必定损己!想想吧,美国想赚中国的钱,最好的办法不就是让中国有钱可以让自己赚吗?打压中国,把中国搞穷,美国还怎么能从一穷二白的中国人身上赚到钱呢?

第六节 H-O 模型的几何分析与验证

前面详细介绍了 H-O(或 H-O-S)模型的内容,本节简单说一下 H-O(或 H-O-S)模型的几何图的表达。图 6-1 的左图与右图分别画的是没有贸易与有贸易时两个国家(中国与美国)、两种产品(衣服与钢铁)、两种要素(劳动力与资本)的情况。以前关于比较优势理论的几何图都是把两个国家分别画在两张图里,这里是把两个国家同时画在一张图里。中国是劳动力丰裕国,而美国是资本丰裕国;衣服是劳动密集型产品,而钢铁是资本密集型产品。所以中国的生产可能性曲线明显地"倾向"于衣服这一劳动密集型产品所在的 Y 轴,而美国的生产可能性曲线则明显地"倾向"于钢铁这一资本密集型产品所在的 X 轴。H-O 模型除了在生产方面假设两国的技术水平一样之外,还在消费方面假设两国的消费偏好一样,因此两国共用一组等优曲线。

接下来要说的,是 H-O 模型的验证。理论要经受事实的验证,H-O 模型当然也不例外。表 6-3 和表 6-4 反映的是一个韩国人拿美国与韩国的有关数据验证

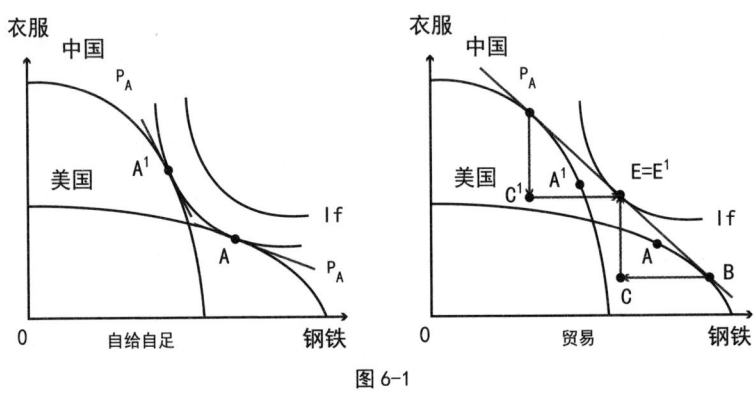

图 6-1

了 H-O 模型能够解释美韩之间的贸易模式。

* 可比的国际工资率,以美国为 100。

世界各国生产工人的时薪

表 6-3　　　　　　　　　　　　　　　　　　　　　　　　　　单位:美元

国家	生产工人的小时薪金 *,2000 年
美国	100
德国	121
日本	111
西班牙	55
韩国	41
葡萄牙	24
墨西哥	12
斯里兰卡 **	2

** 斯里兰卡的数据是 1969 年的。
资料来源：Bureau of Labor Statistics, Foreign Labor Statistics Home Page.
资料来源：Statistical Abstract of the United States, 1994.

美国与韩国之间的贸易（1992 年）

表 6-4　　　　　　　　　　　　　　　　　　　　　　　　　　　　　单位：百万美元

产品类型	美国出口到韩国	美国从韩国进口
化学、塑料、药物	1340	105
发电设备	705	93
专业与科学仪器	512	96
汽车以外的交通工具（主要是飞机）	1531	78
衣服和鞋子	11	4203

不过，经济学上出现过的对 H-O 模型进行的最著名的验证是里昂惕夫做的，因为他本来是想验证这个模型，最终却做出了一个悖谬的结果。表 6-5 列出了三次验证结果，第一次是惠特尼（Whitney）于 1899 年利用美国的海关数据做的验证，显示美国的出口品的资本相对于劳动力的含量高于进口替代品（表现为（1）/（2）的值大于 1）。可是里昂惕夫于 1953 年做的验证却显示美国竟然出口了较多的劳动密集型产品，进口了较多的资本密集型产品！这与美国是一个劳动力稀缺、资本丰裕的国家的状况是互相矛盾的。他这一验证结论出来，立时引发经济学界的震动，被称为"里昂惕夫悖论"（Leontief Paradox）。因为 H-O 模型看起来是如此的逻辑井然，很难想象它会是错的。所以很多人认为里昂惕夫的验证做得不对，于是 1987 年鲍恩（Bowen）等人又重新做了一遍，使用的统计数据涉及更多国家，也就是按理说应该更具有广泛性与代表性，可是最终算出来的结果却与里昂惕夫的结果并无重大出入。

那么，里昂惕夫的验证真的推翻了 H-O 模型吗？经济学家普遍都不接受这一点，因此一方面是如前所述那样去重做里昂惕夫的验证，另一方面则是从理论上寻找"挽救"H-O 模型的解释，包括里昂惕夫本人在内，都努力地做了这类事情。接下来就逐一地看这些"挽救"有没有道理。

"挽救" H-O 模型的解释

表 6-5

实验人员	每百万美元的要素数量	出口品	进口替代品	(1)/(2)
惠特尼 1899	K	2621200	2589700	1.118
	L	1122.5	1240.2	
	K/L	2335.1（1）	2088.1（2）	
里昂惕夫 1953	K	2550780	3091339	0.771
	L	182	170	
	K/L	14015.3（1）	18184.3（2）	
鲍恩 1987	K	1876000	2132000	0.799
	L	131	119	
	K/L	14320.6（1）	17916.0（2）	

第一个试图"挽救"H-O 模型的解释叫"要素密集度逆转"（Factor-Intensity Reversal）。由于 H-O 模型假设两国的生产技术是一样的，这就意味着同一种产品在不同国家的要素密集度也是一样的。例如，衣服在中国是劳动密集型产品，在美国也是劳动密集型产品；钢铁在中国是资本密集型产品，在美国也是资本密集型产品。然而，这种假设在某些产品中有可能不成立。

最典型的就是农产品。通常来说，农产品在大部分国家都应该是劳动密集型产品，可是在美国却不然。美国的农业都是大农场、机械化生产，只需投入很少的劳动力，农民开着拖拉机、联合收割机等大型机器，就能生产出足够供应整个美国所需的农产品……后来又大量引入生物技术（包括转基因技术）用于农产品的生产之中。

事实上，美国是一个农产品出口大国，在农产品的世界市场中具有举足轻重的地位。然而，由于农产品通常被归为劳动密集型产品，于是在里昂惕夫的验证中，出口了很多农产品的美国就显得出口了很多劳动密集型产品。但只要仔细探究美国的出口产品结构，就会发现这里面占了大头的农产品，根据美国的实际情况应该归入资本密集型产品之列。

也就是说，正是因为在农产品上出现了"要素密集度逆转"，在其他国家是劳动密集型产品的农产品，在美国"逆转"为资本密集型产品或技术密集型产品，导致里昂惕夫的验证出错。

第二个解释其实跟上述解释在逻辑上相关，那就是"要素同质性"（Factor Homogeneity）。H-O 模型里有一个隐含假设，即相同的要素在不同国家里的性质或质量是一样的。

可是在现实之中，同类要素在不同国家里的性质或质量可以是不一样的。还是以农产品为例，其他国家投入农业生产中的劳动力往往是体力劳动者，是低技能的人。可是在美国，从事农业生产的所谓"农民"，至少都是会操纵拖拉机等大型机器的、有一定技能的熟练技工，他们已经不是纯粹的体力劳动者。至于后来用生物技术来发展农业，就更是需要投入大量的科学家、工程师这些高技能的脑力劳动方面的人才。

里昂惕夫自己也指出，美国最丰裕的要素并不是通常说的资本，而是有技能的农民、科学与技术方面的劳动力。他们已经不是普通意义上的劳动力，而是资本——人力资本！因为要培养起这样的劳动力，要进行大量的教育与培训，这些在本质上是增加人力资本的投资行为。这样，如果把美国的高技术劳动力也算作资本（人力资本），则农产品更是无可置疑的资本密集型产品了。

第三个解释是"自然资源"。前面两个解释都是集中于美国出口品的性质，这个解释则是关注美国进口品的性质。仔细辨别，人们会发现美国进口了大量石油。如果只是把生产要素分为劳动力与资本两种，显然石油只能归为资本密集型产品。然而，美国之所以进口石油，不是因为它是资本密集型产品，而是因为它是自然资源。但是在里昂惕夫的不加辨别之下，进口了大量石油的美国显得进口了大量资本密集型产品。

由这些试图"挽救" H-O 模型的解释，人们可以体会到一点：用统计数据做验证真是陷阱重重！光是收集一堆数据，不仔细辨别里面的细节，也不了解其背后的经济含义，与理论本身所蕴含的经济含义不能对得上号，出错的概率可以说是百分之百。H-O 模型作为理论当然难免有它的假设与现实不能完全相符之处，它也没必要将假设弄得跟现实的每种情况都吻合得一丝不差——否则这理论就会变成特殊理论，缺乏一般化的解释力了。

所以，所谓的"里昂惕夫悖论"的出现，并没有推翻 H-O 模型。问题其实出在里昂惕夫身上。首先，他对 H-O 模型中的"两要素"假设没有真正地理解：所谓"两要素"只要求有两种不同的要素，可没说一定是劳动力和资本——可见，理论本身是蕴含着这种性质在内的。而即使同是所谓的"劳动力"，纯粹的体力劳动与高技能的脑力劳动也完全可以看成是两种不同的要素。其次，里昂惕夫对收集来的一大堆统计数据背后的经济含义丝毫不做辨析就生搬硬套到 H-O 模型上去，这样所谓的"验证"不出问题就怪了。

不过，其实里昂惕夫还算好。他虽然错误地使用统计数据做验证，但结果出来与理论不符时，他没有把不符合的数据剔除直至满足他想达到的结果为止。然而，错的就是错的，最终的结果都是一样，无论是高级还是低级。但如果我们摆脱对统计数据所谓的"定量"验证的"迷信"，用身边能观察到的事实来做"定性"验证，H-O 模型的正确性是显而易见的。大致的对，胜过精确的错！总以为有数据、可量化才叫验证，才叫精确的人，是没有真正明白什么叫"验证"。

试图"挽救" H-O 模型的解释其实还有。前面不是介绍过 H-O 模型假设两国的消费偏好是一样的吗？有人就从这个角度入手，指出两国的消费偏好如果不一样，而且是各走极端的话，完全有可能出现一国不是出口，而是进口本国具有比较优势的产品。有关的分析可以用图 6-2 来表示。

由图 6-2 可见，两个国家是中国与美国，两种产品是大米与自行车。中国是劳动力丰裕国，在劳动密集型产品大米上有比较优势；美国是资本丰裕国，在资本密集型产品自行车上有比较优势。然而，两个国家的消费偏好又非常特别——特别到各走极端，即中国人极端地偏好大米，美国人极端地偏好自行车。这表现为两国不再共用一组等优曲线，而且中国的等优曲线严重地偏向大米所在的 X 轴，而美国的等优曲线严重地偏向自行车所在的 Y 轴。有了贸易之后，中国对大米的消费量（C 点）甚至比没有贸易时（A 点）更多！而美国也是在

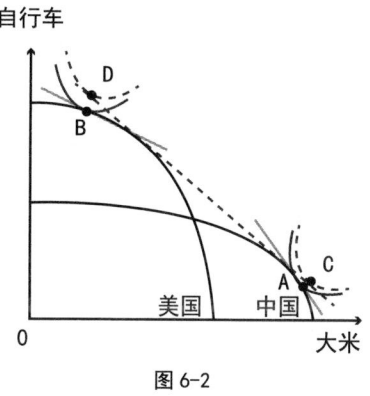

图 6-2

有了贸易之后对自行车的消费量（D 点）甚至比没有贸易时（B 点）更多。于是中国虽然在大米上具有比较优势，可还是进口大米；美国虽然在自行车上具有比较优势，可还是进口自行车。

这样解释对吗？如果仅仅是从几何图数学角度来看，这种分析没有逻辑问题。然而，从经济学的角度来看，却是属于套套逻辑的非科学！这也说明了数学上的逻辑对不等于经济学上的经济内容对。为什么呢？我在《经济学讲义》里已经指出，经济学上禁止使用偏好不同来做解释！因为中国人喜欢大米，所以进口大米。这算什么解释？"喜欢"这东西是意图，能看得见吗？看不见的东西，怎么做验证？如果用喜欢来解释就算是成功解释了，那还用搞国际贸易

理论？前面例子中的中国为什么要进口钢铁？因为喜欢！美国为什么要进口石油？因为喜欢！这岂不是什么都能解释，其实又什么都没解释吗？

撇开触犯经济学的禁忌不论，就算是直面真实世界，人们何曾见过那么走极端的偏好？还要两个国家的偏好都各走极端，还要刚好就在偏好的对象上构成互补关系，这可能吗？美国人是极端地偏好资本密集型产品而进口资本密集型产品（如石油）的吗？其他国家是极端地偏好劳动密集型产品而进口劳动密集型产品（如农产品）的吗？这种解释，根本禁不起验证，只是与事实打个照面！

不过，从这个解释我倒是想起一件事来：在日本的时候，我深深地体会到日本搞农产品贸易保护主义对这个国家的伤害之深。当时作为一个穷学生，我尽量挑便宜的食物买，于是但凡有进口品的我都买明显比日本国产品要便宜的进口品，如猪肉买澳洲进口的，鸡肉买美国进口的。但只有大米是真的怎么都找不到进口品，迫不得已只好买日本的产品。虽然我买的已经是最便宜的米，但跟中国当时质量一样的米比，价格贵了10倍！所以在日本吃饭，真的不敢浪费！锅底的锅巴都要加些开水把它泡软了刮下来吃掉，粘在碗边的一颗饭粒也要吃掉。为什么日本在大米的进口上控制得这么严，以至很难在日本的国内市场上买到外国进口的大米呢？据日本人称，是因为他们日本人只喜欢吃日本产的大米。据说只有日本产的大米用来做寿司和饭团才好吃，用别的国家的大米就做不出那种口感与味道了。按这种解释来看，日本人对本国产的大米就是有着极端的偏好了。

然而，我一听这种解释就知道是胡扯！如果日本人真的那么喜欢本国产的大米，做寿司和饭团非用日本产的大米不可，那又何必害怕外国大米进来与之竞争？如果日本人真的如上述所说的那样只喜欢吃日本产的大米，那外国大米进来也抢不了本国的市场，怕什么呢？这样严禁外国大米进入日本，背后的潜台词只可能是：其实日本很害怕！很担心外国的物美价廉大米一进来，就把日本产的大米的市场份额抢去一大块。真正有竞争力的产品，是无惧竞争的！

第七讲

关税壁垒

从这一讲起，转入本讲义的第二大部分，也就是从之前的"国际贸易理论"部分，转入"国际贸易政策"部分，对政府的国际贸易政策进行福利分析。

如果一国奉行的是自由贸易，那是不需要搞任何贸易政策的，因为外国产品想进来就进来，想出去就出去，悉听尊便，又何须政策呢？于是，所谓的"国际贸易政策"一定是贸易保护主义政策，搞些政策出来是要阻碍贸易自由进行的。

从这个意义上说，"国际贸易"这门课是"精神分裂"的！——它前半部分的"理论"与后半部分的"政策"针锋相对，互相矛盾。一切国际贸易理论都认为自由贸易对所有的参与国都有利，主张自由贸易——哪怕是在所谓的"现代国际贸易理论"中有一个用博弈论做分析的"战略贸易理论"，认为贸易保护主义可以作为抵消他国搞贸易保护主义对本国的不利影响的手段，但它也承认如果考虑到他国也会搞反报复，最终还是得不偿失的。可现实之中世界各国几乎都在或多或少地推行着贸易保护主义政策。为什么会出现这种"悖谬"情况，在讲解 H-O 模型时已经解释过了。

因此，这第二大部分对"国际贸易政策"的福利分析的结果，读者还没学就应该提前知道答案了，那就是一定会伤害国家整体利益！但不同类型的贸易政策，对一国的损害程度是大不相同的，因此还是有必要逐一地进行详尽的分析。

第一节　关税的基本概念

先来看这个世界上最古老的贸易保护主义政策——关税。

众所周知，关税自古以来就有。但古代的关税，性质跟现代关税大不一样。古代的关税以其性质来命名的话，应该称为"财政关税"，即它的目的跟普通税收类似，是为了获得财政收入，跟高速公路收费是一样的。所以，古代的关税是"双向收费"的——进口要征税，出口也要征税。可是，正如之前介绍"重商主义"

时所指出的那样,自从"重商主义"思想出来之后,关税的性质就发生了重大变化,目的不再是获得财政收入,而是成了一种抑制进口的贸易保护主义政策。

自那以后,关税就变成"单向收费"了,只对进口征税,以增加进口成本;出口则很少征税。

根据关税的计算方法,关税可分为"从量税"(Specific Tariff)和"从价税"(A dvalorem Tariff)两种。顾名思义,前者是指按商品的数量来计税,后者是指按商品的价格来计税。以进口手机为例。如果征的是从量税,则是按一台手机收多少关税来算;如果征的是从价税,则是按手机的价格的一个比例来算。显然,从量税跟从价税相比,会鼓励进口商倾向于进口高价商品。因为不同的手机有不同的价格,按一台一台来征税的话,显然高价的手机的每单位价格的税负较轻。例如,两部手机,A 手机 100 元一部,B 手机 1000 元一部,按从量税计算的话都征 10 元一部。A 手机每单位价格的税负是 0.1(10/100)元,B 手机每单位价格的税负是 0.01(10/1000)元。

根据"重商主义"的主张,对奢侈品是要尽可能地阻止其进口的,显然"从量税"有悖于这一主张。这也就解释了为什么世界各国对绝大部分产品征收的都是从价税。

另外,由此也可以得出一个推论:如果存在通货膨胀,有物价上涨的趋势,从量税相比于从价税,其保护力度会越来越弱。

第二节 关税的福利分析——小国情形

了解了关于关税的一些基本概念之后,接下来就直奔主题——对关税进行福利分析。

图 7-1 的左边画的是本国的自行车市场,是一个局部均衡图。图中的供给

曲线是本国自行车的国内生产者的供给曲线，需求曲线则是国内消费者的需求曲线。

300元的水平价格线反映的是自行车的世界价格的水平。由于供给曲线与需求曲线的交点高于自行车的世界价格的水平，这意味着本国在自行车这类产品上是缺乏比较优势的国家（因为没有贸易时的均衡国内价格高于有贸易时的世界价格），是一个自行车进口国。

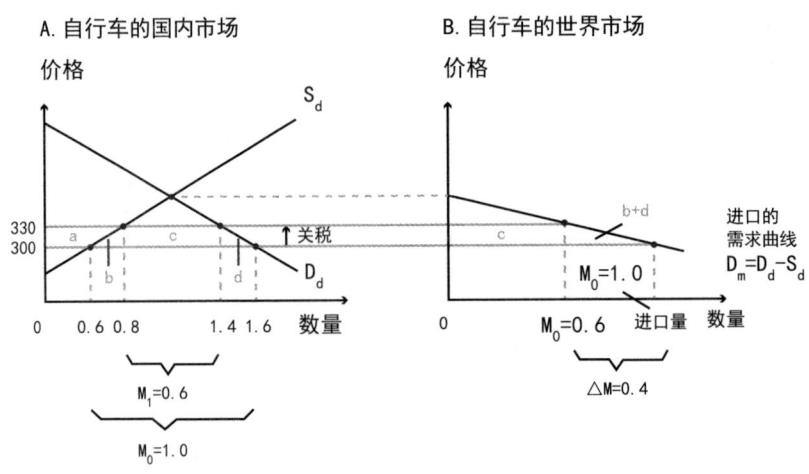

图 7-1

先看没有关税（自由贸易）时的情况。在300元这么低的价格水平上，国内生产者很不愿意供给，所以国内供给量只有0.6单位；但国内的消费者很愿意消费，所以国内需求量高达1.6单位。这供求之间有1单位的缺口，怎么办？进口！所以 M_0 就是自由贸易时的进口量。

然后，政府推出了关税政策。简单起见，假设是从量税，每辆自行车的关税是30元。这样一来，进口品的价格会上升到330元。为什么呢？因为虽然表面上关税的纳税人是进口商，但他一转身就会把这税额加到商品的价格上去，以便把税负转嫁给消费者,这就是中国俗话所说的"羊毛出在羊身上"。所以,关税的真正负担者并不是进口商,而是本国消费者!

事实上,在税收学中,会区分所谓的"直接税"与"间接税"。"直接税"是指税负直接由纳税人承受、无法转嫁的税收,包括所得税、财产税等。"间接税"是指表面上的纳税人是卖方,但他通过加价就能把税负转嫁给买方,从而使得税收间接地落在买方身上。"间接税"因为要通过加价来转嫁税负,所以必定是在交易流转环节中征的税,包括增值税、营业税、消费税等。关税显然也是在交易(进口)环节中征的税,所以也是间接税。

当然,仔细辨析,税负的转嫁不一定是百分之百的,转嫁程度有多高还要看买卖双方的议价能力。举一个实例来说明吧!我国政府为了打压房价,在2005年的时候突然对房地产交易开征20%的营业税。这项税收政策一推出,我所在地的房屋中介贴出的报价马上变成"含税价"或"全包价",即房子的卖方直接把营业税打进房价里,摆明了要买方替他把这税收负担了,这自然导致房价更加上升。不过,我所在地邻近的一个城镇,当地的习惯却是买卖双方各负担一半的营业税。

从表面来看,我所在地的地段比较靠近大城市,房子比较值钱,房子的卖方是"皇帝女毋忧嫁"(公主不愁嫁),有足够的底气公然要求买方替他支付全部的营业税。邻近的城镇地段较为偏远,房子没那么值钱,房子的卖方为了能吸引买家,就愿意承担一半的营业税。

但这表面现象是不是正确的解释,很难说。因为说不准其实后者的卖方早就预计到他要负担一半的营业税,开价时故意开高一些,而其中已经部分含税价了。为什么毗邻的两地会有从表面上看来不同的税负安排,这还需要更深入调查有关的局限条件。

在国际贸易领域里,如果世界市场是所谓的自由竞争(受价市场),进口商(卖方)没多少租值,要他割价让利负担一部分关税,就会切进他的直接成本里,他会选择离开市场。在这种情况下，关税只会百分之百地全部通过加价转嫁给进口国的消费者。

这就是进口品加价的原因。但国内市场上除了进口品，还有国产品。国内生产者并不需要交关税，为什么他也把自己的产品加价到 330 元呢？因为，不加白不加！既然这产品以 330 元可以卖得出去，生产者就会卖 330 元。他不会因为以前卖 300 元也能弥补其生产成本，就老老实实地现在还是卖 300 元。从机会成本的角度看，能卖 330 元而不卖，成本就是 330 元，而不是 300 元。

于是，无论是进口品还是国产品都加价了，整个国内市场的价格最终一定会上升到 330 元。当然，进口商多收的 30 元是拿去交关税的，不是他得到了；可是国内生产者不需要交关税，那多收的 30 元就切切实实地成了他的利润（严格来说，是租值）。国内生产者凭空多赚了钱，所以是贸易保护主义政策的获利者，而所谓的"保护"就体现在这多赚的 30 元上。

国内价格上升，一方面刺激了国内生产者增加供应（如图 7-1 所示，从 0.6 单位上升到 0.8 单位），另一方面打击了国内消费者的需求热情（如图 7-1 所示，从 1.6 单位减少到 1.4 单位）。这一升一降，直接导致的结果就是供求缺口缩减，也就是进口量减少（如图 7-1 所示，从 M_0 减少为 M_1）。

于是，贸易保护主义政策在表面上的影响有二：其一是国内价格上升，其二是进口量减少。

然而，经济学对关税的分析当然不能仅仅停留在表面现象，还要深入到对各个团体的利益影响上，这就是所谓的福利影响（Welfare Effect）分析，它是用消费者盈余与生产者盈余的工具来进行的。在讲解"绝对优势理论"之前我其实已经做过有关的分析了，只是那时是从"无贸易"到"有贸易"的状态变化来分析贸易的利益，而这里是反过来从"有贸易"（无关税）到"部分无贸易"（有关税）的状态变化来分析关税造成的贸易利益损失。这里就不再详细重复了，只给出结论：对生产者来说，是获得了 a 的利益；对消费者来说，是损失

第七讲 关税壁垒

了（a+b+c+d）的利益。这里还要加进一个政府，因为它收了关税，因此也是获益者，获得的是 c 的关税收入——因为从量税是每单位 30 元，而有了关税之后的进口量是 M_0，所以 c 这矩形面积就是政府获得的关税收入。

经济学是要站在整个国家的高度来分析问题的，因此要计算净影响。将生产者的获益、消费者的损失、政府的获益加总起来，显然关税对一国的影响是净损失：- (b+d)。因为消费者在 a 上的损失其实是转移到生产者手上（换言之，生产者那看似凭空而来的 a 的收益其实是从消费者口袋里掏过来的），而 c 的损失则是通过进口商的交税转移到政府手上。

但 b 和 d 这两个小三角形的损失却是没有任何人拿去，于是成了净损失。这是几何图的分析，但数学只是协助推理的工具，不是经济学本身，必须弄清楚其经济含义，才算是真正明白。b 和 d 的损失是怎么来的呢？先说比较容易看明白的 d 吧！由图 7-1 的左图可知，d 这个小三角形的高是关税造成的国内价格上升，小三角形的底是消费量的减少，也就是说，d 的损失来自价格上升而导致的消费量减少。对于消费者来说，物品是越多越好，物品的数量减少，当然造成消费者的消费享受减少。所以，d 的损失的经济含义是关税造成的消费者的消费享受的损失。

那么 b 呢？由图 7-1 的左图可知，b 这个小三角形的高也是关税造成的国内价格上升，小三角形的底是国内生产者的产量的增加。有人会说，产量增加不是好事吗？以前在"国际贸易理论"部分不是分析过贸易利益的来源就是产量增加吗？错！产量不是越多越好，而有效率的产量才是越多越好。效率低下的产量越多，反而会造成社会财富的损失。贸易利益的来源是基于在投入（成本）不变的前提下产量增加，这恰恰是由于生产效率的提升。

但是，怎么衡量某些产量的增加是"有效率"，还是"效率低下"呢？标准很简单，看市场价格！在没有关税之前，产品的国内价格由世界市场的 300 元决定，只有边际成本不高于 300 元的生产能够在市场竞争中生存下来。回忆一下《经济学讲义》里关于边际成本的知识点：生产者的供给曲线就是边际成本曲线高于其盈亏平衡点的部分，所以供给曲线直接反映边际成本，在300元的价格线以下的部分，都属于有效率的产量；反之，当然就属于低效率的产量了。在市场竞争中，生产者看着市场价格尽力而为地压低成本，只要能压到市场价格以下，他的生产就是有利可图的（因为P=MR>MC）。但边际成本不能压到市场价格以下的产量，就会让生产者蒙受亏损。在自私本性的支配下，生产者会自动地停止生产。客观上看，他是被市场竞争淘汰出局了。这样，以市场价格为分水岭，生产效率高到可以把边际成本压至市场价格以下的就优胜，生产效率低到没法把边际成本压至市场价格以下的就劣汰。这就是市场竞争优胜劣汰的本质！

然而，有了关税之后，产品的国内价格上升了30元，这就使得边际成本在300～330元之间的那部分产量也能够在市场中生存下来。这部分产量本来在市场竞争中是无法存活的，它现在之所以能生存，不是因为它通过提高效率而压低了边际成本，而是因为政府的关税人为地提高了生产者的收入而保护了它们，所以这部分产量就是低效率的产量。显然，关税对国内生产者的保护，是在保护落后！正是这部分本该被市场竞争淘汰出局的产量却在关税的保护下得以生存，造成了b的损失。

从另一个角度来看，社会用于生产的资源是稀缺的，自私的人看着市场价格来配置资源，使资源都用在收益率最高，也就是最有效率的用途上。把交易费用也考虑在内，竞争会使得资源在各种用途上的收益率（效率）是一样的。但政府通过关税人为地提高了与进口竞争的产业的收益率，这就会吸引资源从其他产业流出，流进这些受保护的产业之中。但其实这些受保护的产业效率并没有真的提高，这等于使资源从效率较高的产业流出，流进效率较低的产业。于是导致整个社会的资源使用效率下降，即资源创造财富的能力下降，造成了损失。显然，政府行为扭曲了人们的选择，使得收益率与效率脱了节。

再从第三个角度来看，包括关税在内的贸易保护主义政策的本质，都是侵犯私有产权，这一点在前面的讲义内容中已经解释过了。保护私有产权是价格准则（市场制度）赖以成立的游戏规则，私有产权被侵犯意味着游戏规则遭到破坏，价格准则至少是局部不能成立，非价格准则取而代之，必然带来租值消散，使得社会受损了。

图 7-1 的右图画的是自行车的世界市场的情况，本国作为进口国为世界市场"贡献"的是（进口）需求曲线。右图是从世界市场的角度看，能看到关税造成了 b+d 的损失，只是它不如左图能那么清楚地辨析这部分损失分别来自消费的减少与低效率生产的增加。

第三节　关税的福利分析——大国情形

上一节分析的都是"小国"。什么是"小国"呢？不是指国土面积小或人口少的国家（地区），而是指该国在国际贸易中所占的市场份额小。一个在政治上或地理上很大的国家（地区），完全可以在国际贸易上是小国。例如，改革开放之前的中国，因为实行闭关锁国政策，很少参与国际贸易，它占世界市场的份额就很小。"小国"如果实行关税等贸易保护主义政策，必定导致该国的进口量减少，但因为它小，它就犹如大海里的一滴水，世界市场上多它一个不多，少它一个不少，它的进口量减少也就对世界市场没什么影响。从图 7-1 可见，世界市场的价格在这个"小国"实施关税政策之前或之后都岿然不动。

然而，与"小国"相对的，自然就是"大国"。"大国"当然也不是指国土面积大或人口多的国家（地区），而是指在国际贸易中所占的市场份额很大。一个在政治上或地理上很小的国家（地区），完全可以在国际贸易上是"大国"。"大国"如果实行关税等贸易保护主义政策，也必定会导致它的进口量减少，而因为它大，它的进口量减少便犹如大象跳进了池塘，会明显地影响池塘的水面高低，即明显地影响世界市场的价格。

图 7-2 画的就是对"大国"实行关税政策的分析。由图可见，产品的世界价格在没有关税前是 300 元，有了关税之后下降为 297 元，这是因为它的进口量减少导致世界市场上的需求量大幅减少，在供给不变的情况下，供过于求就造成价格下降。

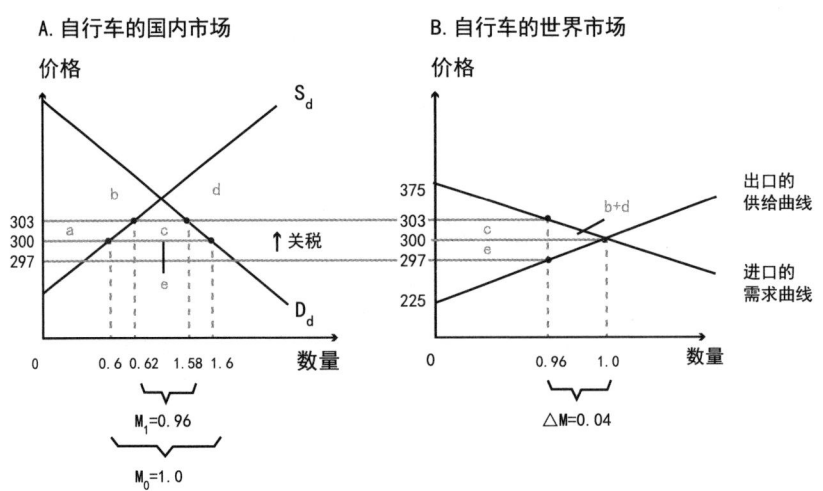

图 7-2

其余的分析，基本上与"小国"的情况类似，只是要指出一点：政府的关税收入现在不是 c，而是（c+e），因为关税导致的国内价格上升是从新的世界价格 297 元那里往上加，而不是从旧的世界价格 300 元那里往上加的。但其他生产者盈余与消费者盈余的变化还是要从旧的世界价格 300 元那里算起。这就导致"大国"的关税对该国的福利影响是 e-（b+d）。这是个重要的不同，因为这个值完全有可能是非负的！也就是说，"大国"开征关税，有可能给该国带来净收益，而不是像"小国"那样给该国所带来的必定是净损失。

要怎么看待这个问题呢？这能说明"大国"开征关税是好事吗？首先要看的是，什么情况下关税能使"大国"获得净利益。由图 7-2 可知，要使得 e 大于（b+d），那就要让 e 的底和高尽可能大。这里的经济含义是，"大国"的关税要使得进口量减少得不多，而且关税大部分被世界价格的下降所抵消，从而使国内价格上涨得很少。也就是说，要想使得"大国"开征的关税对该国有利，条件恰恰是关税的保护力度不大！这就是问题所在了。政府之所以要搞关税，目的是要保护国内生产者——虽然在本质上是保护落后，但总会"美化"为"保护民族产业"，而不是使国家整体获得净收益。如果不想让关税伤害整个国家，那就几乎不能达成保护国内生产者的初衷。从二者这样的矛盾对立中，我们可以更清楚地看到保护国内生产者是以牺牲国家整体利益为代价的本质。

以上就是传统教科书对关税所做的福利分析。当然还可以把从量税改成从价税，分析会变得复杂，但对基本结论影响不大，再做深入分析也只是技术性的加深，这里就从略了。

要我来评价传统教科书的分析，还是那句话：教科书的分析是对的，但也有不足之处！它的不足之处在于，它忘记了人是自私的！关税等贸易保护主义政策会损害到消费者和进口商的利益，但自私的人不会坐以待毙，眼巴巴地看着自己的利益受损而无动于衷，他们一定会采取"上有政策，下有对策"的防卫行动。对于消费者来说，虽然从前面的福利分析可知，他们的损失巨大！但由于他们人数众多，这一方面是巨大的损失除以众多的人数之后平均到每个人身上的损失就不多了，另一方面则是人数一多就难以齐心合力、协同一致地采取防卫行动（合作的交易费用很高），所以他们大多数只能是默默地，成为被宰的羔羊。

然而，进口商就不然了！在现实之中，进口商不会只是被动地纳税、简单地提价，而是会通过提高质量来确保原来的市场份额与收入，关税是从量税时更是如此。换言之，关税的初衷本来是保护国内生产者，客观的效果却很有可能是"强迫"国外生产者这些竞争对手提高质量！国内生产者本来就是不具有比较优势的落后分子，越保护越落后；国外生产者本来就是具有比较优势的进步分子，越压制越进步。于是国内外生产者的竞争力差距不仅没有缩小，反而越拉越大！这种适得其反的"吊诡"结果，教科书上的分析是看不出来的。

不过，有关的分析我要留到后面讲解非关税壁垒时再详细地讲解。因为非关税壁垒中的配额、自愿出口限制都是数量限制，在性质上比关税中较为通行的从价税更接近于从量税的特征，因此进口商以提高质量来应对利益受损的行为远远比关税要明显，也更有说服力。

第八讲

非关税壁垒

前一讲介绍了贸易保护主义政策中最广泛、最历史悠久的关税（壁垒），这一讲则是关于非关税壁垒的。一切关税以外具有贸易保护主义效果的政策，无论是否直接作用于国际贸易，都是非关税壁垒。

所以这个大类里包含了很多各种各样的政策，而且随着时间流逝，还会不断地推陈出新，充分反映出政府也可以是创意无限的。因此，实际上我们不可能穷举世界各国存在的非关税壁垒，只能重点讲解其中一些最具有代表性的。

第一节　为什么会出现非关税壁垒

在具体讲解那些最具有代表性的非关税壁垒之前，先要解释一个现象：为什么会出现非关税壁垒？既然已经有了关税，为什么还要搞非关税呢？这里先抛出答案，因为它会让人大吃一惊。答案是：因为有 WTO（世界贸易组织，World Trade Organization）！

这是个吊诡的答案。因为 WTO 的存在是为了推动国际贸易自由化，怎么却反而成了非关税壁垒出现的"罪魁祸首"呢？

先看看 WTO 是怎么产生的吧！事情要追溯到"二战"之前的经济大萧条。我在《经济学讲义》中解释经济大萧条的成因时已经提到过，美国为了应付经济大萧条而推出臭名昭著的关税法案，引发各国互相报复的关税战，使得经济雪上加霜，经济大萧条更为严重。那里限于篇幅，没有做详细介绍，这里既然是"国际贸易"，正该好好介绍一番。

1930 年，美国国会通过 Smoot-Hawley Tariff Act（前面两个人名就是动议这个关税法案的两个议员的名字），将当时的进口税率大幅提升至 60%。当时的美国跟今天的美国不同，是有贸易顺差的。也就是说，即使是站在"重商主义"

那错误的角度来看,参与国际贸易也是对美国有利的,而它却居然还搞贸易保护主义!真是"搬起石头砸自己脚"的典型。以当时美国人那一根筋的思维,他们认为国内经济不好,国内企业的产品大量过剩,那就对来自外国的进口品加关税,阻止它们进来,消费者没有外国的进口品可买,就只好转向本国企业生产的产品,也就有利于减少生产过剩的状况,从而有助于国内摆脱经济大萧条。可是,正如前面对关税的分析那样,关税只会给国家整体带来福利上的净损失,也就是使整个国家变得更穷。那还怎么改善经济状况,摆脱经济大萧条呢?

此外,当时的其他国家是强烈地反对美国通过这个关税法案的,但美国仍是一意孤行。于是世界其他各国之间有了这样的心理:你不听我的反对意见,非要征我的产品出口到你国家的税,那我也可以征你的产品出口到我国家的税!就这样,关税战爆发,世界各国互相报复之下,两败俱伤!

如图8-1所示,从美国推出关税法案的1930年到1933年的短短三年之间,国际贸易额下跌了将近三分之二。事实上,美国的进口量在两年之内就下跌了40%。这意味着专门从事国际贸易的美国企业大批破产——因为现在没那么多生意可做了。

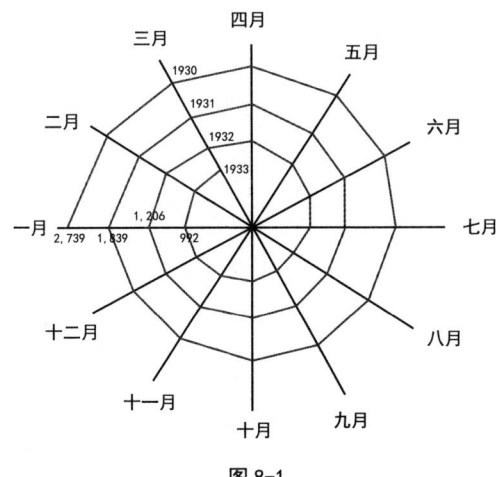

图 8-1

关税法案的后果之严重，不仅仅在于它直接加深了经济危机，还最终导致了"二战"的爆发。试想，如果我可以通过出口产品到其他国家去赚点钱，那我还有可能平平和和地熬过危机。可现在其他国家直接断了我的财路，也就断了我的生路，那我就索性挥兵打过来直接抢！"二战"爆发的原因有很多，但经济方面的原因也是最重要的一点，背后的逻辑其实很简单。

于是，当"二战"结束之后，世界各国政府痛定思痛，都承认当年犯下的大错，决心不再重蹈覆辙，于是，它们在1947年协商成立了WTO的前身——关贸总协定（General Agreement on Tariffs and Trade，GATT）。

GATT的本质是约束政府的，也就是说一旦一国签署了这个协定，该国政府就要按照协定的要求削减关税，此后不得再随意提高——也就是不能再像"二战"前的美国那样做一意孤行地提高关税的事，这也就避免了各国竞相报复而引发世界性的关税战的情况发生。

然而，正所谓"好了伤疤忘了痛"，毕竟有一小撮人确实因为自由贸易而受损，他们劫持国家利益，推动政府又搞起贸易保护主义来。事实上，当年"二战"后各国本打算建立一个覆盖范围更为广泛普遍的世界性的贸易组织，就是因为有这些人的反对，最终只搞了个并非组织、只是协定的GATT。而且，即使是GATT，仍然由于这些人的阻挠使得GATT规定的生效条件始终未能全部达到，于是作为多边国际协定的GATT从未正式生效过，而是一直通过《临时适用议定书》的形式产生临时适用的效力。尽管是如此的先天不足，GATT还是通过推动贸易自由化而显著地促进了国际贸易在战后的蓬勃发展。但经济越发展，竞争就越激烈，在自由贸易中受损的那一小撮人就越有强烈的动力反对自由贸易。各国政府被这些人的利益所把持，贸易保护主义的倾向又慢慢抬头了。

但是，现在跟"二战"之前不同，有GATT的约束，政府想搞贸易保护主义，却没法去动关税，怎么办？那就"上有政策，下有对策"地搞"非关税壁垒"

吧！是的，如果世界各国的政府不是衷心地相信自由贸易——严格来说，也不是它们信不信，而是它们能不能免疫于一小撮人劫持国家整体利益——那么即使有 GATT 这种约束政府搞贸易保护主义的国际条约，也是没意义的。一个国家铁了心要搞贸易保护主义，不让它搞关税，它就"见了红灯绕着走"，找旁门左道去搞非关税壁垒。这一讲后面分析非关税壁垒时就会指出，非关税壁垒对一个国家的伤害比关税壁垒更为严重。如前一讲所言，如果是大国，理论上还有机会通过关税使国家整体获利（但税率不能太高）；然而如果搞的是非关税壁垒，这一讲的分析会显示出，无论是大国还是小国，都一定是净损失！而且损失一个比一个大！也就是说，如果前提是一个国家非搞贸易保护主义不可，那我的建议是：搞关税吧！虽然都是伤害，但搞关税比搞非关税的伤害至少要轻得多。

然而悲剧的是，正因为有了 GATT 的约束，那些铁了心要搞贸易保护主义的国家只好去搞非关税壁垒了，于是对自己的伤害更深了！这就好比，为了对付一个沉迷于网络游戏的小孩，父母把家里的网线剪断，让他没法再上网。可是这个小孩为了能继续玩网络游戏，索性离家出走跑到外面的网吧去上网，结果对他反而更危险！在家里玩，至少父母可以盯着他；在外面的网吧玩，可能会遇到坏人。所以，真正的治本之道，是要教育小孩懂事，让他真正地明白沉迷网络游戏对他的危害，而不能一味地强行压制，否则最终的结果可能是适得其反、伤害更深。同样的道理，想使世界各国的政府不搞贸易保护主义，真正有效的是要破除那一小撮既得利益分子对国家利益的劫持——其根源是民主制度——光靠 GATT 之类的国际组织是不可能真正有用的。

可是，要破除一小撮既得利益分子劫持国家利益谈何容易？（意味着交易费用很高）于是人们的选择是继续强化 GATT 的覆盖范围，从以往只针对关税壁垒（所以名字就是"关税与贸易协定"），进一步发展扩大到约束非关税壁垒。WTO 于 1995 年取代 GATT，也是因为想涵盖更广泛的、与贸易有关的一切议题，而不是像 GATT 的名字所示那样狭隘地限于关税。[1]

然而，如前所述，政府在"发明创造"新的非关税壁垒方面，展示出的"创新能力"可是一点都不下于私人或企业！WTO 把当时一些最常见的非关税壁垒纳入约束范围，如规定加入 WTO 的成员不得再对其他成员搞配额限制——我国当年致力于加入 WTO，很重要的一个原因就是想借此令美国取消对中国的纺织品的配额限制。可时至今日，非关税壁垒的发展"日新月异"，配额早已是昨日黄花，过时了。

更可怕的是，现在涌现的一些新的非关税壁垒甚至是直接利用 WTO 框架下的规则来搞贸易保护主义！最典型的是反倾销、反补贴、特保等这类非关税壁垒。这些 WTO 框架下的规则设计出来，本意是让市场较为薄弱的发展中国家可以有个缓冲机制，从而吸引广大的发展中国家加入 WTO，加入自由贸易的大阵营里。可是自从中国加入 WTO 以来，却是屡屡被各 WTO 成员——无论是发展中国家还是发达国家——利用这些规则来挥舞非关税壁垒的大棒。在加入 WTO 之前，估计很少有中国人——即使是从事对外贸易的人——听说过反倾销、反补贴、特保这些术语，而现在这些术语几乎都成了耳熟能详之词，对于从事对外贸易的人来说，更是让他们一听就头疼。

于是，对于世界贸易的制度现状，我的建议是：取缔 WTO！

---

[1] 顺便说一下，我国是 GATT 的缔约国，当时是国民党当政。所以 1949 年后我国就丧失了在 GATT 中的席位。改革开放后我国一直致力于重返 GATT，因此称为"复关"。但 WTO 成立后，我国不是缔约国，那就只能谋求加入 WTO，因此称为"入世"。

第二节 进口配额

接下来就正式地讲解具体的非关税壁垒。

最早出现、使用最普遍的非关税壁垒是"进口配额"（Import Quota）。所谓"进口配额"是指对一种产品在一段时间内进入某国的最大的数量限制。这种数量限制，往往要配合使用"进口许可证"（Import Licence）来实行。

关于配额的几何分析如图 8-2 所示。左图中的 S_d+Q_Q（国内供给与进口配额加起来的总供给曲线）去掉之后，表面上看起来与以前关于关税的几何分析图是完全一样的。实际上，那条总供给曲线是可有可无的，去掉也无关紧要。这样，从几何图来看，关税与配额似乎是毫无区别的。然而，二者是有区别的！但从几何图上看不出这区别来。这就证明了一点：数学只是个工具，不是经济学本身！一样的数学分析，背后的经济含义可以是大不一样的。那么，下面就补加经济含义，来分析配额与关税有着多么重大的区别。

区别之一：从几何图来看，关税也好，配额也罢，都会使国内价格从原来

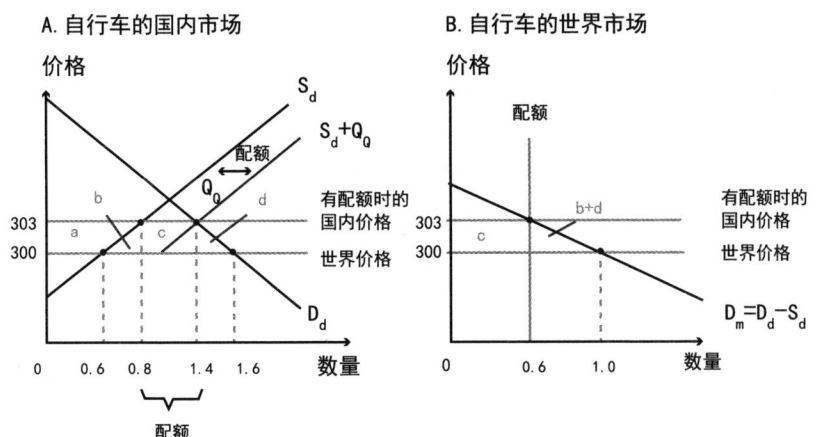

图 8-2

的300元上升到330元，进口量下降。然而，这其中的因果关系是完全不同的！在关税的情况里，是先有价格上升，再有进口量下降——因为进口品加了关税之后，在国内销售就必须加价，与之竞争的国内产品就跟风涨价，其结果导致需求量减少、国内供给量增加，于是进口量下降。也就是说，价格上升是因，进口量下降是果。可是在配额的情况里，是先有进口量下降，再有价格上升——因为配额直接限制了可以进口的数量，在国内供求状况不变的情况下，进口量减少当然会导致供不应求，从而推动价格上升。也就是说，进口量下降是因，价格上升是果。关税与配额，价格与进口量的因果关系截然相反，可几何图是反映不出这背后的因果关系的区别的。

不要以为这因果关系的区别是不重要的，其实这很重要！这里出一道题目，读者思考出答案后就能明白这因果关系的区别为什么那么重要了。这题目是：如果由于某些原因，国内需求上升，对进口品实行关税时，或实行等效的配额（导致国内价格上升的幅度与征关税时一样）时，会有什么不同的结果？

区别之二：关税与配额对消费者与生产者的福利影响是一样的，都是消费者损失a+b+c+d的消费者盈余，而生产者获得a的生产者盈余。c呢？在关税里，c是政府获得的关税收入；但在配额里，政府没有征税，c到哪里去了呢？这就是配额的福利分析中最关键的问题。

首先，要弄清楚c现在到底是什么，然后才能追寻它的"下落"。在实行配额时，进口商并没有交税，所以他如果能获得配额（许可证）在国内销售产品，他就能获得较高的价格330元，比没有配额时只获得300元的价格要高30元。于是，直观地看，这c就是获得配额的进口商"凭空"得到的较高收入。

但是，怎么可能"凭空"得到较高收入呢？仔细辨析，对于c，我们可以有两个角度的看法，其实是同一性质。从一个角度看，它是一种归属于配额（许可证）的租值。我在《经济学讲义》里已经指出，租值是指资产的价值，而一切能够给产权人带来收入的东西都是资产。对进口商而言，他要获得330元的价格，投入的资产除了一般的生产性资产之外，还得有一张进口许可证！来自这张进口许可证的收入就是那30元，而不是其余的300元。因为那300元是进口商在世界市场上也能获得的收入，与是否拥有那张进口许可证毫无关系。事实上，在一般的教科书中，把c称为"配额租"（Quota Rent）。

从另一个角度看，这c其实是垄断租值。我在《经济学讲义》中已经指出，垄断（觅价）的正确界定不是以市场内是否只有一个生产者为标准，而是以是否存在着进入门槛，阻止市场之外的潜在竞争对手自由地进入为准。配额（许可证）正是一种进入门槛，只是特定地用于阻止外国企业自由地进入国内市场。由此就能更清楚地看到，为什么设置配额之后国内价格会上升？从表面上看是因为供求关系变了，背后的原因其实是配额形成了进入门槛，使得不是所有人都能想进来就进来，于是市场内具有了一定的垄断性，在进入门槛的保护之下，已经在市场内的人提高价格也不会被竞争淘汰出局。是的，从这个角度来看，我们可以清楚地看到配额的本质是垄断，是行政垄断！

以上的两个角度其实是同一回事，都说明c是租值，本质是政府人为搞出来的行政垄断的租值，具体地物化为一纸进口许可证。于是，这一纸进口许可证是值钱的！自私的人当然想争夺这值钱之物，那怎么分配或怎么决定胜负呢？这就是配额的分配问题，其实质是分配c的租值。

根据我的《经济学讲义》，分配稀缺物品或决定竞争稀缺物品的胜负的准则有两大类，其一是价格准则，其二是非价格准则。价格准则是价高者得，也就是拍卖了。政府把配额拍卖出去，进口商会愿意出多少钱来购买这配额呢？显然，为了确保自己能淘汰竞争对手，进口商会直接把投标价定在30元！不会高，也不会低。因为如果低的话，如15元，竞争对手将会出价16元把进口商淘汰掉，但进口商事先就想到这个可能性，就会把出价调高到17元去淘汰对方，但对方也会事先想到，又把价格调高到18元……这个过程一直下去，最终一定会把价格调高到30元。但也不会高于30元，如31元。因为这样虽然可以把配额抢到手，但也只能每单位商品多卖 30 元，不足以弥补购买配额的成本。当然，这个分析是基于所有参与拍卖的人的所有情况都一样，如都有相同的产品（种类与质量都一样），也都有相同的信息，等等。现实中不可能是这样，所以不同的人对拍卖标的物的估价不同，出价也就不同了。这一点后面还会再做更深入的分析，现在暂时只考虑理论假设的这种简单情况。

这样，如果使用价格准则来决定配额的分配，其效果与关税是一样的，只不过 c 是以拍卖收入，而不是以关税收入的形式落入政府手中。

但如果是以非价格准则来分配呢？按《经济学讲义》里的知识来推理就知道，租值消散一定会发生——例如，如果是先到先得，排队就会出现——但降低租值消散的行为也一定会出现。而这降低租值消散的行为就是行贿受贿！这样一来，c 其实就是被进口商与受贿的政府官员共同瓜分了。要注意，进口商是外国人，这就意味着 c 的一部分流失到国外去了，也就构成了实行配额的国家的损失。

这样，配额给一国带来的损失，取决于以价格准则还是以非价格准则来决定配额的分配。如果是以价格准则分配，损失与关税一样，都是（b+d）；如果是以非价格准则分配，损失就比关税高，是（b+d）再加 c。这就是为什么我前面说非关税壁垒比关税壁垒更糟糕。

然而，这还只是限于几何图分析出来的损失。配额对一国造成的更大损害，还在于它败坏了社会风气，腐化了政府官员。如前所述，c 的分配如果采用非价格准则，就会出现行贿受贿之风。

其实，行贿受贿的根源不是因为政府官员的道德沦丧——经济学的基本假设是人是自私的，所谓的道德沦丧，只是自私的一种表现——而是因为使用了非价格准则，导致租值消散，于是自私的人要想方设法地把消散的租值抢到自己手里去。事实上，经济学对贪污腐败的研究都集中于一个叫"寻租经济学"（Rent-seeking Economics）的分支里，"租"就是指租值了。如果不是有租可寻，寻租（贪污腐败）的行为又从何而来？但为什么会有租值？那正是政府管制搞出来的！政府以管制构建起进入门槛，门槛的租值由此而生。外面的人想进去，得向政府取得进入的许可证。可是政府是一个虚无的概念，真实存在的是一个个政府官员。既然门槛有租值，又不使用价格准则来分配，门槛的租值就会消散，自私的人就会设法把租值攫取到自己手里。理论上说，政府官员对管制所形成的门槛并没有产权，但许可证要经他之手发出去，他实际上就在一定程度上控制了这门槛的部分产权，要进去的人不跟他买进入许可证，岂可得乎？

阅读材料："高薪养廉"的神话

说到贪污腐败，我想借此机会顺便批倒一个名为"高薪养廉"的神话。

不少人认为，官员贪污风气盛行的原因除了官员的品德问题之外，还因为官员的收入太低。如果实行"高薪"，就能"养廉"，一方面是官员（公务员）收入高了就不用通过贪污来获取收入；另一方面则是官员（公务员）一旦被查出贪污就会失去高薪，因此贪污的机会成本大增。这些主张"高薪养廉"的人还往往以新加坡、中国香港为例，作为证明。

然而，"高薪养廉"是个神话！

为什么这样说呢？首先，怎么定义"高薪"呢？一个高级工程师一个月的薪金高达上万元，与他同在一家公司里工作的清洁工一个月的薪金只有一千元。高级工程师是高薪吗？未必。那清洁工如果月薪有五千元，虽然还是远远不如高级工程师上万元的月薪，但他拿的算是高薪吗？恐怕十有八九的人会点头认同。这就是问题所在。根据经济学中的"收入分配理论"，一个人的工资薪金如果与他对有关的生产做出的贡献是相适应的，何谓"高薪"之有？但如果他的薪金是高于他所做出的贡献的，那就可以称为"高薪"了。可想而知，这时外面的人削尖了脑袋、挤破了头也要进来竞争这个岗位。事实上，朱镕基任国务院总理期间，给公务员大幅度地加薪，当时就是打着"高薪养廉"的旗号——因为他当时在致力于打击贪污行为。他当时那样做是应该的。因为在此之前公务员的工资水平确实太低了——是指低于社会上从事性质具有可比性的工作的非公务员的工资水平。公务员工资水平偏低，一方面会使政府在与其他企业在劳动力市场上竞争人才时处于下风，难以吸引高素质的人才进入政府，从而降低公务员队伍的人才质量；另一方面则会使已经在政府内工作的公务员想方设法"创新"出各种各样的管制，以便利贪污，间接地把自己应得的那份工资收回来。要注意，后者虽然也是通过搞管制来便利贪污，但原因在于公务员的工资水平受到价格管制而低于均衡水平，导致公务员采用其他方式间接收回被管制的价格，以降低"租值消散"。

考虑到公务员的职位具有"铁饭碗"性质，公务员的工资水平确实应该在一定程度上低于社会上从事性质具有可比性的工作的非公务员的工资水平。因为"铁饭碗"所带来的安全性也有价值，是一种非货币收入，加进以货币表示的工资水平之后要与非公务员的工资水平相等，才能达到均衡。当然，均衡是个概念，要转化成看得见的事实。如果人们看到一个社会上既没有普遍地出现人们竞相争取成为公务员的现象，也没有较多地出现公务员离职下海的现象，我们就可以确定公务员的工资水平是合理的，与非公务员的工资水平差不多，达到均衡状态。显然，在朱镕基之前，存在着的是后一种现象，反映了当时公务员的工资水平偏低；但时至今日，公务员考试如此火爆，反映了现在"低级别"公务员的工资水平（包含各种福利在内）是偏高的。注意：公务员考试火爆并不能反映"高级别"公务员的工资水平偏高，因为公务员考试选拔的是低级别公务员。

既然低级别公务员的工资水平偏高，那就算是"高薪"了？这"高薪"有"养廉"吗？从事实来看，自赖昌星一案之后，中国的巨贪大案确实有所减少。但如前所述,这只不过是因为中国加入 WTO 之后大幅降低了关税,贸易壁垒大降,由壁垒造成的租值大减,于是无污可贪了。除了海关之外,其他领域也有类似的情况。政府大举减少对经济事务的干预,计划经济转型为市场经济的制度改革快速推进,政府管制大量取消,官员的廉洁程度自然而然就能提高。当然,以"双规"狠狠打击贪污的惩罚措施的加强也是有一定的功劳的。只是这始终只能算是"治标"之道,"治本"之道仍是上述的有利于减少政府管制的制度改革。而且,从道理来说,现在(低级别)公务员虽然"高薪",可是跟当年那些贪污收入相比,岂可同日而语?赖昌星几十万元,甚至几百万上千万元地给厦门大小官员"发工资",政府那正规的所谓"高薪"跟它比哪能有"竞争优势"?

人们会问:新加坡、中国香港的事实又怎么样?

中国香港的公务员高薪,与中国香港官员从贪污横行变成廉洁清明并不是一路随行的。中国香港公务员的薪金开始节节攀升之时,中国香港早就已经是一个以廉洁著称之地。再说新加坡。从表面来看,新加坡的公务员确实高薪,也确实廉洁,但二者之间存在着因果关系吗?如果见到两个现象一先一后或同时出现,不加辨析其背后是否真的存在着逻辑相关性就认定二者有因果关系,那可是犯了马歇尔批评过的"以事实解释事实"的错误。

我本来也不明白新加坡的"高薪"与"廉洁"之间是否真的存在着因果关系,直到 2012 年年初听到这么一条新闻:新加坡的总理被要求减薪 36%,但尽管如此,他的薪金水平仍远远比美国总统要高(见表 8-1)。事实上,新加坡的总理薪金最高时还不是 2012 年,而是 2007 年,高达 310 万新加坡元(1 美元约合 1.51 新加坡元),是当时美国总统年薪的 6 倍,日本首相年薪的 7 倍!据当时新闻报道,新加坡总理李显龙为自己的高薪辩护时说,他的薪金虽然比美国总统高很多,但美国总统其实还有很多隐性收入,如白宫这官邸是白住的,出行使用的"空军一号"直升机也是白用的……而他是没有这些隐性收入的。所以真正的收入如果都加起来，他并不比美国总统的收入高。一般人听了他这话，大概只当作辩解之言，轻轻听过就罢了，不会相信，更不会深思他的话有没有道理、是不是真的是事实。

各国领导人的年薪收入（2012年）

表 8-1

姓名	单位：万美元
李显龙（新加坡总理）	169 万
野田佳彦（日本首相）	51.3 万
奥巴马（美国总统）	40 万
吉拉德（澳大利亚总理）	37.9 万
萨科齐（法国总统）	30.2 万
默克尔（德国总理）	29.6 万
卡梅伦（英国首相）	22.2 万

但我听了之后，以经济学细心沉思一加分析，就发现他说的是大实话！而由他这番大实话引申出去，我还一举想通了前面的问题——新加坡的"高薪"与"廉洁"之间是否真的有因果关系。

根据"寻租经济学"的正确分析，贪污腐败是因为有政府管制而起。由此可推断，新加坡比较廉洁，是因为新加坡政府管制不多，很少插手干预市场，从而使得新加坡的官员从根本上无污可贪。那新加坡的"高薪"又是怎么回事呢？李显龙说出了背后的真相！我听了李显龙这番"自辩"之话后再去了解新加坡的相关情况，发现是佐证了他的那番话的。原来新加坡的公务员（包括内阁官员这些高级别公务员）收了高薪之后，几乎再无任何的特权与福利。正如李显龙所说，美国总统可以白住白宫，可以白坐"空军一号"，而他是没有这些福利的。一个重要的事实是：新加坡很少有公务车，政府官员甚至在办理公务时都是开自己的私家车。

第八讲 非关税壁垒

也就是说,新加坡的做法,是把其他国家给予公务员的所有或明或暗的特权与福利,通通折成薪金,"明码实价"地发给公务员,以换取他们再也不能享受这些特权与福利!

这样一来,从表面上看新加坡的公务员收着很高的薪金,但他们几乎不再享受其他国家的公务员视作天经地义的特权与福利,两相比较之下,到底谁更"高薪"?很难说!姑且不论美国总统的白宫与"空军一号"这些摆在明处的特权与福利如果折成薪金是否足以填补他比新加坡总理少了5倍差距的薪金,更重要的是那些隐藏在暗处的"报销"花费,是个难以估算的无底洞!我曾经听过这样的新闻:美国某国会议员为了在他百忙之下无法分身离开之时能抢购到一张珍稀的邮票,就让他的司机开着他的公务车去邮票的发售地,然后再空车回到华盛顿。这一来一回的花费,全是由纳税人来给他报销的,因此新闻一曝光,立即引起了民众的一片哗然与愤怒指责。

事实上,我国的新闻报道里,也不乏类似的"公车私用"的报道与批评。然而,愤怒的民众不懂经济学,只是一味地耽于愤怒,或者只是一味地叫嚷"加强管理"。姑且不论加强管理是否真的有用,要加强管理那就要多搞审计。

客观上,这样将公务员的特权与福利折成薪金后形成"高薪",确实是有利于达成"廉洁"的。因为特权的其中一种,正是政府管制给官员带来了分配租值的特殊权力。没有了特权,也就没有了政府管制,自然也就没有了贪污的余地。然而,这样的"高薪"的好处,可不仅仅是"养廉",还可以减少政府官员花纳税人的钱时不可避免地带来的乱花一通不心疼的"浪费",也大大地节省了养起一支庞大的审计人员以加强管理、控制公务员贪污与浪费的行为的费用,可谓一举多得。

顺便说一句,新加坡自1994年以来把内阁部长年薪的标准定为新加坡48位收入最高的银行家、律师、会计师、工程师和企业高管年薪平均值的三分之二,这跟前面我提及的公务员薪金水平应该在一定程度上低于社会上同类性质工作的非公务员的水平,以反映"铁饭碗"的价值,是相适应的。

然而,新加坡这种"高薪"的"好政策"在李显龙手里还是维持不下去。可想而知,大幅减薪的同时,必然要悄悄地把一部分特权与福利重新引入新加坡政府之内,否则竞争之下新加坡政府将留不住人才。民众因此要承担如"无底洞"一般不知道自己其实付了多少钱给政府官员的后果,却心安理得于政府官员的"名义"薪金终于成功地下降了。这又是典型的被人卖了还替人数钱的悲剧。

我不由得想,如果还是李光耀这位"独裁者"在位,新加坡之内谁还敢叫嚷总理的薪金太高呢?是的,虽然新加坡的"民主"相对于很多所谓的发达国家或西方国家而言是徒有其表,但仅仅是在上位者的"独裁"作风有所减弱时,民主的干扰就已经迫不及待地抬头——李显龙就是迫于舆论压力才要行此减薪之举的。

张五常教授曾指出:民主,是更贪的!因为民主国家的贪污是自上而下的。

不要只见世界上几个主要的发达国家是民主国家,它们的贪污相对来说不算严重,就以为民主制度是官员廉洁的原因——这又犯了马歇尔所批评的"以事实解释事实"的错,根本不查看背后的逻辑相关性,只见民主与相对廉洁同时出现在发达国家,就以为前者是后者的原因。我们只要把目光稍稍转向其他民主但不发达的国家,就会看到雄辩的事实:这世界上绝大部分民主国家是贪污盛行的!

首先,发达国家的贪污情况相对不严重,根据前述的"寻租经济学"的分析可知,主要是因为这些国家相对来说推行的是市场经济——是真正的市场经济(基于保护私有产权的游戏规则)。市场经济之下,政府插手干预经济的机会比较少,也就是政府管制比较少,自然没什么贪污机会。而在那些民主而不发达的国家，推行的是伪市场经济，即表面上说自己是市场经济，但其实没有严格有效地保护私有产权的游戏规则，以权谋私等非价格准则横行无忌，其实是属于以管制界定权利的社会制度。既然是以管制界定权利，也就是说政府管制普遍存在，自然是为贪污大开了方便之门。

再说民主国家中的贪污是自上而下的原因。民主国家里的最高领导人是靠投票选举上台，有任期限制的，他迟早会失去手上的权力。中国俗话说得好，所谓"人走茶凉"，权力在手之时不利用来贪污，那就会过期失效！在自私本性的驱使下，民主社会的最高领导人不趁着手上还有权力时拼命贪污就怪了。事实也是，从东亚到南美到非洲，人们已经亲眼看到过多少民主国家的最高领导人下台后不久就被曝光身系严重的贪污大案？

不过我仔细地思考这个问题，觉得关键并不在于民主还是独裁，而在于权力是否终身制。即使是独裁，如果事实上是任期制的（有些名义上是任期制，但通过"垂帘听政"的"太上皇"形式仍在事实上掌握着权力，那就不是任期制），赶在失去权力之前搜刮一番的意图还是挥之不去的。最典型的情况是：我们有听说过中国古代的皇帝贪污吗？因为愚蠢和吝啬舍不得开仓赈济百姓，舍不得赏赐有功劳的大臣或大将，这类事情时有发生，但贪污是不可能的。这天下都是皇帝的了，还贪什么呢？把钱从自己的左口袋贪进右口袋去吗？这不是傻吗？是的，中国古代的官员有贪污，可以是严重的贪污，但皇帝是从来都没有贪污一说的。当然，民主制度下是一定不可能有终身任期制的，所以民主相对于独裁而言，除非能彻底地根除政府管制，否则不可避免地会出现最高领导人贪污的情况。而独裁社会有贪污，除了任期有限的条件之外，还要加上存在着政府管制的条件。

注意：我这里只是说终身制的独裁可以彻底地避免最高领导人贪污，

即使存在着政府管制，贪污的也是下面的官员，可没有说终身制的独裁一定是好事。终身制的独裁的缺点是如果独裁者不明智，虽然他不会贪污，但会做其他损害国家整体利益的事，如穷奢极侈、残忍嗜杀等，而终身制下想摆脱这种不明智的独裁者，要用到政变甚至战争等流血、损伤人命的手段，因而交易费用可能比有任期的独裁制及民主制的情况更高。这一点我在《经济学讲义》最后一讲的"政治经济学"里关于独裁的困难里已指出过了。任何制度都一定有它的优点（收益）与缺点（成本），我们要看它具体的局限条件才能知道采用它的收益与成本是什么，划算与否。

贪污是民主社会那样自上而下的贪比较可怕，还是（终身制下的）独裁社会那样自下而上的贪比较可怕？我认为是前者，因为只要最高领导人没被"污染"，明智的独裁者会深明反贪的重要性与必要性。但如果连最高领导人都在贪污，上梁不正下梁歪，这个国家还有机会取消管制、根除贪污吗？

第三节　自愿出口限制

前面详细地分析了最重要的非关税壁垒"配额"，这里总结一下。与关税壁垒相比，配额对实施国的危害有三大方面：

其一，如果不是使用价格准则来分配进口许可证，则几何图中相当于 c 的配额租就会或多或少地流失到进口商（外国人）那里去，比起关税中的 c 都是进口国政府的关税收入是更大的损失。

其二，进口商在非价格准则下争夺配额租值时，难免会产生"租值消散"。而能够最大限度地减少"租值消散"的方式，往往是贿赂发放配额的政府官员，从而间接地回到使用价格准则之上。然而这样做的代价是败坏社会风气，腐化政府官员，使得人们蔑视法律制度，由此而来的交易费用增加很可能是更为巨大的。这种损失无法用几何图计算出来，因此是无法估量之大。

配额其实还有第三方面的损害，但这里暂且按下不表，先把另一种名为"自愿出口限制"（Voluntary Export Restraints，VER）（本质是隐藏的配额）介绍完了，再做分析。

VER从字面上看，是出口国自愿对本国的出口数量进行限制，但怎么可能有人会能够出口而不出口呢？正如商家能把产品卖得出去怎么会不卖呢？不可能！那所谓的"自愿"其实是被迫的，是因为受到进口国的政治压力而不得不实施的。

所以，这VER其实还是配额，只是从表面上看是由出口国来实施的，就美其名曰"自愿"了。

然而，出口国居然被进口国逼着做这种损害本国出口商利益的事，这也太丢脸了吧？所以，在现实之中，主要是日本在美国的迫使之下实施VER。众所周知，日本在政治、军事上严重地依赖美国，说得不好听，日本就是美国的小弟。

然而，美国这大哥也别得意！前面刚刚归纳了配额对实施的进口国的损害之大超过关税。现在这个VER虽然本质上是隐藏的配额，但它却比摆明车马的配额对进口国损害更大。因为VER既然是由出口国来实施的，所以无论配额以何种方式分配，即使是以价格准则方式分配，那配额租值c也必定会全部流失到外国（出口国）那里去。也就是说，仅以几何图的分析而论，对进口国而言，关税的福利净损失是b+d，配额的福利净损失是在b+d与b+d+c之间，可是VER的福利净损失一定是b+d+c！

表8-2是美国经济学家收集的有关统计数据，计算几何图中的a、b、c、d、e……在现实中其实是多少。

表8-2的第一行是计算关税的福利损失，第二行是进口配额，第三行是VER与其他类似的出口数量限制。由于美国在国际贸易中是大国，而且它是

WTO的成员，关税没有定得很高，因此在关税方面它其实是赚了的，表现为第五列的"净获益"为正值。然而，一到配额，这一列的数字就变成负值了。

美国专家收集的统计数据

表8-2

	生产者的获益（a）	消费者的受损（a+b+c+d）	在TOT上的获益（e）	死角损失（b+d）	净获益
14个部门的关税的福利损失	679	1 956	465	70	395
2个部门的进口配额	1 791	2 564	72	600	-528
5个部门的VER和类似的出口数量限制	12 312	25 857	-6 870	2 603	-9 473
21个部门的合计	14 782	30 375	-6 333	3 273	-9 739

说明：14个受关税保护的部门是：滚珠轴承、苯化学品、罐装金枪鱼、陶瓷制品、瓷砖、人造珠宝、冷冻浓缩橙汁、玻璃器具、皮箱、聚乙烯树脂、胶鞋、软木、女鞋（非运动类）、女用手袋；2个受进口配额保护的部门是：乳制品、沿海航运；5个受VER和类似的出口数量限制保护的部门是：服装、纺织品、机床（这3个受VER保护），花生、糖（这2个受美国政府指定给特定国家的出口配额保护）。

而到了VER，这负值更是近20倍地上升！这就印证了本讲刚开始时的那番话——非关税壁垒对一个国家的伤害比关税壁垒更为严重！如果是大国，理论上还有机会通过关税使国家整体获利（但税率不能太高）；然而如果是非关税壁垒，无论是大国还是小国，都一定是净损失，而且损失一个比一个大！

至于配额对进口国造成的损失还有后面两方面，VER是一个都没少。那么，在这里就可以开始讲一下配额与VER在第三方面对进口国造成的损失了。

在分析的一开头，要先回到前面介绍关税时提到过的"从量税"。当时我指出，"从量税"会有鼓励进口商倾向于进口高价商品的效果。那里还举了个数字例子，说明对于不同价格的进口品，同样的从量税会导致高价品的每单位价格的税负较轻。事实上，这是需求定律的运用。

在《经济学讲义》里讲解需求定律时我已经提醒读者注意，需求定律作为经济学中的唯一公理，它并不是我们表面上所看到的那样只适用于解释消费者购买商品的行为，而是通过对"价格"这一变量做广泛理解，便可用于解释一切与人有关的行为——不仅是经济领域之内的行为。以从量税的分析为例。在这里，需求定律中的价格变量可灵活地理解为进口品每单位价格的税负，而需求量就是进口商倾向于进口的数量。高价品相对于低价品而言每单位价格的税负较轻，就相当于需求定律中的价格下降，于是进口商倾向于多进口高价品，也就相当于需求定律中的需求量上升了。

然而，事情到此并没完！进口商多进口了高价品，无疑会抑制一部分消费者的消费欲，使得它的销售量下降。传统的经济学教科书在这个问题上，会热衷于分析需求弹性的情况，认为如果需求是富有弹性的，进口商的总收入会下降；如果需求是缺乏弹性的，进口商的总收入会上升。然而，也正如《经济学讲义》所言，弹性只是个概念，没有理论可言，因为迄今为止经济学家找不到可靠的理论帮助人们事先确定弹性的情况。可是进口商并不会坐以待毙！不能事先知道弹性的情况，他们就根本不会用弹性去想问题，而是想方设法地确保即使价格上升也尽量维持原有的销售量。

怎么能办到呢？答案其实很简单：提高质量吧！价格虽然高了，但质量也高了，性价比不变，或至少下降得不多，销售量就有望能得到保持。因此，在"从量税"的压力之下，进口商不仅仅是简单地倾向于多进口高价品，他们还有动力去提高进口品的质量。

从"从量税"转到配额（含 VER），读者注意到它们之间在性质上有共通之处吗？配额限制了进口数量，进口商为了得到进口许可证而必须付出部分或全部的配额租去争取配额，这付出的配额租与确定的配额数量，不就很类似于从量税是根据数量征税的情况吗？都是根据数量征税，而不是根据价格征税！要知道，配额只是限制数量，可没限制进口商的进口价格，这跟从价税性质的关税完全不同。

是的，配额在一定程度上其实是带有从量税性质的，因此它对进口商的行为影响也是类似的：进口商在配额的压力下，不但会倾向于多进口高价品以弥补销售量下降造成的收入损失，还会有动力提高进口品的质量以确保销售量不会下降到甚至低于配额允许的数量之下。

有人可能会有疑问：为什么进口商在以前（指有配额之前）不提高质量以获取更高收入，到现在有了配额才提高质量？如果进口商品能提高质量，为什么不早早提高，而要等到有配额时才提高？答案是：根据"比较优势理论"，不同的进口商在生产不同质量的产品上是有不同的比较优势的，没有配额时，进口商之所以选择了较低质量的产品，一定是因为它在这个质量水平上的产品是最具有比较优势的，对它而言已经实现了成本最小化或收入最大化或租值最大化。它要是偏离了这个质量水平，无论是降低质量还是提高质量，对它来说都是偏离了最优选择，是得不偿失的。

由此，读者也要好好体会，正如不要狭隘地理解"需求定律"一样，我们也不要狭隘地理解"比较优势理论"，不要只是把它理解为解释国与国之间的贸易，其实它适用于小到人与人之间、中到企业与企业之间、大到国与国之间的专业分工的选择与互通有无的交易上。而且，我们也不要狭隘地理解人、企业、国家之间仅仅是选择不同的产品进行专业分工，它们也在同类产品的不同质量水平上进行专业分工。因此，市场不但为不同的人提供不同的产品，也同样地为不同的人提供不同质量的产品，不会光是高质量的东西有市场，低质量、中质量……实际上各种质量档次的产品都有市场！消费者只需量力而为，各取所需。

话说回来。一旦配额出现，进口商面临的局限条件变化了，它的行为当然要跟着变化。但配额带来的最重要的变化是，能够拿到进口许可证的进口商获得了部分配额租。也就是说，进口商的收入增加了，它可以承担得起生产较高质量产品所必然导致的较高成本。于是，一方面是配额导致价格上升，需求量趋于下降对进口商构成了提高质量的压力，另一方面也恰恰是配额给进口商带来了较高的收入（部分配额租），使得进口商有能力去提高质量。有压力，又有能力，进口商的最优选择当然是提高质量了。

可是进口商（外国生产者）一提高质量，进口国与之竞争的同类产品的本国生产者就惨了。配额的初衷是保护本国生产者，结果弄到最后，受保护的温室花朵怎么都形成不了竞争力，而备受压制的外国生产者在更大的竞争压力与进口国政府双手奉送的配额租的帮助下反倒是竞争力上升！市场竞争本来就是逆水行舟、不进则退。在配额的影响下，外国生产者进而本国生产者退，双方的竞争力差距不但没有因为搞贸易保护主义而缩小，反而是越拉越大。要说配额这非关税壁垒对进口国最大的损害是什么，我想，没有比这更让人哭笑不得的结果了。

如果说进口国政府铁了心要保护本国生产者，哪怕整个国家（尤其是消费者）为此付出极为沉重的代价也在所不惜，那么这个其实绝非"意外"的后果就完全颠覆了"保护"的初衷。进口国到底是为了什么要搞贸易保护主义呢？

以上是从理论逻辑上进行分析，下面就用现实事例来向大家展示，上面的理论分析不仅在逻辑上是正确的，而且在真实世界中得到了事实验证。

先举中国香港成衣的例子。正如今天的中国内地在纺织品上具有很强的比较优势，横扫美国市场而令美国生产者急得跳脚，唆使美国政府向中国纺织品设置配额壁垒那样，中国香港在 20 世纪 60 年代时也有大量的成衣出口到美国，因为便宜而数量甚大，导致美国政府对中国香港成衣设置了配额这一非关税壁垒。

本来，最初中国香港出口到美国的成衣是质量很低劣的货色。美国百货公司的建筑结构通常是这样的：地下有负二层，负二层是停车场，负一层是摆地摊的劣质但价廉的商品，随着楼层逐层上升，商品的质量也一层高于一层，直到最高一层，装修得美轮美奂的铺面里销售的就是最高档的商品了。

中国香港最初出口到美国的成衣正是在负一层那里销售，与其他发展中国家的进口品一起"排排坐"，一味地价格低廉。虽然质量低劣，但因为够便宜（毕竟穷人对它们还是有需求的），因此卖是卖得出去的，只是便宜得跟卖垃圾一样。

然而，当美国对中国香港进口的成衣实施配额限制之后，美国就眼看着香港的成衣犹如坐上了电梯一样，在美国百货公司里一直稳步"上楼"，一层一层地往上升，最后一直升到顶层！也就是说，中国香港出口到美国的成衣质量不断上升，一直升到最高档的那个层面去了。

美国国内成衣生产商即使生产的不是最高质量的衣服，也不会是最低质量的衣服，因此本来中国香港的进口品跟它们是构不成竞争关系的。然而那些愚蠢的美国生产者光看到中国香港进口品数量庞大，就恐慌了，不反思自己，奋起直追，反而直接跑到美国政府那里去寻求贸易保护主义政策，这反倒是"养肥"了竞争对手，养到他们将产品质量提升到真的能跟自己对决的层面上，而且轻而易举就被对手淘汰出局了！

以前已经说过，这里再一次重复地说：生产者一定要对消费者好！想从消费者那里长久地赚钱，绝不能想着靠坑靠骗，靠占消费者便宜去达成，而一定要真的为消费者提供价值，让消费者心甘情愿地掏出钱来。否则，迟早会自食其果。从这引申出去，人是自私的，但一定要清醒地认识到，通过利他来利己才是长远之计，通过损人来利己迟早会损己！这里说的不是伦理道德，而是经济学教给人们的真理。

成衣还只是个小产业，产值有限得很。美国通过配额把这个市场拱手让给中国香港也就罢了，更可悲而可怕的故事，发生在汽车业里！这回"闪亮登场"的是那臭名昭著的 VER。

类似地，20世纪60年代，日本经济开始腾飞，大量汽车拥入美国市场。今天，日本汽车——应该说是几乎所有的日本产品——是质量的代名词。可是当年，日本汽车的质量之差是令人匪夷所思的。当时有这么一句笑话形容日本汽车的质量：该响的地方不响，不该响的地方却响了。汽车的什么地方是该响的？当然是喇叭，可是日本汽车的喇叭没按几下就坏掉了，不响了。而不该响的地方呢？当然是除喇叭之外的所有其他地方都不该响，可日本汽车，一开起来就哐啷哐啷地响个不停，其不结实程度，可想而知！

当年的日本货也有一个绰号，叫"哎呀货"，就是指质量之差，"哎呀"一声之后，就坏了！虽然质量差得如此令人发指，但那价格也是便宜得令人发指！所以当时日本汽车在穷人之中还是挺有市场的，销量极为喜人。于是，类似的一幕在汽车业发生了：美国汽车企业跑去向政府哭诉，要求美国政府采取贸易保护主义措施阻止日本汽车的大量进口。

这一回，美国大哥对日本小弟提出的要求是VER。当年，日本政府在美国施加的压力之下将要在汽车产业推行VER的消息一发出来，东京股票市场上的几只汽车大企业的股票立即大涨。这说明什么？这说明投资者是很聪明的！首先，他们深深地明白，实施VER意味着日本的汽车产业将获得丰厚的配额租，反映在公司业绩上当然是利润翻番的光明前景，因此这是一个重大的利好！其次，他们还深深地明白，谁能得到配额？当然是大企业。这是因为，一来大企业的市场份额大，也就是它们不争取配额的机会成本比小企业高得多；二来大企业能用于"寻租"的资源实力也较强。于是，有需要，又有能力，不是大企业争得配额就怪了。

事实上，日本汽车业中的大企业早就希望日本政府搞这种限制出口的措施了。当年的日本正如现在的中国，竞争充分自由（所谓的"恶性竞争"其实是充分自由竞争），即只要哪个行业有钱赚，马上一拥而上，供应大增，竞相削价，搞到行业内的生产者谁都赚不到钱。为此，那些大企业"苦闷"不已，一直呼吁政府要控制这种"恶性竞争"。

其实是大企业想加价出口,但旁边有多如牛毛的小企业以价格低廉的优势跟它们竞争,它们哪敢加价加得太多。可是日本政府对此不闻不理,它们也是无可奈何。现在可好了,美国人来帮它们把这事搞定了!一众小企业哪有能耐去跟大企业竞争配额,只有纷纷破产倒闭的份。而事实上也是,自从搞了VER之后,日本汽车业的垄断性明显上升,从原来有无数汽车小企业,变成只剩三巨头(丰田、本田、日产)。

这里顺便说一句,正如《经济学讲义》中所言,企业争取垄断权是天经地义的,只是垄断中的行政垄断是有害于社会整体的。可是企业争取垄断权是不管对社会整体有害无害的,只管以最小代价去争取垄断权。因此,企业打着主张政府"加强管理,杜绝恶性竞争"的漂亮旗号,其实行的是争取行政垄断权之事,是不足为奇的。

不只日本汽车业发生过这样的事,以我亲眼所见,顺德的格兰仕集团的老总曾公然呼吁顺德政府要"管理"一下当地家电业的"恶性竞争",只是顺德政府不理他而已。顺德是家电之乡,聚集了大量中国的家电名牌,除了格兰仕外,还有美的、科龙等。格兰仕老总做此呼吁,可以说既是鼠目寸光,也是忘恩负义!说他鼠目寸光,是因为顺德不是一个国家,只是一个地区,如果地方政府为本地大企业搞行政垄断,其有效地域只能局限于顺德一地,必然会导致当地在家电行业内的竞争力下降,最终必然会损害总部位于该地的格兰仕。而说他忘恩负义,则是因为这家企业的前身本是一家羽绒制品厂,1992年转行进入家电业。当时与它同处一镇之内的家电龙头大企业是科龙。如果顺德政府早早就按着它后来不堪市场竞争之扰而提出的"杜绝恶性竞争"之议,把科龙严密地保护起来,格兰仕这新入行的菜鸟哪还有出头之日?更不要说现在甚至发展壮大到把科龙都压过头去了。所以,顺德政府不理会这种短视而又忘恩的建议,是很正确的!

话说回来,日本汽车业的三巨头就是这样被美国"强塞"给它们的"大礼包"(VER)养得肥肥壮壮的。它们利用丰厚的配额租大举投入研发(R&D)之中,使日本车的质量直线上升,迅速成为美国汽车业三巨头的强大竞争对手!——以日本车最初的质量,根本不可能与美国车构成竞争关系。而且,日本车企提高质量而获得更高收入之后,索性进入美国投资设厂,直接绕过了配额限制!

自此之后,美国车被日本车打得只有招架之功,全无还手之力的故事,就不用再介绍了吧?

 阅读材料——配额:前车可不鉴乎?
(张五常,2003 年 10 月 30 日《南窗集》)

中国两年前签订世贸协议后,纺织成衣产品进入美国的配额按步取缔,其中一些取消了配额。后者中有三种产品因为取消了配额而导致美国进口急升。美国决定把配额于明年年初放回去。中国反对,说美国违反了世贸协议,美国则认为没有违反,于是,中美两国吵了起来。公有公理,婆有婆理,我不懂,但谁对谁错不是这里要探讨的话题。经济学者是屡有分析配额的效果的。他们一般是按照课本的方法,把几条曲线移来移去,看着法例加上一点变化,然后以一些回归分析计量一下。这种分析不是错,而是因为过于注重方程式与进出口数字,忽略了我认为是制造品配额最重要的含义,也即是说漠视了最重要的内容。让我说说吧!

20 世纪 70 年代,中国香港成为世界第一成衣(纺织品)出口地区。你道为什么?因为 60 年代中期,美国及其他先进之邦,以配额约束中国香港纺织品的进口数量!那些年头我在美国,亲眼看得分明。60 年代,中国香港的纺织品只在低档的百货商场的地下(basement)出售,品质奇劣，价格相宜，见不得光，与数之不尽的落后国家的产品排排坐。配额约束实施后，中国香港成衣质量急升，几年之间由地下升到最高档的那一层，而价格也大幅提升了。不少美国的高档牌子惨遭淘汰，或节节败退。是的，70年代后期，中国香港富有的太太小姐们，坐飞机到美国的高档商场购买衣服，买回来的都是中国香港货。

有什么奇怪？四十年前美国某些州把香烟税改为以每包算，香烟立刻加长。若干年前西雅图某区政府委任的收垃圾公司发了神经，垃圾按每箱收费。该区的垃圾箱立刻加大，塞得满满的，父母叫孩子在箱中的垃圾上跳，结果是垃圾箱重得拿不起来！

配额是值钱之物。一件成衣要一个配额才可出口，制造商怎会不增加其质量呢？这正如中国香港进口的美国苹果与金山橙，因为高档的与低档的要加同样的运费，进口商当然选高档的了。

经济理论的解释当然还是需求定律。中国香港中六学生也懂得的答案，虽然加上运费后，优质苹果与劣质苹果的价格一起提升了，但从相对价格方面看，优质苹果的价格是下降了的。需求定律的价格，永远是相对价格。同样地，提升成衣质量，其价格是上升了，但优质与劣质同样加上一个配额之所值，优质成衣的相对价格下降，所以出口的质量提升。

这个分析，中六学生说得出有一百分，但到了博士后只得六十分，强可及格，因为只是大略对。较为正确的分析比较深入，要把"量"来一个颇为复杂的阐释。拙作《科学说需求》的第六章第五节处理了这个问题。

为什么被配额约束了数量，中国香港当年依然成为天下第一纺织成衣出口地区呢？答案是两个理由的合并。其一是优质使价格上升，而出口总值以价算。其二是优质的成衣远为耐用，减少了他国的出口量。

另一个问题来了。当年亚洲的国家或地区都受到同样的配额管制，为什么主要是中国香港跑了出来呢？答案还是需求定律：整个亚洲只有中国香港容许配额在市场自由买卖。自由转让不仅使配额落于善用或适用者的手上，也使配额的价值上升，而这使中国香港的优质成衣的相对价格下降得更多了。听说中国大陆的纺织品配额也有在市场上转让的，但因为法律不容许，市场就发明了一些偷龙转凤的转让方法。这增加了交易费用，然而，一般的观察是中国大陆的配额转让盛行，对产品质量的影响应该与中国香港昔日的相若。

任何制造品都有多个层面的档次。在国际自由贸易市场中，不同地区会按它们的比较优势成本选择各适其适的品质档次产出，选错了的制造商会被市场淘汰。不是说在配额引进之前，中国香港的制造商没有能力产出质优、档次高的成衣，而是在国际自由竞争下，他们认为投资于高档次的产品，其成本斗不过先进之邦。配额的引进，是把自由市场的质量档次排列更改了。怎么可能呢？配额之前中国香港的成衣制造商认为走高档的成本过高，走不过，难道配额之后走高档则成本下降了吗？不是的。答案是：配额引进之后，成衣制造商之间的竞争受到约束，使配额的每个受配者在某种程度上拥有一点垄断权，配额之价代表着垄断租值，而这租值的存在容许持有配额的竞争者提升成本，因而容许成衣质量大幅提升。在持有配额者的竞争下，均衡点是质量提升的成本增加在边际上与配额的租值相等。是配额租值给予成本上升的空间；是需求定律强迫质量上升的选择。这是经济学。

当年美国与其他先进之邦，为了保护自己的纺织成衣商，把落后而质劣的中国香港纺织品加上配额限制。然而，到头来，落后的中国香港成衣商，因为配额保护着他们，给他们可观的配额租值，让他们有成本空间大展拳脚，提升产品质量，把先进的配额倡导者杀下马来。这叫做拿起石头砸自己的脚。

这些年来中国内地的纺织成衣，有众多港商的参与，质量广及多个档次，其中不乏高档的。入世之后，面对配额的瓦解，制造成衣的竞争急升。在这样的情况下，配额的重临会使他们精益求精，可能会把金缕衣造出来。城门失火，殃及池鱼，欧洲的名牌将会有难矣！

第四节　倾销与反倾销

　　一般的"国际贸易"教材都会在介绍完"限制进口的贸易政策（贸易壁垒）"之后，就介绍"促进出口的贸易政策"，好像这是两种性质截然不同的贸易政策，前者是减少进口，后者是增加出口。然而，传统教材介绍后者，最终是为了说明采取这些促进出口的贸易政策的贸易对手（相应的进口国）会采用相应的"反制"措施。于是，如果读者没有被传统教材这绕弯之举迷惑的话，就应该心清眼明地看到，其实那些所谓促进出口的贸易政策的反制措施，还是限制进口的贸易保护主义政策！

　　也就是说，搞贸易保护主义的国家还有一种常用的招数，那就是"恶人先告状"地指责贸易对手人为地制造所谓的"不公平贸易"，于是它才要"以恶止恶"地反制之，目的只是报复，或说得更好听，是"抵消贸易的不公平性"，而不是搞贸易保护主义。

　　可问题是，这世界上真的能有人为地促进出口，使得贸易不公平的政策吗？这种指责的言下之意，是指出口商其实并不真的具备很强的竞争力，却因为背后有出口国政府的撑腰而"凭空"地变出竞争力来，于是没有本国政府撑腰的本国企业与之竞争时处于不公平的位置之上。一个对这种指责的简单回答是：如果真的能有这种政策，则按逻辑推理下去，有政府支持的国有企业就能够在没有行政垄断的市场（因为没有世界政府的存在，所以世界市场上不可能存在着行政垄断）上将没有政府支持的民营企业淘汰出局。显然，这完全违背了经济学理论，也被事实屡屡推翻。否则中国实行计划经济时的国有性质的进出口公司早该在国际贸易中打遍天下无敌手，何必再搞改革开放？

那么，下面就逐一来看比较常见的一些所谓的"促进出口"的贸易政策，及"反制"它们的，本质上其实还是贸易保护主义的政策。

最常见的，就是倾销（Dumping）与反倾销（Anti-dumping）！

什么是"倾销"？按英语的字面意思来理解，那就是"倒垃圾的行为"。这当然是一个比喻用法，是指出口品的价格很低廉，简直就像倒垃圾卖破烂那样贱卖。一般的国际贸易教材对"倾销"的定义是：以"太低"的价格出口产品。但问题是：什么叫"太低"？有关的定义会补充说，"太低"是指低于"正常价值"或"公平的市场价值"。那什么叫"正常价值"或"公平的市场价值"呢？这就有不同的定义。通常来说有两种定义。其一，是指低于出口国的国内市场价格。其二，是指低于总成本（含合理的利润）。

然而，所谓的"倾销"产品的价格真的会低于出口国的国内市场价格或所谓的总成本吗？恰好我曾经调查过中国的瓷砖行业遭遇外国"反倾销"诉讼案的情况，并且找到一份"新中源"公司（该公司在瓷砖行业中产能位居世界第一）为应对该诉讼案而撰写的一份报告。该报告详细地列举了"新中源"出口到印度的瓷砖的价格数据，指出该公司完全没有搞倾销，出口产品的售价不但能弥补生产成本、运输费用，还很赚钱！该报告还详尽地解释了为什么"新中源"出口到印度的产品价格如此低廉，印度的竞争对手无法与之竞争。原因之一，该公司出口到印度的瓷砖其实是质量较为低下的产品，在中国基本上是没有市场的，所以其价格当然便宜——比该公司在中国国内市场上销售的高质量产品要便宜，是完全合理的。原因之二，该公司产能巨大——如前所述，产能是世界第一，而且比居于第二位的公司高很多，也就享受着庞大的规模经济的好处，导致其生产成本很低。相比之下，印度一来是能够生产抛光砖的企业很少，于是"新中源"的出口产品在印度没有多少竞争对手，二来是只有少数企业掌握生产抛光砖技术，能成为"新中源"竞争对手的企业的产能规模很小，不具备成本优势。原因之三，印度的国内税收负担很重，甚至不下于"新中源"这样的外国企业进口时要负担的关税，于是印度的瓷砖企业更加没有成本优势了。也就是说，印度企业缺乏竞争力，有一部分原因恰恰是印度政府自己造成的！

"新中源"这份报告可谓理据翔实，雄辩滔滔，一举将"倾销"的神话破除得干干净净！我也曾在一次初中同学聚会中，听到过类似的例子。那次聚会里，有一男一女两个同学刚好分别就职于两家互相激烈竞争的公司之中。而当时刚刚是广交会结束没多久，那两家公司在广交会中为了争取外商订单而大打价格战的新闻正甚嚣尘上。女同学是 A 公司的中层管理干部，男同学则供职于 B 公司的会计部。女同学先是破口大骂男同学所在的 B 公司在广交会上把价格压得那么低是自相残杀，然后一听说男同学是供职于 B 公司会计部的，马上目光闪闪，追问道："你是会计部的？那你应该知道详细的成本数据？"男同学只是笑而不语。

事后，我悄悄地把那位女同学拉到一边，低声问她："你们公司为了跟人家打价格战，把价格降到那么低，是不是严重亏本了？"那位女同学不假思索地回答我："怎么会？老板怎么可能亏本卖东西？"女同学这话可谓让人醍醐灌顶——"老板是不会亏本卖东西的！"这句朴实的真理，一定要牢记在心头。别看价格那么低，其实还是没亏本，根本不是"倾销"！

搞"反倾销"的国家，其实是心知肚明的。所以那些用"反倾销"搞中国的国家，不会真的拿有关产品的中国国内价格去做那所谓的"正常价值"或"公平的市场价值"的标准。它们不承认中国是市场经济国家，一口咬定中国的国内价格是受到政府干预而被扭曲了的。这是我国加入 WTO 时没有争取到"市场经济地位"的重大代价。当时，我国为了加入 WTO，在有些条件的谈判上做出了让步，有些让步其实是好事，因为其让步是答应更大地开放国内市场；但有些让步却是坏事，给其他国家针对中国搞贸易保护主义留下了把柄或后门。没有争取到

WTO认可我国具备"市场经济地位"就属于后者。那时我国没觉得这会是一个让我们付出相当沉重代价的让步，但很快就知道了。一旦外国针对中国的产品展开"反倾销"调查，中国出口产品的价格到底算不算"倾销价"，如果我国具有"市场经济地位"，那就能够直接拿国内的价格数据来做证明；但因为我国不具有"市场经济地位"，调查时就要找那些所谓的与我国具有可比性的其他国家市场内的有关产品的价格来做衡量标准。然而，它们找的是什么样的"具有可比性的其他国家"呢？曾经有找过印度。但从前面"新中源"案例可见，虽然据说印度的经济发展阶段跟中国一样，但印度的国内企业竞争力低下、税收负担沉重，其市场价格是高于中国市场价格的。找印度还算有点谱，最没谱的一次居然是找了新加坡！新加坡的市场狭小，而且它显然是经济发达程度高于中国的国家，它怎么可能是与中国具有可比性的国家呢？

后来，中国在这方面吃亏太多了，于是就与各主要贸易伙伴国展开双边谈判，陆续争取到它们承认中国具有"市场经济地位"。然而，"反倾销"本质上就是要搞贸易保护主义，搞定了这个"市场经济地位"，也不等于人家就不会再以"反倾销"搞中国。就算不搞"反倾销"，也会搞别的招数。所以在那之后，中国遭遇的贸易保护主义案例中反倾销诉讼案的比例是下降了，但反补贴、特保之类的新招数又粉墨登场了。这里暂且按下不表，还是先继续谈反倾销的问题吧！

接下来继续介绍传统的国际贸易教科书里对"倾销"的分类。

传统的国际贸易教科书把"倾销"分为季节性倾销、周期性倾销、掠夺性倾销、持续性倾销四类。这四类所谓的倾销其实不仅限于国际贸易中才发生，在国内贸易中也会经常见到。其中，前三类的倾销在时间上都是不可持续的，但前两类倾销与第三类倾销的性质不同。

季节性倾销就是人们平日见到的换季之时以"跳楼价"甩货尾的行为。因为有些产品有明显的季节性周期，在换季时为了尽快清理库存、回笼资金，其价格有可能降到确实是不能弥补成本的低位。而周期性倾销其实也是类似的性质，只是库存积压的成因不是季节性因素，而是因为处于经济周期（商业周期）的不景气阶段，产品必须削价处理。基于"历史成本不是成本"的正确概念，产品以前在生产时发生的成本是历史成本，不能视为成本。所以严格按经济学的成本概念来看，为了清理库存、回笼资金而低价甩货的倾销，也没有低于成本。姑且不严格追究成本的概念，即使以低于历史成本为所谓倾销价的标准，这种倾销行为也不会是"反倾销"所要反的。因为这种行为不会长期持续，当库存清理完毕后就会消失。而"反倾销"诉讼案要历经调查、立案、诉讼、判决的过程，耗时费事，待走完整个流程，库存多半都已经清理完了，它要反的所谓倾销行为早就不复存在了。

举一个我亲身经历的这类倾销例子吧！某天我想买个电脑麦克风，在淘宝上一搜，发现有家位于深圳的网店在清理库存，明确描述为"库存外观不良，通话正常"，以超便宜的1元甩卖，另加运费8元。虽然淘宝店经常有故意把价格标得很低以吸引眼球，其实是把价格加到运费里去的情况，但即使运费8元是加进来的价格，那也相当便宜了。于是我拍下了这款产品，收到后一看，样子确实不好看，但对我这种"实用主义"的人来说是毫无影响的。反而是它的轻便小巧非常适合我将它随身携带到教室去使用的需要。这个电脑麦克风我已经用了三年有余，没有任何质量问题，让我非常满意。显然，这个电脑麦克风的价格绝对是"倾销"的，但有什么问题呢？需要反吗？能反得了吗？

再来看所谓的"掠夺性倾销"。这种现象同样不只是发生在国际贸易之中，国内贸易中也会经常见到，一般被称为"以本伤人"，是指故意将产品价格压低到（直接）成本以下进行销售，竞争对手要是跟进就会血本无归，但不跟进又会因为没有价格优势而卖不动产品，最终只好退出市场。将竞争对手淘汰出局之后，搞"以本伤人"的生产者就会在市场中占有垄断地位，它可以把价格提到垄断高价的水平，把之前"以本伤人"时亏出去的本钱赚回来。也就是说，这种倾销的目的是掠夺市场，目前的低价也是不可持续的，最终价格会回升，而且还会高于自由竞争时的水平。

然而，这种"掠夺性倾销"或"以本伤人"是神话！要是有人竟然相信这种神话，傻乎乎地按着这种神话去做，前半段有可能成功，通过把价格压低到直接成本以下而将竞争对手驱逐出局，但后半段一定会失败！因为当他自以为已经独占市场而把价格提到高于自由竞争的水平之上时，过高的价格带来的过高收入一定会吸引已经离开的竞争对手又再进来。是的，既然竞争对手可以离开，凭什么认为他们就不可以再进来？相信"掠夺性倾销"神话的人，是被经济学教科书对"垄断"的定义误导了，以为市场上只有一个生产者的情况就是垄断。我在《经济学讲义》中关于"觅价"（垄断）那一讲已经解释得很清楚了，垄断是市场上只有一个生产者，但市场上只有一个生产者不等于垄断。必须存在着门槛阻止市场外的潜在竞争者进入，才能构成垄断。故意把价格压低到直接成本以下，只能一时赶走竞争者，但如果没能有效地构建进入门槛，市场上只剩下一个生产者也不等于这个市场的结构就是垄断的。

张五常在一篇散文里讲过一个故事，更是巧妙地指出，"以本伤人"的神话甚至连前半段都不一定能成功！故事是这样的：在一个市场上有两个卖鸡蛋的人，其中一人相信了"以本伤人"的神话，于是把鸡蛋的价格降低到直接成本以下销售，只等着另一个卖鸡蛋的竞争对手出局。可是他以超低价格卖鸡蛋卖了好长一段时间，对手居然都顶得住。到了最后，倒是他顶不住了，主动跑到对方那里问："我以为我的资金实力够雄厚的了，可真没想到你比我还厉害。我亏了那么久，都要亏光本钱了，你怎么还没事啊？"对方听得莫名其妙，回答道："我本小利薄，哪能跟你比啊？我这里卖的鸡蛋，可都是从你那里进货的呀！"

虽然张五常在讲这个故事时说，这可能不是真正发生过的事。但在京东、当当等电商大打价格战的时候，确实发生过这样的事情：有电商从价格压得更低的竞争对手那里购进甚至是免邮费的商品，放在自己店里销售。

不过，人们确实可以看到现实中出现过以很低的价格——低到一定不能弥补生产有关商品的直接成本的程度——去销售商品的情况,这又是为什么呢?这种低于成本价销售的行为确实存在,但并不是"以本伤人",或是为了驱逐市场上既有的竞争对手出局好掠夺它们的市场份额,而是为了做广告!人们经常看到,一种新产品上市的时候,会在超市里做促销推广,低价——甚至免费派送都有——销售给消费者,但目的明显不是"以本伤人",而是吸引消费者来体验试用。一旦促销结束,价格就会回到较高的水平,但这并不是垄断高价。这是一种巧妙地卖广告的行为,低于直接成本销售而发生的亏损其实是广告费——商家可以选择直接向媒体支付广告费以投放广告。但这样做面向的受众不明确,看到广告的人未必会是该产品的潜在购买者。但如果是在这种产品销售的超市里以超低的体验价半卖半送给前来超市的人,这些人就有很大的机会成为产品的购买者,比起在媒体上卖广告是更为精准的营销手段。超市里也在销售着的其他同类产品,又怎么会因此而退出超市呢?

另一方面,前面提到的电商价格大战,又是怎么回事呢?像京东那样的电商,长年亏损经营,动不动就跟竞争者打价格战,它搞的是"以本伤人"或"掠夺性倾销"吗?答案同样是否定的。首先,大家注意京东打价格战都是在什么时候。一次,是它刚刚进入图书市场的时候。那时的价格战与其说是要实现它所声称的打倒当当的目的,不如说是吸引大众眼球——当当一接战,正中京东下怀。因为各大媒体大肆报道,人人瞩目,大家一下子都知道京东现在不仅仅是卖电子产品,还卖书了。另一次,却是苏宁高调进入电商市场,上线"苏宁易购"。

其次,电子商务带有很强的"规模经济效应",即规模越大,平均(直接)成本会降得越低。所以,通过降价扩大市场占有率,有利于获取规模经济的好处。最初降价时,可能确实是低于直接成本的亏本买卖,但占有了足够多的市场份额之后,规模上去了,(直接)成本下来了,低价完全有可能还在直接成本之上并可以长期维持。如果市场的总体规模保持不变,某一生产者通过降价占有了更多市场份额,的确会出现将原来存在于市场之内的竞争者淘汰出局的情况。但是在市场中生存下来的生产者不会因为竞争者离开而提价（因为现在的低价其实已经可以弥补因规模扩大而降得更低的直接成本），也就不存在竞争对手又会回来的事情。这有什么不好呢？这就是竞争！竞争的结果是：消费者享受了低价，低价也不会再升上去。不过，目前来看，至少在电商行业里，情况不是这样的。价格下降刺激了更多消费者参与电子商务，因此这个市场的总体规模一直在不断地扩大，不但原有的电商仍能维持经营，还吸引着越来越多的市场外的潜在竞争者进入。而每一个新的竞争者进来，都要先打一场惊天动地的价格战来吸引消费者的眼球，以便向全世界宣布：各位，我进来啦！

最后，是"持续性倾销"。其实，只有这一类倾销是"反倾销"有可能反得了的，因为前三种倾销都是短暂地发生，"反倾销"根本来不及走完冗长的法律程序。另外，如果以低于出口国的国内市场价格来定义"出口价太低"，也只有这种倾销能够符合定义。正因为这种倾销的所谓"出口价太低"并不是真的低于成本，而只是低于国内市场价格，所以它才有可能持续下去。为什么出口价会低于国内价呢？这其实是因为"价格分歧"（Price Discrimination）。如图8-3所示，由于本国的国内市场的需求曲线较为缺乏弹性，而外国市场需求曲线较为富有弹性，导致具有垄断地位的生产者追求两个市场的租值最大化（满足$MC=MR_1=MR_2$，其中MR_1是本国市场的边际收入，MR_2是外国市场的边际收入）时，会出现国内市场的满足最优条件的均衡价格是高于国外市场的满足最优条件的均衡价格的情况。由图可见，这时的出口价虽然低于国内价，但它是高于成本价的，生产者不但没有亏损，而且已经达到租值最大化（传统教科书所说的"利润最大化"），所以这种所谓的"倾销"是可持续的。

显然，要出现这种"倾销"，必须满足以下条件：（1）有关的生产者在市场上具有垄断地位，否则它面临的就不是一条向右下方倾斜的需求曲线，也就根本无所谓需求曲线缺乏弹性了。（2）国内外市场能有效地分隔开来，否则自私的人会在价格较低的国外市场购入商品，运到价格较高的国内市场去赚取差价，也就是发生"套利"行为,使得两个市场之间的价格差异无法维持。(3)两个市场的需求弹性不同,而且必须是国内市场缺乏弹性,国外市场富有弹性。

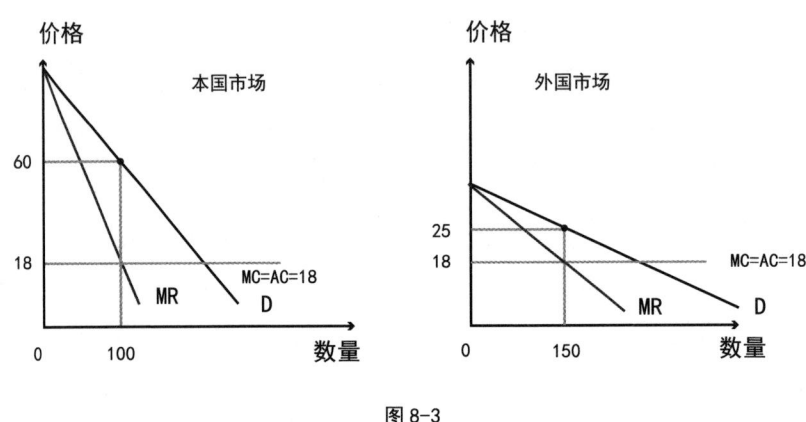

图 8-3

用这三个条件一套,就会发现我国经常受到国外"反倾销"的那些产品,没有一个是符合这些条件的!我国的出口品都是鞋子、衣服之类的,全是竞争程度异常激烈,无论是国内还是国外都是企业林立的市场环境,根本不可能有垄断性。于是,这唯一有可能长期维持,有可能符合"反倾销"条件的所谓"倾销",是跟中国产品绝缘的!国外针对中国产品的"反倾销"完全是出于政治原因而不是经济原因的本质,暴露得不能再明显了。

然而,基于"需求弹性不同"的价格分歧,不幸也只是个神话!虽然逻辑上这分析没错,但问题就在于,正如我在《经济学讲义》里指出过的那样,经济学到目前为止都没有找到可事先确定弹性大小的因素,于是弹性就成了一个无法验证的概念,根本构成不了理论。张五常的新版《经济解释》指出,价格分歧的现象存在,但用需求弹性是解释不了的,因为无法验证,只能用存在着闲置与信息费用来解释。存在着闲置而出现的价格分歧,其实是前面说过的为清理库存而出现的倾销,它只是为了避免影响国内市场而放到国外市场去处理尾货。但因为每一种产品的生命周期结束时都需要倾销到国外市场去清理尾货，于是看起来貌似是持续出现的倾销，其实是不同的产品在倾销。如果只限于一种产品，倾销是不会持续进行的，一旦尾货卖完就不会再出现了。下一次同一家企业倾销出来的产品，其实是另一种产品了。

最后，简单说一下中国应该如何应对反倾销诉讼。很多关于反倾销的文章都主张，中国企业要积极地应对反倾销诉讼，不能坐以待毙。但是，我的观点完全相反！如前所述，反倾销诉讼的法律程序冗长至极，再加上应诉企业必须收集大量原始凭证作为事实证据，还要翻译成英文，略有差错都会被对方抓住把柄，把差错当成"做假账"的证据……小企业根本不可能耗得起这样的诉讼，没等判决下来就会被拖垮！于是也有人主张企业要抱团应诉，在行业协会的协调下共同应付，以降低每家企业分担的成本。然而，应诉真的有用吗？

让事实来说话吧！2011年，欧盟对华陶瓷反倾销做出最终裁决，国内不应诉的陶瓷企业被征69.7%的高额反倾销税，基本被迫放弃欧洲市场。而即使是应诉的企业，也普遍被征30%的反倾销税，这些企业虽然不至于完全退出欧洲市场，但来自欧洲的订单也会价格上升而大跌——如蒙娜丽莎公司的欧洲订单从2007年占欧洲总订单的五分之一下降到不足十分之一，宏宇公司的欧洲市场份额也下降两至三成。这些公司纷纷表示已经将主攻市场转向东南亚、金砖国家等。欧洲市场仍保有一席之地，能起的作用只不过是为转移市场争取到一些缓冲时间而已。

既然反倾销只是一根用作实施贸易保护主义的大棒，从上述的理论分析也可知，根本不可能有反倾销法可以合理地去反所谓的"倾销"行为，也就是说，反倾销的人其实没打算真的跟别人说理，说理又有什么用？这是名副其实的"秀才遇着兵，有理说不清"。搞应诉，最多只不过是把死刑改成死缓而已！再说，反倾销是国家发起的，企业跟国家压根儿不在一个力量级别上，企业是不可能斗得过国家的。唯一真正有效的出路，就是让国家出面对付国家，由我国政府在外交层面上把这些事情给解决掉，这是最好不过的。但如果外交实力不足而解决不了，企业也不要去应诉了。与其虚耗钱财去应诉，倒不如省下钱去开拓新市场。就算有一天全世界都向中国关上大门，只要不是中国自己搞闭关锁国，回头经营好庞大的国内市场，也就足够了！更不要说，如前所述，搞贸易保护主义的进口国受到的伤害远远大于出口国，真的是"杀敌八百，自伤一千"。

有这么一个伊索寓言：一头犟驴子要跳崖，农夫拼命拉着系在它身上的缰绳不让它跳。但到了最后，农夫终于还是没拉住，驴子坠崖了。农夫探头往无尽的悬崖深处喊道："你赢了！"是的，驴子赢了，代价是失去了自己的生命；农夫输了，失去的是驴子这种财产。那些用"反倾销"诉讼去搞中国的国家就是那头蠢驴，中国就是那个农夫。让我们向农夫学习，大方地冲着那些蠢驴吼一声："你们赢了！"

第五节　反补贴

上一节说完了"反倾销"，接着再略说一下"反补贴"。

很多国家（主要是发达国家）针对中国开征"反补贴税"，也是基于前面提到过的认定中国不是市场经济国家，声称中国由于是计划经济国家，出口企业都能获得政府补贴，因此可以用很低的价格出口商品到其他国家那里去，导致所谓的"不公平竞争"，所以要加一个"反补贴税"，以抵消中国企业所获得的政府补贴，使之与它们国家内的企业在"平等"的基础上进行竞争。

然而，这理由是非常荒谬的，从头到尾都站不住脚。前面已经分析过中国加入WTO时没能获得市场经济国家地位的问题，这里就不再重复了。退一步说，就算中国真的不是市场经济国家，出口企业真的获得了大量的政府补贴，于是能以极低的价格出口，与外国企业竞争时占有不公平的优势，中国企业就真的能在竞争中淘汰外国企业吗？如果这答案是肯定的，那岂非说计划经济优于市场经济？得到政府补贴的国有企业竞争力强于没有政府补贴的民营企业啦？那中国还搞什么改革？1978年之前的中国全部是国营企业，它们都能得到全额的政府补贴，岂不是应该在世界市场上比现在更能横扫千军、征服地球？这有可能吗？这是事实吗？如此明摆着的天方夜谭，居然有人相信！主张"反补贴"政策的人如果是正确的，那岂止是挽救了该国之内的企业免于"不公平竞争"之灾？他们还颠覆了经济学理论，应该获得"诺贝尔经济学奖"才对！

如此荒唐透顶的主张，竟然能大行其道，"反补贴"只不过是为实施贸易保护主义政策遮掩粉饰的本质可见一斑！

不过，中国政府确实对出口企业进行了一项性质上是属于"补贴"的政策，那就是"出口退税"。所谓出口退税，是指对出口货物退还其在国内生产和流通环节中实际缴纳的产品税、增值税、营业税和特别消费税。这其中最大头的是增值税。这个政策乍一看是一种税收优惠政策，但本质上是出口补贴——因为生产出来的产品在国内销售要交税，但如果是用于出口就退还缴纳的税收（其实只是退部分，不是真的全额退还），从另一个角度来看这等于是政府给予了企业相当于退还部分税收的补贴。

然而，仔细考察出口退税政策，它是损害中国整体利益的！张五常教授曾与我商讨过他观察到的一个现象：那就是中国的产品，即使品牌、包装完全一样，在中国香港购买的质量就是比在内地购买的质量高！以酱油为例，某国内名牌酱油，都是在内地生产的，但张教授在中国香港购买到的酱油质量，明显高于在内地买到的酱油质量。为什么？

由这现象，我想到另一个在民间普遍流传的"愤青之论"，是说日本人很滑头，把最好的东西都留在国内销售，把差的东西卖到中国来；与之相对，中国人却是傻乎乎地把最好的东西都出口到外面去，差的东西才留在国内卖。这"愤青之论"的前半部分即使是事实，但解释起来也不困难。商家都是逐利的，日本人也不例外，不可能真的为了民族感情就不把好东西出口到中国来赚钱。原因应该是以前中国经济发展程度不高，消费力也就不强，优质品的价格较高，留在消费力强的日本会有更大的市场；质量较差的商品价格也相应的便宜，在中国销售的市场会更广大。这个解释是得到事实验证的。因为随着中国经济发展，中国人民的消费力也明显地随之提高，我们会观察到日本出口到中国的产品的质量也跟着水涨船高了。

但那"愤青之论"的后半部分又怎么解释呢？这显然跟张五常教授提到的现象是类似的情况。而且，"出口转内销"的商品往往是"优质产品"的代名词，这也说明了类似现象确实是在中国普遍存在的。答案，就是出口退税！之前分析配额有着"强迫"进口品质量提升的效果时用到的逻辑，可以引申到这里来，只不过现在是出口补贴导致出口品质量上升。有了出口补贴这额外的"租值"，出口品就有了成本空间去提升质量了。在国外市场竞争激烈的压力下，能提升质量当然是要选择提升质量啦！然而，出口补贴所花的钱，是从本国人那里征税得来的。于是，出口补贴等于是花本国人的钱去补贴外国人的消费！这不是损害本国利益又是什么？

由此可见，即使本质上不是阻碍进口的贸易保护主义政策，鼓励出口也是一种广义的贸易保护主义，虽然那是把本来不该进行的贸易人为地增加，而不是把本来应该进行的贸易人为地减少，但本质上都是扭曲了市场决定的贸易数量，都必然是损害本国利益的，概莫能外！

其实说到补贴，西方国家（尤其是欧洲国家）才是大搞补贴的重灾区！欧洲国家对于农业的补贴之厉害，使之成了一个沉重的财政包袱，成为造成现在欧债危机的两座大山之一（另一座大山是社会福利，这一点已经在《经济学讲义》中分析过了）。

图 8-4 和图 8-5，是分别用于分析"出口补贴"与"生产补贴"的。二者的区别是前者只对生产出来，并且出口的产品给予补贴；后者是只要生产出来的

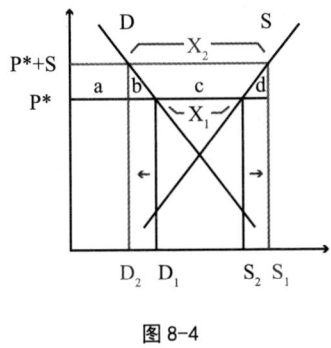
图 8-4

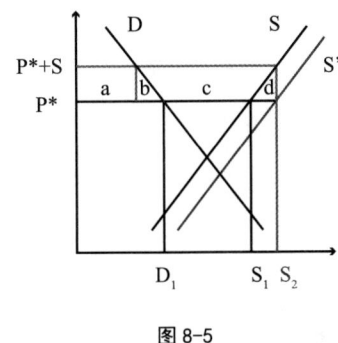
图 8-5

产品都给予补贴。

几何图的分析就不做了，读者应该自己都能看明白。这里再出一道作业题，是请读者画一下以下情况的几何图：如果一国的产品本来不具有比较优势（本来是需要进口），却通过政府补贴人为地搞成反而可以出口的了。要读者画这种情况的几何图，是因为现实之中这种情况真的出现了！欧洲国家大部分在农产品方面是不具有比较优势的（因为大部分欧洲国家的土地面积零碎狭小，难以使用大型机器进行集约化生产），却还是有出口能力——当然主要是出口到欧盟之内的其他国家，出口到世界市场上去的能力是没有的。所以出口靠的是政府补贴。画出了几何图之后，跟上述的图 8-4 和图 8-5 进行比较，就能明白这时的政府补贴是何等巨额！怪不得政府补贴会成为拖垮欧洲国家的财政大山。

农业补贴其实不仅欧洲有，北美、日本也普遍存在。有数据显示，日本每头奶牛平均每天获得 7.50 美元的补贴。与之相对应的是，世界有一半的人口每天的收入只有 2 美元！又有这么一项统计数据：发达国家的消费者和政府每年支付 3500 亿美元去支持农业——这个数目的钱足够让这些国家里的 4100 万头奶牛坐在飞机头等舱里绕着地球飞一圈半！中国有一句古话是"宁为太平犬，不做乱世人"，放到这里来，应该改成"宁为发达国家的一头牛，不做发展中国家的一个人"！当然，得到钱的其实不是牛，而是牛的产权人，是他们结成了政治势力强大的利益团体，以损害国家整体利益为代价来争取他们小团体的利益。法国曾多次想改革——实际上是削减——农业补贴，结果每一次都因农民的激烈反对而作罢。那些农民是怎么表达反对意见的呢？他们把马铃薯、西红柿之类的东西运到国会外面的大路上倾倒，把那条路堵塞了，以表抗议。欧洲人其实都知道真相，但就是对此等状况无能为力。

第六节 其他非关税壁垒

前面已经把最常见的一些非关税壁垒逐一进行了详细分析。但非关税壁垒是花样百出、层出不穷的，大有政府管制下民众"上有政策、下有对策"地绕过管制的"创意无限"之势，皆因它是为了绕过WTO禁止以过高的关税壁垒搞贸易保护主义的管制而产生的。所以我主张：WTO理应废除！价格管制会带来租值消散，虽然自私的人会想办法减少租值消散，但整个社会的交易费用还是会因此上升。所以，WTO的存在只是增加了交易费用，于解决贸易保护主义的问题实际上无甚帮助。

那么，下面列举一下较常见的其他非关税壁垒，略做点评，不再详细分析。因为前面的分析已足可类推到这些其他的非关税壁垒之上。

非关税壁垒以其形式而论可粗略地分为以下几类：

第一类，数量管制。前面分析过的进口配额（需配合使用进口许可证）、VER均属此类。

第二类，价格限制（Price Restriction）。"价格限制"不是价格管制（Price Control），因为它不是人为地将进口价格管制在所谓的均衡价格以下，恰恰相反，它是人为地限制进口价格不能"过低"。当然，什么是"过低"，那就是前面分析反倾销时说过的，是很难有一个真正客观合理的标准的。

归在"价格限制"类别下的非关税壁垒,常见的有两种。一种叫"最低价格",即规定进口价格不能低于规定的最低价格,否则要征收附加税直到其含税价达到规定的最低价格为止。另一种是"海关估价"(Customs Valuation)。因为关税如果按进口商报上来的价格去征收,进口商一定会倾向于报偏低的价格,海关于是不相信进口商的报价,自行估算进口品的价值来征税。可是这种海关估价会被"滥用"于实行贸易保护主义,即海关故意偏高地估价,这样在关税税率不变的情况下,实际上已经变相地加了关税。

第三类,贸易和采购限制。归在这个类别下的,常见的也有两种。一种是"国家贸易"(State Trading),这是由国家垄断贸易,于是可以直接用行政手段限制进口。这种手法多为发展中国家采用,我国在改革开放之前及刚开始一段时间里,也长期使用这种手法。我国以前是用"进出口贸易公司"这种国有企业来垄断一切进出口活动,而这种公司的进口更是需要向国家计委申请指标才能进行。后来,我国为了鼓励出口,给予一些大型企业与三资企业"自主进出口经营权"。这就打开了一个突破国家垄断贸易的口子,因为很多民营企业为了获得自由贸易权利,实行"假合资",即给予某外资企业一点点股份,以换取三资企业的性质,从而得到"自主进出口经营权"。这种"上有政策、下有对策"突破管制的手法普遍采用后,国家对贸易的垄断便名存实亡了。最终,国家取消对贸易的管制,进出口贸易公司全部或破产或改制成民营企业,从事对外贸易也不再需要获取"自主进出口经营权"。

另一种是"政府采购"(Government Procurement),为发达国家所广泛采用。如美国在经济大萧条时期大搞贸易保护主义,不但通过了以前说过的臭名昭著的关税法案,还通过了一个名为"Buy American Act"的法案,规定政府采购物品或服务必须优先购买本国所生产的,除非本国产品的价格比外国具有可比性的产品的价格高12%。

第四类,财务与税收管制。这一类是通过影响进口商的财务与税收方面的状况来增加其进口的成本与风险。例如，外汇管制，使得进口商收到以本国货币支付的货款之后难以顺利地兑换成国际货币（如美元），从而打击其进口积极性。有一个效果与此类似的管制是"利润汇出管制"（profit remittance restriction），但那主要是针对外商直接投资的，是指外商在本国投资生产所获得的利润要汇回外商自己的国家时，会受到诸多阻挠。

又有进口预存款（Advance Deposit 或 Prior Import Deposits），要求进口商在进口之前必须先在指定的银行里存入现金，而这些存款只能获得很低的利息，或甚至没有利息。这种"进口预存款"规定多为发展中国家采用，我认为其主要目的其实不是增加进口商的利息成本，而是发展中国家缺乏外汇，就以这种方式低息甚至免息地占用进口商存入银行的外汇一段时间。

税收管制则是指除了进口通关时要征收的关税之外的其他国内税收（Internal Taxes），如果被"滥用"来实际要达到贸易保护主义目的，那其实也是一种非关税壁垒。

第五类，技术壁垒（Technical Barrier）。技术壁垒采用极为严苛的技术规定与产业或产品标准，进口品要满足这些规定与标准，生产成本会大幅上升，而且认证费用很高，导致进口品价格大涨；甚至有可能根本无法满足有关的规定与标准，只能退出市场。经合组织（OECD）的经济学家在1996年做过一个统计调查，发现该组织成员国所实施的技术壁垒，导致进口品的成本上升占总成本的2%～10%不等。也就是说，技术壁垒相当于对进口品加收了2%～10%的关税。

举一个我亲眼见过的具体案例吧！记得我在电视上看到过这样的新闻：美国的大量婴儿车是从中国进口的。美国的一个消费者组织指责中国的婴儿车极其不安全，因为婴儿车在折叠时如果婴儿不小心把手指放在某处，就会导致他的手指被夹断。美国消费者组织在电视上公开做实验，把一支铅笔放在那处，然后折叠婴儿车，让电视机前的人亲眼看到那支铅笔是怎么被生生地夹断成两段的,视觉冲击非常强。接着列举美国一年里有多少婴儿因为这样的事故而折断手指。然而,如果是冷静细心的观众,仔细听他们列举的事故数字,就会发现这个事故发生率比车祸致死率要低很多!

是的,这世界上不可能有绝对安全之事!一个人过马路买个饭,给车撞死的概率不是零!但人类能因为存在着这所谓的"安全隐患"就宁可饿死都不过马路去买饭吗?或者强制要求政府在所有马路上安装红绿灯,或架设人行天桥,或甚至是禁止使用汽车,以便绝对地避免行人过马路买饭会被撞死的意外发生吗?要避免发生婴儿车夹断婴儿手指的事故,可以要求生产者加装安全装置,当婴儿的手放在那处时会自动使得婴儿车无法折叠;但也可以提醒父母在折叠婴儿车时多注意一下那处,看到婴儿把手放在那儿就先拿开他的手再折叠。前者增加了生产成本,会导致婴儿车的价格上升。如果没有政府管制,市场上会出售这种加装了安全装置的婴儿车,但价格较高,是"高级"婴儿车。同时,市场上也仍然会出售没加装安全装置的婴儿车,但价格会便宜很多,只是父母使用时要多加留意,是"廉价"婴儿车。可是这貌似是关心消费者权益的所谓消费者组织,哪里是真的为了父母们好?他们只不过是美国婴儿车制造商的利益代言人,以这冠冕堂皇的理由推动美国政府强制要求中国婴儿车制造商加装安全装置,增加其生产成本,使这些进口品不得不加价以弥补增加了的成本,从而失去较为低端的市场。

归在技术壁垒这个大类别之下的,还有一个很"厉害"的非关税壁垒,那就是"绿色壁垒"(Green Barriers),以环境保护、卫生健康、食品安全作为冠冕堂皇的理由,制定严苛的技术规定与产业或产品标准,打着为消费者利益着想的旗号,实则是要增加进口商的成本,从而削弱他们的竞争优势。欧盟国家可谓使用绿色壁垒的个中高手,不但像中国这样的发展中国家备受"欺凌",就连美国那样的发达国家在农产品出口方面也被它们用"基因安全"的理由将其转基因食品打了个落花流水。[1]

然而，有关的分析跟前面针对一般化的技术壁垒所做的分析是完全一样的。这世上没有绝对安全之事，只看一个人愿不愿意多付价格去减少一定程度的风险而已。以自私而论，多付价格与风险减少在边际上相等时，就已达到最优，并不是越安全就是越好的。市场自然会提供各种各样质量与价格相适应的产品，让消费者自己去选择，根本无须政府插手干预。但是，如果政府的真正目的其实是要搞管制——对外，是贸易保护主义；对内，其实是为某些与之有利益关系的企业（如国有企业）搞行政垄断——则环境保护、健康卫生、食品安全之类的动听理由是一定会被拉来掩盖粉饰一番的。

第六类，其他非关税壁垒。各式各样的非关税壁垒实在是太多了，其余的非关税壁垒只能笼统地归在这最后一大类里。

如，原产地规则（Rules of Origin），要求进口品有规定比例必须是在出口国生产的。出现这种管制，是因为进口商"上有政策、下有对策"地对付那些针对特定出口国的贸易保护主义政策（如进口配额中的国别配额或地区配额），在出口国进行了大部分的生产流程，然后运到没有受贸易保护主义政策限制的其他国家完成小部分的生产流程，这样"打个白鸽转"之后就摇身一变成为其他国家的产品，出口到进口国去，以避开进口国的贸易保护主义政策。例如，美国对中国香港有纺织品配额的限制，中国香港就在进行完衣服生产的大部分工序之后运到某东南亚国家——美国对该国没有纺织品配额的限制——再进行余下的最后一点点工序，然后贴上"made in 该东南亚国家"的标签，出口到美国去，成功地绕开美国对中国香港纺织品的管制。可是美国一看香港有这个"对

---

[1] 本讲义的初稿在网上发布时，读者就"转基因食品"的问题进行过一番讨论，详情可见我QQ空间中发布的此帖《转基因的争议证明即使自然科学一旦涉及人也难免遭受愤青侮辱——兼谈"地沟油"的鉴别》（http://user.qzone.qq.com/908961321/blog/1387956123）。

策",它就"加强管制",搞出这种"原产地规则"规定,要求产品在某地进行的生产超过某个比例之后,其原产地就是该地,而不是以最后一道工序是在哪里生产就以当地为原产地。而配额管制是根据原产地,而不是根据最后一道工序的生产地来确认的。

与"原产地规则"有点对应关系的,是"本地化要求"(Local Content Requirements),是指要求产品在本地生产的比例不能低于规定的水平。前面提到过日本汽车为了绕开美国对其实行的 VER(本质上也是一种配额),就把汽车厂设在美国之内,这样在美国国内生产的日本车当然不可能受到配额的限制。但是,日本可能还是把汽车生产的大部分工序放在日本国内进行,只是余下的最后一点点工序才运到美国国内进行,结果汽车产业所带来的大部分就业、税收的好处还是留在了日本。美国一看日本有这个"对策",它就"加强管制",搞出这种"本地化要求"规定,要求产品在本国进行的生产不能低于某个比例,否则即使最后一道工序是在本国进行也还算是进口品,依然要受到配额的限制。

又如,劳工标准(Labor Standard)。这与前述的"技术壁垒"(含"绿色壁垒")在性质上有点类似,只是这里是打着"人权"的旗号,"控诉"发展中国家的企业对待工人很差,是所谓的"血汗工厂",所以产品的价格才能那么便宜,既是对发达国家同行企业的不公平竞争,也损害了发展中国家工人的利益。这些发达国家摆着一副好像很关心发展中国家工人的脸孔,如果是真心的,那就是等于它们认同马克思的"剥削理论";如果是假意的,就不需要我再多说什么了!

发展中国家的低技术甚至无技术工人,其人力资本的价值(租值)所在,就是他们有气有力!说得好听是肯吃苦耐劳,说得不好听就是肯流血流汗。他们不靠卖力气卖血汗,还能靠什么卖钱?发达国家的人如果真心想要帮助这些发展中国家的穷人,那就别搞贸易保护主义,多买他们的产品,让他们能够靠卖力气卖血汗挣到哪怕微薄,但至少是自力更生而非靠施舍得来的钱。这是最大也是最可持续的慈善!

再如，官僚主义的行政政策。据说，法国的海关一个星期只工作四天，每天只工作半天。大批进口货物积压在海关那里。这样一来，对时间要求很高的商品——如鲜花、生鲜食物，乃至快递——就甭想能进口了。就算是对时间要求不是很高的商品，堆放在海关仓库里可是要天天交租金的！这种"刻意"的官僚主义行政政策所导致的进口成本增加可想而知。

这种非关税壁垒的手法与前面提到过的"绿色壁垒"一结合，威力无穷！因为如前所述，这类手法对于时间要求很高的商品杀伤力很大，包括生鲜食物。而生鲜食物同时又很容易落进"绿色壁垒"以"食品安全"为由来卡货的陷阱之中，因此只要进口国铁了心要搞这样的非关税壁垒，进口商几乎是哭诉无门的。

非关税壁垒还有很多很多，就不再一一列举了。在这里要特别指出的是，以上出现的种种"道高一尺，魔高一丈"现象，是典型的政府管制（不一定是价格管制）导致租值消散的现象。事实上，用租值消散理论去解释非关税壁垒中出现的种种奇葩现象，才是最有效的研究通道。另外，此前在分析"反补贴"时顺便提到过以"补贴"手段推动出口的贸易政策，也会导致很多让人啼笑皆非的黑色幽默出现，那用"租值蚕食"理论去解释则是最为有效的。

◎ **阅读材料：胡萝卜是水果，蜗牛是鱼，X战警不是人！**[1]

政府在贸易政策上表现得最创意无限的，可能就是对进口商品的分类了。一种商品被分为哪一类，直接影响着它收多少关税：有可能免税，也有可能收高税，甚至禁止进口。当然了，政府绝对不会按学术上的、纯逻辑的标准来分类商品。

---

[1] 本阅读材料选自"International Trade, 14th Ed."（Thomas A. Pugel 著），中国人民大学出版社，2009年7月（163页）。原文为英语，网友"iPhone10X"翻译成流畅地道的中文，我在他的翻译基础上做了些调整，在此特表感谢！

既然官方定义的分类对贸易政策如此重要，可想而知，企业会到政府那里去积极游说。贸易保护主义者会主张把商品划分到高关税的类别去，而进口企业则想要这种商品被划分到低关税甚至免关税的类别中。可以想见，在这些强大的压力之下，就不能指望政府总能做出合乎逻辑的专业分类了。

比如，1994年欧盟通过了两条古怪的规定：

1. 胡萝卜是水果。按此定义，胡萝卜酱是一种水果制品，出口到其他国家时按水果收税，很低。

2. 蜗牛（法国餐厅的招牌菜）是鱼。于是，养蜗牛的人可以收到政府的养鱼专项补贴。

美国也做这种玩弄概念的事。在不同的贸易保护主义者的压力之下，政府不断地、一而再地修改小轿车、客车与卡车的定义。20世纪90年代，当时美国的贸易代表Carla Hills，被迫把同一款车既称为"美国车"又称为"非美国车"。她对日本政府说，在美国建厂的日资车企卖回日本去的车是日本车，不是美国车。这样一来，美国出口给日本的汽车统计数据就不算这些车。但她又对欧洲国家的政府说，同样是这些车，卖给你们欧洲，就是美国车，所以，这些车不受欧洲的"日本车进口配额"限制。

更妙的还是企业，它们还会改变产品的外观与名称，以绕过政府的各种商品分类。好好的一件羽绒滑雪服，从袖子处裁开，缝上拉链，就变成了两种商品：滑雪背心和袖子，而这两种商品在VER里，没有相关条目，完全免税。显然，企业在"分别地"进口这两种商品之后，链子一拉，就轻而易举地组装成一件完整的滑雪服。

有时，则是法官唱了主角。万圣节小孩所穿的廉价衣服，本来一直被美国海关视为"节日用的易损物品"，是免税的。但2001年一家美国公司Rubie's Costume Company提起诉讼获胜，法官裁定这种衣服不是节日用的易损物品，而是化装舞会服饰。结果与这家公司竞争的进口产品落入VER

涵盖的范畴，要被征收高达 32% 的关税。这叫"竞争不过，出术来凑"？

2003 年，有一位法官研究了多起针锋相对的诉讼案，涉及 60 多种玩具人（各种超人和坏蛋），得出以下结论：X 战警不是人，很多其他玩具人也不是人。她可不是无事生非开玩笑，因为人形玩具是被划分为"洋娃娃"类的，要征 12% 的关税。而非人的玩具，只是普通玩具，征 7% 的关税。

这种产品分类的游戏经常有人玩。只要分类不同导致有人获益或有人受损，这些奇葩的定义和分类就将一直层出不穷。

扩展阅读：

1.《中国的市场经济地位的争议》

扫码看全文

2.《中国千万不要中计入 TPP，因为那是挂羊头卖狗肉的货色，甚至很可能就是个陷阱》

扫码看全文

第九讲

贸易保护主义的理由

前面分别详尽地介绍了关税与非关税这两大类贸易壁垒。这些贸易壁垒的设立，是为了阻止自由贸易的进行，也就是要搞贸易保护主义。

但是，为什么要搞贸易保护主义呢？《经济学讲义》的国际贸易理论部分已经雄辩地证明了，自由贸易无论是对进口国还是出口国都是有利的；而第二部分（国际贸易政策）到目前为止也详细地剖析了贸易壁垒对进口国的伤害有多大。那为什么还要搞"杀敌八百，自伤一千"的贸易保护主义呢？根本原因在讲解 H-O 模型时已经做了说明——因为自由贸易确实损害了一小撮人的利益，导致他们抱成一团，结成利益集团，向政府施加压力，促使政府以牺牲整个国家的利益为代价来推行维护他们利益的贸易保护主义。不过，贸易保护主义者当然不承认他们以小团体利益"劫持"了国家整体利益。因此他们为了证明贸易保护主义的合理性，提出了各种各样的理由。这一讲就把其中最为盛行的理由逐一检阅一遍，也是逐一批驳一遍。

第一节 保护幼稚产业

在主张贸易保护主义的理由中，最早出现也算是最有道理的，是"保护幼稚产业"（Infant Industry Protectionism）。首先是美国第一任财政部部长亚历山大·汉密尔顿（Alexander Hamilton）早在 1792 年提出的，新生的合众国由于经济远远落后于发达国家（如英国），其工业就像一个婴儿一样，而发达国家的同行则像是一个成年人，二者竞争必定是前者落败。然而，正如一个婴儿若等他长大成人之后力量未必会输于成年人一样，如果先把美国的新生工业保护起来，把它"抚养成人"之后，再让它去跟发达国家的同行竞争，那就不一定会竞争不过后者。其后，德国经济学家费里德里希·李斯特在 1841 年出版的《政治经济学的国民体系》一书中更为系统地发展、完善了这一理由。

第九讲 贸易保护主义的理由

这个"保护幼稚产业"的理由在逻辑上说得通，可基于我在《经济学讲义》中讲解过的"上头成本"的概念来解释。发达国家已经发展起来的工业，相当于一个已经进入某市场之内的生产者；而发展中国家刚刚起步的工业，则相当于一个还没进入该市场的局外人。在其他因素一样的情况下，已经在市场内的生产者的直接成本，天然地低于还在市场外的局外人，因为局外人所面对的直接成本有一部分对市场内的生产者而言是上头成本。

有些人会认为，发达国家的成熟产业有关于该产业的丰富知识（包括关于技术的知识），而发展中国家的起步产业缺乏这些知识，因此后者除了直接成本较高之外，还要另花成本于获取有关的知识上。不过这无非指有关的知识对已经在市场内的生产者（发达国家）而言，也是一种以前进入市场时早就支付过的为了掌握它们的学费，因此属于历史成本，这是要转化成上头成本来看的（信息）租值而已。此外，我们也需要从另一个角度来看，先进入市场的发达国家要获得有关知识，是要从无到有地创造（研发）出这些知识，付出的成本较高；而后进入市场的发展中国家要获得有关知识，却可以以低廉得多的成本从发达国家那里学习。所以，先发有先发的优势，后发也有后发的优势，不能一概而论。

"保护幼稚产业"的理由除了在逻辑上说得通，在现实中似乎也能找到实例的支持。例如，有人指出，英国在工业革命之后虽然是率先推行自由贸易（零关税）的国家，并且从中获得了巨大的利益；但它是在推行自由贸易之前先推行了贸易保护主义——如纪录片《贸易战争》第一集中所提到过的"航海条例"就属于贸易保护主义性质，因为它规定运往英殖民地的货物都必须使用英国船只，从而严重地打击了荷兰的航海业——确保英国产业的竞争力强绝全球之后，才搞自由贸易。另外，韩国也是典型的通过搞贸易保护主义把本国工业（如汽车）的竞争力提升到可以与发达国家同行相抗衡之后，才将有关企业推出去抢占海外市场。

然而,"保护幼稚产业"面临一个巨大的问题:什么时候那所谓的"幼稚产业"才算长大了呢?因为李斯特也明确表示,自由贸易最终才是一国贸易政策的正确方向。发展中国家一旦度过了落后阶段,实现了工业化,幼稚产业已经长大成人,就应该转向正常的自由贸易。保护,只是要保护幼稚产业,而不是永远地保护下去。可是婴儿可以通过生理特征来判断他是否已经长大成人,幼稚产业要怎么判断它是否长大成人、不需保护了呢?不同的产业,有不同的局限条件,标准也会大不相同,难以有统一的规律。

从这个巨大的问题,还会引申出一系列的相关问题:其一,怎么选择幼稚产业?因为被选为幼稚产业就能得到保护,免于外国同行的竞争,这么一个本应纯粹是经济的问题,会很容易地"变质"为政治问题,使得最终获得"幼稚产业"称号的其实只是有很强政治影响力的产业,而并非真的国家需要发展的新兴产业。其二,幼稚产业会不会因为受到保护而永远长不大?前面说婴儿可以通过生理特征来判断他是否已经长大成人,可是大家都知道,由于现在独生子女政策造成父母家长对孩子"过度保护",一大批独生子女在生理上已经成熟,而在心理上却仍然极度幼稚,这已经成为一个很严重的社会问题。人尚且如此,何况是连"长大成人"的标准都模糊不清、变幻莫测的产业呢?前面列举了英国、韩国通过先保护、后竞争的方式成功实现了工业化的例子,但纵观历史、环顾世界,人们见到更多的是,保护来保护去却迟迟长不大的失败例子。如中国台湾在20世纪七八十年代也曾在汽车产业推行"保护幼稚产业"政策,但我们至今都没听说中国台湾生产出过叫得上名号的汽车。其三,真的只有保护才能发展一国的幼稚产业吗?前面分析了"保护幼稚产业"的理由在逻辑上有其道理,但回顾一国之内的行业而不是全球范围内的不同国家,我们何曾见过一个已经在市场内的企业,会因为其直接成本天然地低于局外人,就不再需要害怕局外人的竞争进入?难道局外人会有谁去保护它们到壮大起来,才能进入市场与之竞争?再看看中国对外开放的事实吧!以汽车业为例,到底是用高得吓人的关税把贸易壁垒堆得高不可攀的 2000 年前的中国汽车业在保护之下发展得好，还是 2000 年后中国大幅降低关税后汽车业发展得更好？这答案不是明摆着的吗？

更重要的是，中国汽车业走的是一条先开放生产领域、后开放市场领域的路子。什么意思呢？中国先是允许外资车企进来，与中国车企开办合资企业，然后再开放汽车市场。开放生产领域的好处，其一是借助外国资金；其二更重要的是合资企业是一个学习与汽车业有关的各种知识——不仅是生产技术，还有管理、营销经验——的天然载体。前面说过了，后发有后发的优势，那就是有关的知识不需要从无到有地创造，只需要学习就行了，后者的成本要低得多。开放生产领域，引入外资车企进来与中国车企合资，非常有利于学习这些知识，比简单地购买技术，或派人到国外去深造再回来传播，效果都更好，成本还更低。因为简单地购买技术只能获得技术方面的知识，经验靠买是买不回来的，只能通过在跟外方人员共同工作的过程中言传身教、潜移默化地获取。而派人到国外深造，一方面派出的人数不可能太多，回来还要再做一次"二道贩子"。[1] 我们看看一国之内的行业有新加入者出现时的情况就能明白这个道理了。新加入者往往要向已经在市场内的企业"挖脚"，把它们经验丰富的人员高薪挖过来，因为找新手，学习培训、熟悉行业的成本不但高，而且费时失事。新加入者从原有企业那里"挖脚"，这不跟发展中国家引入发达国家的外资企业是类似性质的事吗？

也就是说，要发展所谓的幼稚产业，与其保护，不如开放——开放生产领域，引入发达国家的成熟企业。这样，大概就能在一定程度上避免"越保护可能越幼稚"的陷阱。

---

[1] 有关合资企业在发展我国"幼稚产业"中的作用，我是受到朱锡庆的《中国经济发展的知识来源》一文的启发。

第二节　其他贸易保护主义的理由

如果说"保护幼稚产业"是发展中国家搞贸易保护主义的常用理由，那么显然发达国家是无法拿它作为搞贸易保护主义的理由的，所以发达国家就"发明"了另一个理由，那就是"保护就业（工作岗位）"。对于劳动密集型产业往往不具有比较优势的发达国家来说，自由贸易确实会使劳动力受损，但这未必直接等于就业减少。一方面，一部分劳动力通过学习可以转向从事具有比较优势的产业；另一方面，只要没有"最低工资法"、工会等妨碍劳动力价格（工资）向下调整，就不会有失业。这些在讲解 H-O 模型时已经分析得很清楚了。最重要的是，"保护幼稚产业"在逻辑上还有可能提升一国的受保护产业的竞争力（也有少数实例支持了这个逻辑），从而至少在理论上终有一天会过渡到采用正常的自由贸易政策的阶段；可"保护就业"却是怎么都不可能提升一国的受保护产业的竞争力的，因为它只是永无尽头地通过蚕食整个国家其他人（包括其他具有比较优势的产业与广大的消费者）的租值来人为地保护落后产业。

然而，发达国家"发明"的支持贸易保护主义的理由还真是层出不穷，远远不止上述一条。其他的贸易保护主义的理由还有保护消费者、国防安全、报复手段、推进外交目标等。保护消费者的理由对应于技术壁垒（含绿色壁垒），前面已经详细地分析过技术壁垒，这里就不再重复了。至于国防安全的理由，则是认为有些产业涉及国防安全，不可以太过依赖外国供给。然而，这个理由很容易被滥用。例如，曾有蚊帐生产商拿这个理由来要求搞贸易保护主义，声称蚊帐在热带雨林地区进行战争时是军需品，所以必须予以保护。而生产丝带的生产商也不甘落后地插口进来，说他们的机器设备平时虽然是用来生产丝带的，但能够很容易地转为生产蚊帐，所以他们也需要保护⋯⋯至于报复手段的理由，是指外国对我们搞贸易保护主义时，我们也要搞贸易保护主义来作为报复手段。但前面已经分析过，搞贸易保护主义对进口国的伤害远远高于出口国。

所以这个理由等同于伊索寓言里的蠢驴,它一门心思要跳崖,难道农夫就要跟着它一起跳?至于把贸易保护主义当成推进外交目标的一种手段,那就更是愚蠢之上再加无耻了。

前面说的都是发达国家的人提出来的贸易保护主义的理由,最后介绍一个由发展中国家的人提出来贸易保护主义的理由。阿根廷的劳尔·普雷维什(Raul Prebisch)提出过一个"依附理论"(Dependency Theory),把世界经济体系划分为"中心"(Center)与"外围"(Periphery),前者是发达的工业国(也包括当时的苏联),后者是由殖民地转变而来的发展中国家。所谓的"外围"国家的经济结构是扭曲的,因为在殖民地时期长年为宗主国生产农产品和原材料,没有加工能力,因此有比较优势的出口品都是廉价的农产品和原材料,要从"中心"国家那里购入高价的工业制成品,不但贸易利益大部分被"中心"国家攫取而备受剥削,而且由于农产品和原材料相对于工业制成品更缺乏弹性,因此"外围"国家严重依赖(依附)"中心"国家。基于这样的理论分析,他提出的政策建议是,要在国际贸易政策上搞"进口替代战略"(Import-substitution Strategies),其实就是搞贸易保护主义,不出口农产品和原材料来换取工业制成品,把农产品和原材料留在国内生产本国的工业制成品,从而摆脱对"中心"国家的依附。

这个理论在本质上是把马克思主义的剥削理论推广到国际贸易领域之中,只是把资本家换成了"中心"国家,把工人换成了"外围"国家。这里针对"依附理论"做个简单的批驳:仅从最起码的生存需要来说,所谓的"外围"国家生产农产品就足以生存了,可是所谓的"中心"国家没有了农产品和原材料却是生产不出工业制成品的。从这个角度来说,到底谁比谁更依赖对方呢?

然后,对于"进口替代战略"的贸易政策的对错,就让事实来说话吧!由于普雷维什是阿根廷人,南美国家普遍采用他的政策建议,而与南美国家同时在20世纪六七十年代起步的东南亚国家却在日本的示范作用下普遍采用"出口导向战略",其本质是借助自由贸易的力量来拉动经济增长。半个世纪过去了,历史雄辩地证明,"出口导向战略"大胜"进口替代战略"!因为,除了最先采用此战略的日本早就成为了发达国家之外,紧跟而来的"亚洲四小龙"(韩国、中国台湾、中国香港、新加坡)时至今日全都跻身发达国家或发达地区之列。但这个战略最成功的典范还是中国!——中国是人口众多的大国,曾经是一穷二白、国民经济濒临崩溃边缘的穷国,在短短 30 年间一跃而成为"世界工厂"!反观南美诸国,经济时好时坏,导致政局经常不稳,更不要说能有一个国家可勉强称为发达国家了。

事实胜于雄辩!更不要说,贸易保护主义的理由,除了"保护幼稚产业"之外,没有一个能在逻辑上站得住脚的!

扩展阅读:

《"301 条款"重启、中美贸易战的前景》

扫码看全文

第十讲

区域经济一体化

这本讲义的最后一讲,是关于"经济一体化"(Economic Integration)的。

从涉及的范围大小来分,经济一体化可分为"全球经济一体化"——简称"全球化"(Globalization)——和"区域经济一体化"(Regional Economic Integration)。

以前提到过的 GATT 和 WTO,其目的是促进贸易自由化,最终促进全球经济一体化。然而,前面已分析过了,它们的良好初衷并没有如愿以偿,反而出现了适得其反的效果。

前面的分析已经足够详细,这里就不再重复了。因此这一讲着重是讲"区域经济一体化"。

区域经济一体化的出现,一方面是人们意识到自由贸易的好处,而另一方面则是由于参与 WTO 谈判的国家太多,谈判出一个所有国家都能接受的结果所需的交易费用太高,导致有关谈判迟迟没有结果。早在 GATT 时期,这种情况就已经变得非常突出,著名的"乌拉圭回合"谈判之旷日持久,以至它成了"漫长而无结果的谈判"的代名词。

由于"全球经济一体化"的进程缓慢得让人深感受挫,各地区的人们转向寻求本地区范围内的"经济一体化",于是就有了"区域经济一体化"的出现,并表现为"贸易集团"(Trading Bloc)的涌现。减少参与谈判的人数,确实可以降低谈判的交易费用,因此近年来区域经济一体化蓬勃发展的势头要比全球经济一体化强得多。

第一节 区域经济一体化的五个阶段

一般认为,区域经济一体化要经历五个阶段:优惠贸易协议(Preferential Trading Agreement)、自由贸易区(Free Trade Area,FTA)、关税同盟(Custom

Union)、共同市场（Common Market）、经济同盟（Economic Union）。这五个阶段的一体化程度一个比一个高，呈阶梯状上升。

优惠贸易协议只是降低集团内成员国之间的关税率，但是不仅集团外的非成员国的关税率各不统一，就是集团内不同成员国之间的关税率也仅仅是比对外的低，并不一定是统一的。情况如图 10-1 所示：

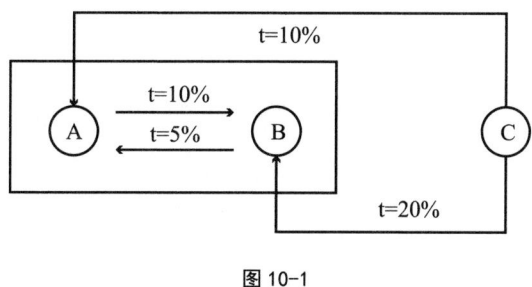

图 10-1

自由贸易区则是消除集团内成员国之间的所有贸易壁垒（包括关税与非关税壁垒），但各成员国对集团外的非成员国的贸易政策仍可保留其自主权。情况如图 10-2 所示：

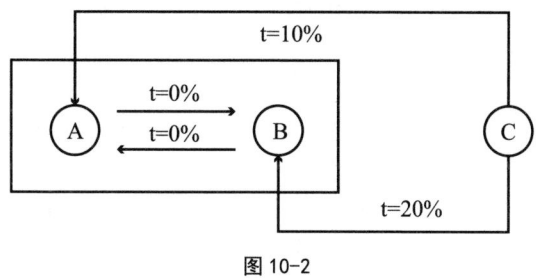

图 10-2

关税同盟则是不但消除了一切集团内成员国之间的贸易壁垒，还统一了成员国对集团外非成员国的贸易政策。情况如图 10-3 所示：

共同市场除了具备关税同盟的一切特征之外，还加上允许各成员国的生产

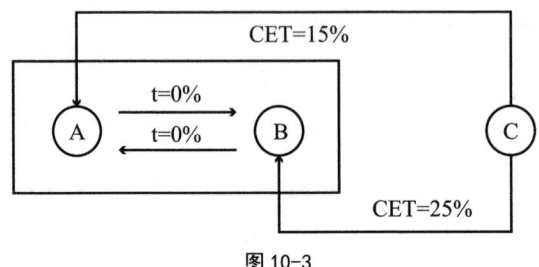

图 10-3

要素在集团内自由流动。欧洲共同体在 20 世纪 90 年代之前就是这样的典型。

经济联盟除了具备共同市场的一切特征之外，还加上集团内成员国的经济政策也要协调一致。如今的欧元区国家就因为统一使用欧元而使得货币政策完全统一，财政政策在一定程度上也互相协调。然而，欧元自从 1999 年正式启动、2002 年纸币和硬币进入市面成为流通货币以来，由于各成员国的财政政策的统一程度不够高，与货币政策完全统一的情况脱了节，形成了严重的矛盾，2009 年起引发了欧债危机，至今仍未能平息。

作为经济一体化最后一个阶段的经济联盟如果再往更深入、一体化程度更高之处发展，将会进入政治一体化阶段：先是"政治联盟"（Political Union），若能再进一步便是一个统一的国家了。英国在北美大陆的十三个殖民地先是成立"邦联"（这是典型的"政治联盟"，不算是一个国家）；后通过拟定宪法成立"联邦"而结为以"合众国"之名的国家，这大概是人类历史上最成功的一次仅仅通过谈判而不是战争就从政治联盟上升为统一国家的事件。

然而，要注意的是，这十三个殖民地并不是从经济联盟发展过来的。北方与南方的经济结构大异其趣，甚至有点格格不入。这导致后来要以"南北战争"来"补课"，可见仍然摆脱不了唯有战争手段才可以真正实现国家统一的"历史经验"。

第二节　关税同盟的福利分析

区域经济一体化所经历的各个阶段在现实中的典型例子，后面将会一一介绍，这里暂且按下不表，先做理论上的福利分析。此处仅以一体化程度居中的"关税同盟"为例做分析。

一般认为，关税同盟带来两个效应：其一是贸易创造效应（Trade creation effect），其二是贸易转移效应（Trade diversion effect）。贸易创造效应起作用于集团内部，属于自由贸易性质，因为集团内部取消了贸易壁垒，导致成员国之间的贸易大量增加，有关的分析直接套用以前学过的国际贸易理论与国际贸易政策的福利分析即可。

而贸易转移效应却是起作用于集团外部，属于贸易保护主义性质，因为集团内部取消了贸易壁垒，导致成员国与非成员国之间的贸易大量减少，被成员国之间的贸易增加所部分地取代，即成员国与非成员国之间的贸易转移到成员国之间进行。

如果非成员国本来是比较优势更强的国家，则它与成员国之间的贸易被另一个比较优势差于它的成员国所取代，那么从进口国、原出口国（非成员国）与整个世界的角度来看，福利都是下降的，只有新出口国（另一个成员国）的福利是上升的——整个世界的福利下降，因为有关的生产从原来全世界最有比较优势的国家转移到了集团内最有比较优势的国家那里去，而后者并非全世界最有比较优势的国家（若是，没有关税同盟之前它已经会是出口国，而不需要等到有了关税同盟之后才成为出口国）。

这种理论上的可能性，在现实中确实发生了。英国在加入欧盟之前，主要是从澳大利亚进口肉类、奶类食品，这一来是因为澳大利亚有广阔的草原，在这些产品上有明显的比较优势；二来则是因为英国与澳大利亚同属"英联邦国家"（共同尊奉英女王为国家元首），彼此间的关税税率较低。

然而，英国加入欧盟之后，虽然与欧盟成员国之间的关税下降为零，但根据欧盟的要求必须统一对外征收较高的关税，导致英国与澳大利亚之间的肉类、奶类食品的关税税率上升。

于是英国转向从欧盟进口这些食品。然而，澳大利亚在这些产品上的比较优势显然强于人均土地面积小得多的欧盟国家，所以虽然英国与欧盟国家之间的关税为零，但英国的进口价格仍然高于原来从澳大利亚进口，澳大利亚与英国之间的关税上升导致从它那里进口的成本上升而使得澳大利亚比较优势失去作用。就是这样，英国人在肉类、奶类食品方面的成本因加入欧盟而得不偿失地上升了！所以，欧盟内实现了高度的经济一体化，对整个世界来说到底是福是祸，实在是一言难尽！

第三节　主要的贸易集团

最后，简单介绍一些如今世界上最重要的贸易集团。

经济一体化程度最高的，当然要数欧盟（EU）。它发展到单一货币联盟为止的历程可归纳为表 10-1：它最早从煤炭与钢铁这一行业性联盟发展起来，历经关税同盟（欧共体，EEC）、经济联盟（欧盟）、统一货币的艰难过程，确实很不容易。

欧盟的发展历程

表 10-1

年份	名称	条约	新增的成员国
1951	欧洲煤炭与钢铁联盟	巴黎条约	比利时、法国、联邦德国、意大利、卢森堡、荷兰
1958	欧洲经济共同体	罗马条约（1957）	

第十讲 区域经济一体化

年份	名称	条约	新增的成员国
1965		布鲁塞尔条约	
1973			丹麦、爱尔兰、英国
1981			希腊
1986			葡萄牙、西班牙
1993	欧盟	欧盟条约（马城条约）	
1995			奥地利、芬兰、瑞典
1999	欧洲货币联盟		英国、瑞典、丹麦、瑞典没有参与
2002	单一货币联盟：欧元		英国、瑞典、丹麦、瑞典没有参与

如今世界上再没有一个贸易集团能走到经济一体化程度如此深入的地步，然而套用中国人常说的"改革深水区"这个词汇，随着进入"一体化深水区"，继续提高一体化程度的难度也越来越大。欧盟能不能更进一步有所突破，不仅取决于欧洲政治家的智慧与远见，只怕还要取决于民主制度与激烈改革能否共存吧？

另一个重要的贸易集团是"北美自由贸易区"（NAFTA），由美国、加拿大、墨西哥这三个北美国家构成。这个贸易集团由于涉及的面积（整个北美）与经济总量非常大，所以虽然一体化程度远远不如欧盟，但其影响甚为巨大。只是，虽然这个贸易集团内部参与的国家数量很少，谈判的交易费用要比欧盟低，但其中墨西哥经济发达程度属于发展中国家，与直接相邻的美国是经济实力最强的发达国家之一形成了极为尖锐的矛盾。美国的大量劳动密集型产业利用自由贸易区迁移到墨西哥去享受当地便宜的劳动力成本，被美国的政客"愤怒"地指责为"Job Sucker"（"吸工作器"，是仿照"吸尘器"造出来的词）。也由于此，尽管 NAFTA 在经济上极为成功，但在政治上却难以受到包容，原定的计划是这个贸易集团要继续往中、南美洲扩展，把更多的国家吸纳进来，迄今却迟迟未能成事，仅仅是维持现状而已。

最后要介绍的一个贸易集团是存在于我们近邻的东南亚地区，对我国影响比较大的贸易集团——"东南亚国家联盟"（Association of Southeast Asian Nations），简称"东盟"（ASEAN）。它最初由印度尼西亚、马来西亚、菲律宾、新加坡和泰国这5个国家于1967年8月8日在曼谷成立。到2011年8月为止有10个成员国。东盟起步比欧盟晚得不多，一体化程度也远远不如欧盟，这是因为集团内的成员国经济发达程度乃至政治体制都有很大差异，谈判的交易费用比欧盟高得多。1997年东南亚金融风暴期间，有不少声音主张要学习欧盟，搞单一货币"亚元"，但现在欧元区的"下场"赫然在目，这种主张早就销声匿迹了。

代后记

想起我的国际贸易老师

在写本书的"比较优势理论及其扩展"一讲时,我忽然想起了在大学本科时教我"国际贸易"那门课的老师(姓杨)。

之所以想起他,是因为我写比较优势理论的其中一种扩展是引入货币时,才发现原来很多学过"国际贸易"的学生并没有把"比较优势"掌握到家,一加进货币就混乱了,把一国的两种产品的生产成本都比另一国高也有比较优势混淆为一国的两种产品的价格都比另一国高(这时一定是没有比较优势的)。这说明这些学生上的"国际贸易"课一定没有加进货币的扩展。事实也是如此,我发现即使是国外教材,很多也没有做这个扩展。可是我上大学本科时的"国际贸易"课,有讲这个扩展。那门课使用的教材就是杨老师编的,名字叫《新编国际贸易》。教材里面有在国际贸易中引入货币的内容,我在本书里使用的数字例子就是来自杨老师编的教材,简洁明了,非常好用。

现在回想起来,虽然那本教材是杨老师编的,不是他写的,可却编得相当好!教材一般都是"编",像我的《经济学讲义》和本书敢说是"著"的,绝无仅有。但同样是编,有编得好的,也有编得不好的。而这好与不好,又分为是好在用心编,还是好在选择有眼光。我一毕业出来做老师就开始负责"国际贸易"课程的教授,看过的"国际贸易"教材不少,可是以选择有眼光而论,我认为杨老师编的《新编国际贸易》最好!

为什么呢?让我举些例子。除了刚才所说的他的教材里有在国际贸易中引入货币的扩展的内容,举的数字例子简单明了很好用外,我印象中他那本教材里在讲如何在比较优势理论中推导出一个确定的 TOT(而不只是一个范围)时,还介绍了一种几何方法。这种几何方法非常巧妙,虽然比马歇尔的"提供曲线"要复杂(因此当马歇尔发明了"提供曲线"之后就把这个方法淘汰掉了),但当我看了之后实在是忍不住对发明者把几何操纵得如此出神入化佩服得五体投地!对错有时不是那么重要,更何况这种几何方法并没有错,只是跟马歇尔的"提供曲线"相比略显复杂了些。重要的是这种几何方法开阔了我的思路,由此让我体会到在经济学里,几何居然可以用到如此湛深的境界,它比代数的深更多了一份不下于艺术的美感!迄今为止,我没见过哪本国际贸易教材里有讲过这种几何方法。

杨老师的教材里还有其他较深的几何分析,如艾奇沃斯盒形图(Edgeworth Box)的分析。教材里面关于经济增长与国际贸易的章节使用的几何分析很是锻炼思维。当时我费了不少脑力去看懂那些几何图,然后总结出其中的规律,直到可以抛开书本自己按着规律把图画出来,而不是死记硬背那些繁复的结论。这个过程对于训练逻辑,尤其是运用几何做分析的能力,是很有意义的。

以杨老师教材的出版时间(1995 年出版的)而论,杨老师编写的教材与当时国内大部分的国际贸易教材相比,是非常前沿的。就算放到今天,也丝毫不过时。事实上,杨老师给我们上课时,就很自傲地说:"你们不妨去找国内别的国际贸易教材看看,大部分都不是像我这本那样写的!"是的,当时国内大部分的国际贸易教材跟杨老师这本教材相比,就相当于当时"政治经济学"教材与"西方经济学"教材的区别。

从教材,我又想到杨老师这个人。

杨老师是一个很有个性、很自傲的人。在我的记忆中,他和我心目中的王小波很像。我在《我是怎么爱上经济学的》系列文章中,曾提到过我本科时的一位老师在上课时只花最后 5 分钟以开火车的速度把上课内容飞快地过一遍,那就是杨老师。从杨老师编的国际贸易教材的封面折页上，就能看到杨老师原来的专业是"航天技术"，也就是说，他读大学时本来以为自己的未来是要去研发神舟飞船、天宫一号之类的伟大机器，如今却"沦为"教我们这帮有眼不识泰山的小屁孩，他一定觉得自己怀才不遇，心中郁结吧？我能跟上杨老师那开火车的讲课速度，甚至还觉得听他上课学到了很多知识，是一种享受！现在回想起来，是因为我早在本科初期就爱上了国际贸易，而不是微观经济学。我认为杨老师的教材写得好，是因为我能从中感受到逻辑之美、几何之美，这也是更主要的原因吧！

在杨老师的课上还发生过两件事，是我印象最为深刻的。一件是在讲李嘉图之后很多经济学家绞尽脑汁想在比较优势理论下确定TOT的具体数值时，他从口袋里掏出100元钞票放在教案上，说我们之中谁能提出一个自己想出来的解决之道，无论对错，他都奖励那个学生100元！最后，一个胆子大的男生站起来说了自己的想法。具体内容我已经不记得了，但应该是不对的，然而杨老师还是立即把那100元钞票放到了那个男生手上。这件事让我印象深刻，是因为我觉得杨老师的做法很像历史上商鞅变法时重赏搬木头的人的做法。当然，目的是完全不同的。商鞅那样做是为了让民众相信他的权威，杨老师这样做是为了鼓励我们积极思考解决问题的方法，而不是被动地接受书上现成的答案。只是这种一次性的偶然事件对我们来说是一种"盈利"或"暂时性收入"，能否真的改变学生的行为选择是很难说的。但不管怎么样，这对我们的思维多少算是一次冲击。

另一件事，是在期末临考前。在最后一次课上，很多同学围着杨老师问问题，我也站在一旁听着。这时，一个平时学习成绩很好的同学挤进来，向杨老师说："能不能划个考试范围？"杨老师立即眼睛一瞪，黑沉着脸冲那同学说："你还算是个大学生吗？考试还要问范围？"把那同学窘得面红耳赤、落荒而逃。站在旁边的我，心中暗爽！

大学考试划范围已成了家常便饭，甚至好像是理所当然之事。大多数学生平时懒惰，不听课也不看书更加不复习，只等着考试前夕老师划下范围就熬夜背书，临阵磨枪，考完试便万事大吉。如此突击学习，自然是考完之后就把知识都还给老师了。而我是很讨厌这种学习只为考试之举的。只要是值得学的知识，课前预习、课中听课、课后复习、适当记背知识要点……这些学习步骤我在大学时代也严格地遵行。所以突击考试也好，考试没有范围也好，都难不倒我。可是一旦有了划定考试范围的做法，我相对于其他同学的优势就只是考试之前从来不需要熬夜而已。当然，更大的优势是他们考完就忘，我是学过就一定记得——能不能真的掌握到家，进而学以致用，那是另一回事。但如果连学过就记得这最起码的一步都做不到，又谈何以后慢慢地掌握到家、学以致用呢？当然，对于并不是为了学习而来大学读书的学生来说，这种优势是不重要的。

现在我是老师了，面对越来越懒惰不自重的学生，我也只能在考试前划个范围，以免一考之下几乎全班不及格。但我会明确地告诉学生，最后一道大题不在我划定的考试范围之内，而是根据我平时讲课的内容来出题的。平时一直认真听课的学生，就会做这道题；不来上课或者来了也是"身在曹营心在汉"，其实根本没听课的学生，就做不了这道题。因而那最后一道题的打分分为三个档次：答题情况显示他根本没听课的，打0分！答题情况显示他听课了，因此能复述我讲过的话的，给一半的分。答题情况显示他听课了，而且听懂了，因此不但能复述我讲过的话，而且知道针对这个问题应该复述哪一些话，给满分！平时成绩也根据这最后一道题的答题情况酌情打分，因为这道题是最能考验出学生平时到底有没有用心听课的。这样一来，临考前才背考试范围的人能及格，但要拿到高分，一定得平时一直都认真听课才行。

说到这里，我想兼而说到另一件事：什么是好的老师？

一般认为，讲课讲得有趣、能吸引学生听进去，讲得好懂、能让学生听明白，就是好的老师。然而，我认为这不对！根据这两个标准，杨老师不是好的老师。但我觉得在我的大学本科阶段，他是我所遇到的少数好老师之一！我的标准是，能让学生学到东西的，才是好老师！杨老师虽然讲课时间不多，但他编的教材让我觉得学到了东西，所以他是好老师。

在我大学本科阶段，曾经遇到过另一位老师给我们上课，他是公认的好老师，我却认为他不是好老师。那位老师口才很好，上课说话经常听得大家哈哈大笑，气氛极为活跃，所以很多学生都喜欢他。可是我的感觉却很不好。因为我听完一节课下来，发现他没讲实质性内容，我没学到东西。上了一节课，我觉得我的心是变得更空虚，而不是更充实了！所以上完他的课，我觉得自己像是被掏空了，感觉很难受！我来上课，是为了学习，是为了知道得更多一些，而不是为了乐呵呵地笑完一堂课——要是为的是这样，我何不直接去看一个娱乐性的电视节目呢？那一样可以让我乐呵呵地笑上一段时间。我并不需要到课堂上来寻找大笑一场的机会吧？那位老师其实对我有恩，在某件很重要的事情上帮了我很大的忙，所以我对他个人并无不满，但我真的不喜欢作为老师的他！

无独有偶，多年后我认识了张五常教授，看到他写过一篇关于怎么挑选好老师的散文。他指出，要找大师讲的课去听，而不要管他讲得好不好！我的理解是大师的学问湛深，即使表达得不好，但只要你一直认真听，多多少少也能受到熏陶。而一旦你的思维跟他接上了线，那感染力就更是排山倒海而来！

我的一位好朋友，大学本科时与我是同一个学院但不同专业。最近我也跟她聊起什么是好老师的话题，她说起自己读本科时教"高等数学"的老师是数学系派来给他们上课的。她后来才知道，那位高数老师在数学界是个名家！大概是跟我那位"国际贸易"的杨老师类似吧，他可能也有一种瞧不起他们那帮有眼不识泰山的小屁孩的心理，给他们上高数课时比杨老师更加消极怠工，因为他的上课方式就是照念教材。我那朋友说，他真的是一字一句地照着教材念，是名副其实的"照本宣科"！所以他的高数课上得沉闷无比，他们班的同学怨声载道。然而那朋友也是超级爱学习之人，尽管那位老师照念教材，她还是跟着他的念书一路看下去。

然后她就发现，其实那位老师并不是完全照念，而是在有些地方会念得跟教材上写的不一样。聪明的她马上警觉到：这些他念得跟教材不一样的地方，是很重要的！因为这说明这位老师在这些地方并不认同教材上写的内容。在数学这种比经济学更高度标准化的学科里，那位老师竟然能挑出教材的毛病！她意识到这位老师非常厉害，所以她更加全神贯注地听他念书，念得稍有不同之处就一个也不放过，尽可能地把他念的不同的内容记下来。

后来，那个班的同学发起签名运动，要求罢免这位高数老师，但她和另一位成绩好的男同学都拒绝签名，因为他们都不约而同地认定，那位老师是一位非常好的老师，不应该被罢免。再后来，他们的班主任来询问她关于高数老师的事情，她极力向班主任证明那位老师是一位好老师。结果，那位高数老师一直教完了那个学期，没有被中途罢免。

朋友还说，在那学期的高数考试里，她发现一道只有2分的填空题非常有意思，于是她为了那2分的填空题花了很长的时间去解答。在她做题的时候，那位高数老师在场监考，巡视之际走到她身边，看到她做了那道题，无声地向她跷起了大拇指。后来她才知道，那道题目是数学界的一道难题！

现在，我自己是一个老师了。作为老师，我尽力而为地做一个不但能教学生一些东西（无论那是具体的知识还是思考方式），而且能把课讲得有趣、吸引学生听进去，也把课讲得好懂、让学生听得明白的老师。因为我希望能降低学生学到一些东西的交易费用。然而，对于学生，我的忠告是：不要计较老师讲课是否有趣，是否好懂，而是要仔细地判断他是否有真才实学，自己是否能跟着他学到一些东西。

学习，是为了自己！把自己学不到东西简单地归咎于老师，是推卸责任！

最后，我只想把以前在某个学期期末的最后一个作业帖里向学生说过的话在这里重复一次：

现在很多学生不听课，这说起来责任不全在学生身上，老师课讲得不好也往往是一个原因。但是，我在《我是怎么爱上经济学的》系列中讲述过自己读书时的经历，我那时的环境也不比现在很多学生好，上课的老师也大多讲得不好。可是，老师课讲得不好，可以不听，那就自己看教材。当然，现在也有很多教材是写得不好的，那就自己另外找好的书来看。我那时只能到图书馆找，现在网络如此发达，能够找到好书的机会是上升了的。所以，重要的是，我们可以不听课，但不可以不学习！以老师课讲得不好、教材写得不好作为不学习的理由，是不成立的！